本书由辽宁省高等教育学会"十二五"高等教育科研课题（GHYB110066）、辽宁省教育科学"十二五"规划2012年度立项课题（JG12DB075）、辽宁省教育科学"十二五"规划2013年度立项课题（JG13DB020）和辽宁省社科联2015年度辽宁经济社会发展立项课题（2015LSLKTJJK-29）资助出版

管理的变革

政府知识管理理论与实证研究

王家斌 王鹤春 著

中国社会科学出版社

图书在版编目（CIP）数据

管理的变革：政府知识管理理论与实证研究/王家斌，王鹤春著.
—北京：中国社会科学出版社，2016.11
ISBN 978 – 7 – 5161 – 7715 – 0

Ⅰ.①管…　Ⅱ.①王…②王…　Ⅲ.①国家行政机关—知识
管理—研究　Ⅳ.①D035

中国版本图书馆 CIP 数据核字（2016）第 041347 号

出 版 人	赵剑英
责任编辑	卢小生
特约编辑	李舒亚
责任校对	周晓东
责任印制	王　超

出　　　版	中国社会科学出版社
社　　　址	北京鼓楼西大街甲 158 号
邮　　　编	100720
网　　　址	http://www.csspw.cn
发 行 部	010 – 84083685
门 市 部	010 – 84029450
经　　　销	新华书店及其他书店

印　　　刷	北京君升印刷有限公司
装　　　订	廊坊市广阳区广增装订厂
版　　　次	2016 年 11 月第 1 版
印　　　次	2016 年 11 月第 1 次印刷

开　　　本	710 × 1000　1/16
印　　　张	16
插　　　页	2
字　　　数	271 千字
定　　　价	59.00 元

前　言

　　经济合作与发展组织（OECD）1996 年度报告《以知识为基础的经济》预言知识经济（服务经济）时代将会来临，如今已经成为现实。进入 21 世纪之后，经济伴随着科学技术不断发展，经济结构已经从原有的农业经济、工业经济，上升到知识经济时代。据估计，联合国经济合作与发展组织主要成员国国内生产总值（GDP）的 50% 以上是以知识为基础的。OECD 国家投入的研发费用已占国内生产总值的 2.3%；教育经费平均占 OECD 成员国政府财政支出的 12%；在与职业相关的培训方面的投入占 GDP 的比重估计高达 2.5%。[①] 可以这么说，21 世纪已经是一个以知识经济为主体的时代。为了更好地运用、管理这种经济形式，在企业中产生了一个新的管理理论——知识管理。

　　在这种以知识管理为主导的大环境下，政府作为公共服务部门，已经难以置身事外。政府必须转变现有的管理理念来寻求更好地执行政府职能和做好政府内部的管理途径或手段。因此一些学者就提出了将企业的知识管理理论引入政府管理当中来。这主要是基于两个方面的原因：其一，随着经济社会的不断发展，政府职能与扮演的角色都发生了变化，政府正在向"新公共理论"方向发展，这种现代"公共管理理论"提出现代政府改革和发展的方向是：以管理而非政策为焦点；以业绩评估和效率为焦点；将公共官僚机构分解成各种建立在使用者付费基础上处理事务的机构；实行准市场的使用和合同承包[②]；这是一种强调产出、限制项目合同、金钱诱因和自由裁员的新管理风格，是一种强调以商业管理模式进行管理的新政府状态。这样看来，将知识管理引入政府机构是可行的。其二，我国现行政府管理体制是以马克斯·韦伯的科层制理论为基础建立起

---

　　① 孙伟：《政府部门的知识管理的问题研究》，硕士学位论文，郑州大学，2010 年，第 11 页。

　　② 张国庆：《公共行政学》，北京大学出版社 2007 年第 3 版，第 584 页。

来的科层制政府。这种理论的弊端就是工作效率低，难以评估工作以及容易产生腐败。政府跟企业有相似之处，特别是在知识信息方面，并且政府是社会最大的知识信息处理和利用的组织。这个过程包括信息的发现、收集、整理、加工、检索、交流、共享、创新与利用，知识信息对政府的管理思想、组织结构、运作方式、激励机制、人事制度、行政文化等各方面产生着广泛而深刻的影响，因此引入知识管理对行政管理的意义很大，具有创造性的价值。

虽然对于知识管理的研究已经有很长时间了，但是对于专门的政府知识管理的研究却有限，特别是这方面的专著非常缺乏，难以满足教育、研究参考所需。基于此，笔者编写了本书。

本书是一本政府知识管理著作，遵循从浅到深的原则。重点介绍政府知识管理的基础理论，同时也适当增加政府知识管理的能力培养，注意理论知识与实践能力的结合。

本书共分为 11 章。第一章介绍知识的含义、特点。第二章至第六章系统全面分析政府知识管理始末，从知识的生产、加工、储存、转移、共享再到实施，是本书重点内容之一。第二章介绍政府知识管理流程的几种模式，探讨政府内外部知识的定义和知识生产方式。第三章介绍政府知识加工，实施这个过程所需要的方法与工具，并论述了显性知识管理的存储和隐性知识管理的存储。第四章讨论政府的知识转移问题，主要是从转移的概念、转移的理论、政府进行知识转移的动因，以及在转移过程中会遇到的障碍和相应的解决措施。第五章介绍知识共享概念、是什么因素促使这种分享机制的形成以及政府知识共享的方式都有哪些。第六章讨论政府知识管理的可行性，全面分析了目前政府知识管理实施中应该避免的误区，同时阐述了政府知识管理规划和实施途径。第七章主要介绍知识管理在运用过程中所需要的一些基本技术与模型。第八章对管理型政府、服务型政府做了介绍，比较了中西方之间的公共管理理论及对我国政府改革的启示。第九章从知识管理链出发，介绍构建知识管理型政府的制约因素，提出构建知识型政府的实施策略。第十章主要介绍组织文化的相关理论，知识管理型政府所需要具备的组织文化特征，论述了塑造知识管理型政府组织文化的举措。第十一章主要对政府隐性知识转化展开实证研究。

目　录

第一章　政府知识管理基础理论

第一节　知识管理的含义、特点与分类

一　知识的含义、特点与分类

(一) 知识的含义

所谓知识,从哲学角度看,知识是对客观事物属性与联系的反映,是客观世界在人脑中的主观印象。就它反映形式而言,有时表现为主体对事物的感性知觉或表象,属于感性知识。有时表现为关于事物的概念或规律,属于理性知识。从这一定义可以看出,知识是主客体相互统一的产物,是客观的。但是知识本身并不是客观现实,而是事物的特征与联系在人脑中的反映,是客观事物的一种主观表征,是在主客体相互作用的基础上,通过人脑的反映活动而产生的。与哲学不同,认知心理学从知识的来源、个体知识的产生过程及表征形式等角度对知识进行研究。皮亚杰认为,经验(即知识)源于个体与环境的交互作用,这种经验可分为两类:一类是物理经验,来自外部世界,是个体作用于客体而获得的关于客观事物及其联系的认识;另一类是逻辑数学经验,来自主体的动作,是个体理解动作与动作之间相互协调的结果。皮亚杰对知识的定义是从个体知识产生过程表述的。布卢姆认为,知识是对具体事物和普遍原理的回忆、对方法和过程的回忆,或者对一种模式、结构或框架的回忆。达文波特把知识定义为一种包含了结构化的经验、价值观、关联信息以及专家见解等要素流动态的混合物。德鲁克认为,知识是一种能够改变某些人或某些事物的信息。达文波特、布鲁塞克在 *Working Knowledge* 一书中,将知识定义为一种像流体一样具有流动性的物质,其中混杂了已经结构化的经验、价值和有特定含义的信息以及专家洞察力。知识为评价、收集新经验和信息提

供了一个框架，知识产生并被应用于有知识的人的头脑中。在机构组织中，知识不但包含在文档或者资料库中，而且还体现在机构的日常工作、流程、实践和标准中。

在理解知识含义时，有必要把作为人类社会共同财富的知识与作为个体头脑中的知识区分开来。人类社会的知识是客观存在的，但个体头脑中的知识并不是客观现实本身，而是个体的主观表征，即人脑中的知识结构，既包括感觉、知觉、表象等，又包括概念、命题、图式，它们分别标志着个体对客观事物反映的不同广度和深度，是通过个体的认知活动而形成的。

(二) 知识的特点

1. 价值性

知识就是力量。这句话从侧面反映了知识具有价值，正是这种价值特征使知识难以管理。由于知识比数据和信息更接近行动，所以知识更具有价值，知识的这种价值应根据它所导致的决策或行动来评价，如好的知识可以导致更高的效率。人们可以利用自己所掌握的知识，做出更为明智的决策。

2. 经验性

知识是随着时间推移从经验中得来的，经验是指做过的事情和过去的经历。经验在商业中有广泛应用，如一个有经验的销售人员可以识别出销售量的下降是季节性波动还是其他原因，以及采取什么样的对策。人们在经验基础上可以预期未来将发生什么，并且知道是什么在这中间起作用以及该如何应对，等等。经验的积累必须通过事后的总结，这种总结包括原来的预期、实际发生的情况、预期与实际的差异、造成差异的原因，以及我们能从中学到什么，等等。

3. 复杂性

知识源于经验，说明知识具有复杂性以及处理复杂事物的能力。知识并不是一种只能包容少数特定问题的固定结构，它能够用复杂的方式处理复杂的问题。虽然人们在处理复杂问题时总是试图找到最简单的答案，并总是假设不确定性因素不存在，知道的知识很少，掌握信息不够充分，似乎看起来问题很清晰和明确，但这种清晰明确是通过忽略重要因素获得的，因而很有可能感觉上正确，实际却得出错误的结论。

4. 经验和直觉性

知识是通过经验规则起作用的。所谓经验规则就是经过不断尝试和失败,从长期实践和观察中总结得到的,具有弹性的行为指南。当新出现的问题类似于以前曾解决的问题时,经验规则是有经验的人可以走的捷径,是对于复杂情况的有效指南。但并不是所有经验都可以容易地总结出规则,有时人的行为完全出于一种内在反应。而这种内在反应的速度非常快,以至于我们可能没有意识到它的存在,有时便依靠直觉得到了一个答案。

5. 共享性

知识共享性是指员工彼此之间相互交流的知识,使知识由个人经验扩散到组织层面。这种共享性也可以说知识不具有排他性,某一部门或员工一旦获得某一项知识,其他部门或员工同样可以使用。这种特性区别于物质资源的显著特征,这样,在组织内部,员工可以通过查询组织知识获得解决问题的方法和工具。反过来,员工运用知识管理的方法和工具通过反馈系统扩散到组织知识里,让更多的员工使用,从而提高组织知识的应用效率。

6. 情境性

知识的情境性是指任何知识存在于一定的时间、空间、理论范式、价值体系、语言符号等文化因素之中。任何知识的价值不是由其本身陈述来表达,而是由整个系统来表达。一旦知识离开了这种特定的境域,既不存在任何的知识,也不存在任何认识主体和认识行为。这意味着知识是与某种具体情境下的具体认知实践活动联系在一起的,是具体的或局域的,超出这个范围,知识的准确性可能会受到怀疑。例如牛顿定律只适用宏观领域,不能解释微观领域现象。

(三) 知识的分类

1. 从知识管理的适用性与传播性出发,把知识分为易访问的知识、广泛适用的知识、综合的知识、一次性的知识

(1) 易访问的知识。易访问的知识实际上就是传统意义上的信息,易于传播,但没有很高的适用性。对于这类知识,只有在员工需要的情况下才应当采用分发的策略,否则将会带来不必要的麻烦。此外,这类知识要求当事人充分地汲取所需,而无须组织大量的活动。而要提高这类知识的积累,需要考虑组织文化、制度等多方面因素。

（2）广泛适用的知识。广泛适用的知识不仅易于传播，而且具有广泛适用性，如员工工作指南等。这类知识经过汲取，组织可以采用广播方式将这些知识发送给每个人。管理此类知识的关键是建立它们与其需要者之间的联系，但组织往往错误地将大量知识看作是广泛适用的知识，并在员工不需要情况下将其发送给员工，把知识的联系与知识的拥有混为一谈，这也是产生"信息过剩"的主要原因之一。解决办法是将获取知识的方法传播给员工，而不是直接传播知识本身。

（3）综合的知识。综合的知识具有高适用度、低可转移度特征，组织应当采用结构化的培训来进行传播，因此，传播这类知识最有效的方法是通过知识拥有者和知识需求者的接触交流过程而获得知识。这类知识属于隐性知识，但对组织及其成员的有效作用和价值通常只有在应用过程中才能认识和体现，即通过"干中学"使知识源与知识需求者关联起来。

（4）一次性知识。一次性知识不但难以传播，而且其适用性也很低，如组织员工所拥有的与企业业务领域相关性较低的经验或技巧。由于适用性低、管理回报低，管理者也没有必要将管理重点放在这个方面。由于知识本身的模糊特性，人们很难判定一些知识是否真的有用或没用，或者说将来是否有用。因此，组织不可以忽略这类知识。

2. 从知识的管理形式出发，把知识划分为隐性知识和显性知识

显性知识是指其经过人的整理和加工后，可以量化的、有具体表现形式，并通过正式的、系统化的传播，使知识得到其他人共享。典型的显性知识主要有专利、科学发明和一些特殊技术等形式表现的知识，存在于书本、计算机数据库中，通过图文可以记录和传播的知识。显性知识具有客观的、理性的、理论的、数字性等特点。

隐性知识是个人或组织经过长期积累而拥有的知识，是员工的创造性知识、思想的体现，它只存在于员工头脑中，难以明确地被他人观察、了解，主要是经验性的知识、不易用语言表达和很难编码并将其文字化或公式化的知识。它是以人为载体，因此很难用常规方法收集，也难以通过常规的信息工具进行传播。隐性知识具有主观性、不易察觉性、不易传播性、经验性等特点。显性知识和隐性知识的区别如表 1 - 1 所示。

表 1 - 1 显性知识和隐性知识区别

	显性知识	隐性知识
定义	能用文字和数字表达出来的，容易交流和共享，并且经编辑整理的程序或者普遍原则	高度个性化而且难以格式化的知识，包括主观的理解、直觉和预感
特点	存在于文档中	存在于人头脑中
	可编码（Codified）	不可编码（Uncodified）
	容易用文字形式记录	很难用文字形式记录
	容易转移	难以转移

3. 从经济学角度出发，经济合作与发展组织把知识划分为四种类型

第一，知道是什么的知识（Know – what），指关于事实方面的知识，比如中国 2010 年经济发展状况如何等。

第二，知道为什么的知识（Know – why），指事物的客观原理和规律性方面的知识，属于我们通常所说的科学范畴，这类知识的生产一般需要由专门机构如研究院、大学等专家、学者来完成。

第三，知道如何做的知识（Know – how），指用于改变物质世界或者做某些事情以满足人们某种需要的技术、技巧和能力方面的知识，属于人们通常所说的技术范畴。

第四，知道谁能做的知识（Know – who），指谁知道某事物或事实是什么和谁知道如何做某事的这一方面的知识，它包含某种特定的社会关系以及社会分工，属于通常所说的经验和判断范畴。

二 知识资源、知识资产与知识资本

（一）知识资源

哈耶克在《知识在社会中的运用》一文中的开创性贡献是提出了知识作为资源的意义。哈耶克把知识进行简单的划分，即"科学知识"和"特定时间和地点环境的知识"。前者是可以编码易于言传，可以统计加总利于共享，是一种显性知识。后者则是一种隐性知识，每个人都比其他人具有某种特定优势，即独特的信息。他进一步认为，在一个系统中有关事实的知识分散于许多人之中，为了协同不同人群的分散行动趋于一致，作为主观价值判断的价格机制是一个有用工具，可以起到引导和协调作用。

知识具备有用性和稀缺性，这与其他经济资源是一样的，但不同的是，它同时还是经济元系统输入其他经济资源的前导、向导和指导，人们必须对某种资源的自然功能属性和社会经济特征有所认知、熟悉和了解，具备相关自然知识和社会知识，才能获取、输入、使用和调配这种资源。其作为生产活动之源，它的输入增加与应用扩展，多数情况下也会导致生产率提升，并使一定产出条件下物质、能量乃至人力资源的投入减少，但因分处不同层次，彼此之间不存在谁代替谁的关系。知识资源如果不同其他资源相结合，就不可能进入现实生产活动。知识从来都不是人类社会生产活动的终极对象，即便存在着知识商品交易，但整个人类社会绝非为了知识而生产知识，知识生产的最终目的是要服务于物质资料生产和精神文化生产，"科学的产生和发展一开始就是由生产决定的"，知识生产本身也离不开必要的人力、信息、能量和物质等经济资源。离开了现实生产，知识不会变成经济，没有商业化应用，知识就是知识，而与经济无缘，这是不可能创新的基本常识。

知识作为组织中的一项重要资源，与一般的自然资源或物质形态资源有重大区别，其主要区别如下：

第一，作为物质形态的资源永远具有稀缺性，即便不是绝对稀缺，起码也是相对稀缺，这种稀缺性也是组织面对的最大问题之一。经济学所要解决的核心问题，就是以最小的投入得到最大的产出，其缘由在于资源的稀缺性。而知识资源具有丰富性，人们的想象力无限、创造力无限，由此创造的知识也是无限的。

第二，物质形态的资源具有强烈排他性，一旦某个人拥有后，别人就不能再持有。但知识资源不具有排他性，而具有共享性。

第三，物质资源在运动、交换、变化过程中，通常只发生价值形态的转移，比如，从实物形态变成货币形态。知识资源则不然，在运动、交换、变换过程中不仅有价值形态的转移，更重要的是产生增量，发生价值增值。

第四，物质资源的投入产出关系是清晰的、确定的、可以预见的，这种关系清晰，以至于可以用数学公式来表达。经济学中著名的道格拉斯生产函数就是用来刻画这种投入产出关系的。知识资源投入产出关系不清晰，具有高度的模糊性和不确定性。

第五，物质资源的重置成本或边际成本很高，和初始成本相当。然而知识资源初始成本往往很高，但知识资源的重置成本或边际成本却几乎为零。

第六，物质资源随着使用次数的增加会发生损耗、折旧、效用递减，直至消耗殆尽、废弃或自行衰亡，一般不会再生，且在使用过程中或多或少会对自然环境和生态造成伤害甚至破坏。相反，知识资源不会损耗，可以多次使用，重复交易，且知识资源随使用频率的增加其效用随之增加，出现网络外部性。知识资源不会自行消亡，可以穿越时空，永久保存，在使用时也不会伤害自然环境和生态。

（二）知识资产

1. 知识资产的含义

知识资产是指组织拥有或控制的、不具有独立实物形态、对生产和服务长期发挥作用并能带来经济效益的知识。知识资产是组织创造价值不可缺少的特有资源，它既是组织知识创新的基础，又是创新产出和创新过程的调节因数，因而组织的知识资产是动态的。知识资产是知识经济时代组织赖以生存和发展的动力。根据知识的内在特性，可以将知识资产划分为显性知识和隐性知识两大类。所谓显性知识资产，是指可以通过正常的语言方式传播的知识，像以专利、科学发明和特殊技术等形式存在的知识，以及存在于书本、计算机数据库、CDROM 之中的知识。所谓隐性知识资产是指个人或组织经过长期积累而拥有的，通常不易用言语表达，也不可能传播给别人或传播起来非常困难。

2. 知识资产的特点

知识资产作为一种不同于有形资产的无形资产，已经成为组织最重要的核心资产，这主要是因为它具有创新性、垄断性、杠杆效应、收益的不确定性和信息不对称性等特征。

创新性表现在知识资产的价值来源于其新颖性和创造性，是对已有公共知识、专业知识的创新和发展。与公共知识、专业知识相比，只有创新性的知识才是稀缺的、能产生极大价值的知识；也只有创新性的知识才能得到保护（如知识产权、特许），使组织形成产品和服务的领先优势。

垄断性表现在知识资产本身是难以模仿与替代的。知识资产的垄断性是知识的隐形性、组织情境依赖性和"根植性"的体现，这些特性决定了组织的知识资产既难以通过市场公开定价获得，又使其他组织的模仿行为面临高成本约束。知识资产在长期积累过程中构筑了天然的模仿壁垒与替代壁垒，使组织的竞争优势具有一定的持久性。在管理实践中，组织知识的买卖通常只能通过企业兼并或收购业务单元的形式来实现。但是，由于企业文化、惯例和结构等知识资产的影响，这种收购与兼并成功与否还具有很大的不确定性。知识资产比其他资产更加重要还因为其具有杠杆效应。

知识资产可以有效整合、优化、发掘实物资产和金融资产的价值。知识资产是超越传统实物资产和金融资产的"元资产"。"元资产"具有对组织其他资产进行整合、优化和配置能力，它决定了组织其他资产的增值空间。

收益的风险性和不确定性是知识资产的又一个重要特性。这一特性与知识资产的外部性和信息不对称性是密切相关的。在大多数情况下，知识资产的价值特性是潜在的。例如一项新技术知识的经济价值，只有以某种形式将其商业化以后才能具体表现出来。有些知识资产可能与某一产品的开发制造有关，有些知识资产可能与该产品需求的拓展和维持有关。前者主要有专利权和著作权等，后者主要有商标权和商号等，两者兼而有之的是商誉。然而，所有代表未来利益的知识资产的价值都具有高度风险性和不确定性，难以与特定的收入或确定期间相联系。

3. 知识资产的作用

第一，知识是组织核心竞争力的本源。1990 年，普拉拉哈德和哈默尔在美国《商业周刊》上发表了《企业核心竞争力》一文，将企业竞争优势理论从能力理论发展到企业核心竞争力理论。他们这样定义核心竞争力：组织中的积累性学识，特别是如何协调不同的生产技能和有机结合多种技术流派的学识。国内一些研究核心竞争力的学者也认为，企业核心竞争力实质就是企业有效使用生产要素的能力；是企业特有的经营化了的知识体系，竞争力的本质是企业特有的知识和资源。从以上描述可以认定，企业核心竞争力定义要点就是知识形成的学识和能力。

工业化时代，货币资本、生产资料常常表现为企业强大的竞争力，随着知识时代的到来，企业的核心竞争力逐渐从物质资产演变为由一系列技术、规则、文化等所组成的非物质资产，并最终追溯到与人力资产密切相关的技能、知识和观念等知识资产上来。真正控制资源和决定性的生产要素既不是资本，也不是土地或劳动力，而是知识。在德鲁克看来，企业拥有的唯一独特的资源就是知识；知识是能够产生企业核心竞争力的独特资源；知识资产就是企业运用各种知识的能力。现代企业是一个知识集合体，知识存量决定了企业配置资源、创新活动的能力，从而最终在企业产出及市场力量中体现出竞争优势。同时，知识具有难以模仿性，必须通过具有路径依赖的积累过程才能获得并发挥作用。供应创新和创新垄断是知识竞争力所形成的两个表现形式；差异性、独特性是知识创新形成的新产品、新工艺具有的独特特征。而这种特征是新产品、新工艺形成垄断的有利优势，从而形成市场供应优势，获得市场竞争力。由于创新产品、工艺因其先进、独特的技术内涵使之具有技术垄断地位。市场门槛取决于知识内涵、创新性、技术壁垒等因素，这些限制因素越高，竞争者越难进入。垄断使创新供应者处于决定价格的主导地位，成为获取超额利润的重要手段。

第二，知识资产是组织获取竞争优势的核心资产。知识是组织核心竞争力的本源，当知识成为被组织拥有或控制的，并能够为组织带来未来超额经济利益的知识资产以后，才能真正成为组织的核心竞争力。

4. 知识资产的意义

（1）知识及知识资产是知识经济形态下价值构成的客观存在基础。知识经济时代，价值构成仍然由活劳动和物化劳动组成，但知识改变了劳动的形式与内涵，使之上升为以知识为基础的劳动。第一，知识直接作用于劳动，使劳动发展为脑力劳动、智力劳动两种形式，劳动和知识的结合形成劳动的知识化。第二，知识既是劳动对象，又是劳动资料，是组织创造价值日益重要的条件。第三，知识及知识资产成为价值形成的一项重要决定因素和生产前提条件是由知识决定的，而不是物质形态，作为知识劳动结果的知识产品的使用价值也是知识。

（2）知识及知识资产是组织超额利润的主要源泉，知识使生产要素的整体质量发生革命性的提高。首先，知识资产能够创造更多的市场价值总量。从创新理论这个角度来说，供给创新往往是需求创新的直接引发和创造者，而技术创新则是供给创新的基本形式。新产品、新技术的出现会刺激市场需求出现新的发展空间和领域，原有的产品和技术格局被打破，新的市场被建立起来。随着需求空间的发展和扩大，组织在改变之中也获得了新的市场价值的实现标的和载体，从而创造更多的市场价值。知识创新活动可以持续不断地创造和引导市场需求的创新与扩大，具体表现为知识创新产品具有较高的附加值和利润率。其次，知识资产能够降低生产成本，提高经济效益。传统工业化生产模式是基于自然物质资源有限性基础上的对自然资源的加工和利用，随着生产规模的不断扩大和对自然资源的无限开采，工业化生产的资源成本越来越高。而人类的知识和知识资产具有无限增长的可能性。由于知识具有可重复使用的特征，知识创新产品可以实现批量化生产和销售，而不需要重复投入等量的资源。因此，投入成本随销量增加迅速摊薄，单位成本大幅度降低，从而实现组织边际收入的大幅提高，超额利润由此产生。

（三）知识资本

知识资本可以被看作组织所拥有的全部股本或以知识为基础的资产净值，也可以被看成是转化为组织的知识产权和智力资产的知识本身。在知识资本中，这些财产是在会计结账中被正式认可的唯一形式。用知识的眼光来看待政府，政府组织就被看成是一个对知识进行整合的机构，其关键投资和价值的基本来源都是知识；知识资本是知识经济时代组织赖以生存和发展的根本动力，根据知识的内在特性，可以将知识资本划分为显性知识和隐性知识。

1. 知识资本的分类

一个组织的知识资本包括人力资本、顾客资本、知识产权资本和基础结构资本。所谓人力资本就是组织员工所具有的技能、创造力、解决问题的能力、负责人能力、组织管理能力等一切才能。顾客资本是组织与顾客间的关系，包括品牌忠诚度、信誉度、顾客的消费习惯、顾客资料等。知识产权资本包括技能、商业秘密、商标、版权、专利和各种设计专利。基础结构资本是使组织得以运行的那些技术、工作方式和程序，包括组织文化、评估风险方式、管理方法、财政结构、市场或客户数据库等。

（1）组织知识产权资本，包括技能、商业秘密、版权、专利与各种设计专用权和贸易服务的商标。

技能是指个人在某一领域或某一行业所拥有的全部知识。这一知识可以是非常明确的，如销售技巧；可以是某项难以表达的职能，如人际处理技能、品尝鉴别技能；也可以是非常复杂的，如设计航天飞机。

专利是国家给予专利发明者的财产所有权。这种所有权具有独享性。专利所有者可以在专利生命周期对所申请的项目具有垄断权并可以获得超额利润。专利权的生命期在各个国家的规定不同，通常为17—20年。

版权保护的是某一事项的表达权。它一般用于文字作品、摄影作品、绘画、图片、雕塑及音乐作品，此外还有计算机软件等。版权保护各国各不同，但一般从作者登记注册之日起，在作者生前及去世后50年内有效。

商标是与一个公司或其产品有关的注册标志，用以区别其他公司和产品，以及保护品牌。商标可以成为非常珍贵的资产可持续多年并且增值。服务商标与商标相似，其功能是为了区别不同公司的服务。商标在注册之后只要连续使用就可以享有法律所赋予的独有权利。

商业秘密是不为市场中其他商家所了解的某一信息。它主要依靠保密或不向外界泄露协议来维持，可以是一项未申请的专利、一条消息、一种新发展、一个工艺流程等。

（2）顾客资本。拥有的与市场相关的无形资产潜力，包括各种品牌、客户的信赖、长期客户、销售渠道、专利授予合同协议等。没有市场资产的公司，在市场上是不具有竞争优势的。

品牌是最明显的市场资产之一，劳斯莱斯、可口可乐、百事可乐、法拉利等，这些美好的品牌形象给商家带来了丰厚的市场回报。

客户信赖也是一种市场资产，它能够保证产品的销售与适中的存货，同时为你带来长期客户，甚至成为你的储备。客户的信赖以长期的购买或销售为标志。有些行业特别依赖客户的信任及长期客户，如航空公司、保险公司、金融服务公司等。

完善的销售渠道是巨额的市场资产。一个好的销售渠道能够保证整个市场所有可能的客户都得到服务，最大限度地提高产品与服务的销售。

有利的合同是指公司凭借其在市场上的特殊地位而取得的有利于公司发展的合同。它能够降低广告和商品销售服务等费用，保证服务质量。当公司与没有此类有利合同竞争对手竞争时就占有优势，进而击败对手。

（3）人力资本。人体技能、创造力、解决问题的能力、负责人能力、组织管理机制，所有体现在公司雇员身上的才能一并构成了公司的人力资本。未来组织的劳动力是知识型劳动力，组织必须改变原有的激励机制，最大限度地利用员工的智慧和激发员工的工作热情。公司的文化也应及时地从行政型文化向参与型文化转变。最好的办法是使员工的人力资本成为组织财产的一部分，并将其人力资本视为财产计入股份，以增加其归宿感与向心力。比尔·盖茨在创建微软时，只以他的知识投入就取得了公司30%的股份。

（4）其他知识资本。组织得以运行的所有其他技术工作方式与程序，包括公司管理哲学、组织文化、信息技术系统、财务结构、市场与客户数据库，以及构成组织工作方式的各种成分，它能够使组织安全、有序、高质量地运行。

管理哲学是组织或公司主要负责人在管理公司和雇员、处理公司事务时所反映的思想方法，对组织文化和公司文化起主导作用。

公司文化是由全体人员所认同与分享的价值观典范与模式等所构成的。通常情况下，公司文化由公司高层人士创立，反映公司创建人的价值观念。有良好的管理哲学指导的公司文化能够促进公司目标的实现。相反，当公司文化和公司目标与管理哲学不相等时，公司文化就是一种负债。信息技术系统提出了完成很多管理过程的手段。这里的信息技术系统并不是指计算机的硬件，而是利用计算机对信息进行处理的技术系统。通过信息技术系统的应用，公司能够提高效率、改进服务与提高顾客满意程度，进而提高公司的效益。

客户数据库是指包括有关资金购买决策的个人信息。对于一个高效率公司来说，这个信息的编制与更新是一种资产，它能够帮助保持忠实客户并保证交易长期、持续进行。

2. 知识资本作用

（1）知识是组织核心竞争力的本源。组织核心竞争力定义的要点就是知识形成的学识和能力。工业化时代，货币资本、生产资料常常表现为组织强大的竞争力，随着知识时代的到来，组织核心竞争力逐渐从物质资产演变为由一系列技术、规则、文化等组成的非物质资产，并最终追溯到与人力资产密切相关的技能、知识和观念等知识资本上来。"真正控制资源和绝对是决定性的生产要素既不是资本，也不是土地或劳动力，而是知识。"在彼得·德鲁克看来，企业拥有的唯一独特资源就是知识；知识是能够产生企业核心竞争力的独特资源；知识资本就是组织运用各种知识的能力。现代组织是一个知识的集合体，其知识存量决定了组织配置资源、创新活动的能力，从而最终在组织产出及市场力量中体现出竞争优势。由于知识的不可替代性，往往使知识创新产品在市场竞争中具有很强排他性，形成利益独享的结果。同时，知识具有难以模仿性，必须通过具有路径依赖的积累过程才能获得并发挥作用。供应创新和创新垄断是知识竞争力所形成的两个表现形式；差异性、独特性是知识创新形成的新产品、新工艺具有的独特特征，而这种独特特征是新产品、新工艺形成垄断的有利优势，从而形成市场供应优势，获得市场竞争力。此外，由于创新产品、工艺因其先进、独特的技术内涵使之具有技术垄断地位。市场门槛取决于知识内涵、创新性、技术壁垒等因素，这些限制因素越高，竞争者越难进入。垄断使创新供应者处于价格决定的主导地位，成为获取超额利润的重要手段。

（2）知识资本是组织获取竞争优势的核心资产。知识是组织核心竞争力的本源。当知识成为被组织拥有或控制的，并能够为组织带来未来超额经济利益的知识资本以后，才能真正成为组织的核心竞争力。第一，扩大知识资本比例和进行知识产品创新是传统工业组织获取竞争优势的主要手段。知识资本的制造和集中过程就是传统组织提高生产力的过程，由于知识资本存量、等级方面的差别，使得知识创新组织比传统资本组织具有更大的市场竞争能力和更高的利润率。例如，在同一产业内部，一个账面资产总量庞大的组织，其盈利能力可能很低；一个账面资产很小的公司，其盈利能力则可能很高，其主要原因就在于后者拥有或控制了更多的知识资本。第二，知识创新与传统加工制造业分离是现代组织扩大知识资本的主要路径。一些行业领先组织逐步将制造生产过程向外转移，分离出下游组织，同时将研发创新、品牌塑造、知识产权保护等以知识为基础核心的资产保留并加强，从而牢牢控制组织核心竞争力，使组织的生产形态从产品制造过渡到知识创新及知识产品的创造，从而由传统加工制造组织演变为知识创新组织。如汤姆逊、爱立信陆续退出电子产品制造领域，却始终控制其核心技术与品牌；福特、大众在海外大量投资设厂进行整车生产，但研发、设计仍集中在本土。这些组织虽然让出了部分制造生产过程，但其市场控制能力反而进一步增强，全球竞争力和超额利润率进一步提高。第三，通过专利技术等知识资本的垄断取得核心竞争力是新兴高新技术组织的主要手段。高新技术组织的竞争大都走过这样一条路径：首先从前沿或高端技术实现突破，通过产权保护形成技术壁垒；其次进行知识资本的大量积累，造成组织知识创新能力和产品价格竞争能力的明显差异；最后形成市场垄断。这种垄断形成的核心竞争力既不能通过购买方式获得，也无法在短期内通过积累加以追赶，往往形成"先入为主"、"独霸天下"的产业格局。

（3）知识及知识资本是知识经济形态下价值构成的客观存在基础。目前，活劳动和物化劳动仍然是知识经济时代组织价值的主要构成部分。

但是，有些改变已经在发生，知识把当初的劳动形式上升到以知识为基础的劳动形式。其表现在知识开始直接作用于劳动，开始了劳动知识化的局面；知识成为劳动对象；知识及知识成本成为价值形式的重要决定因素。在价值构成一般形式上，知识劳动的价值仍然可以用"C+V+M"表示，但创造价值的劳动本身已经同工业经济时代有了质的变化。其中"V+M"是由知识或知识资本创造的，"C"则是物化的知识创新劳动价值。所以，无论劳动转移价值还是创造新价值，其价值基础都是知识创新劳动，都是知识资本的产物。

（4）知识及知识资本是组织超额利润的主要源泉。知识使生产要素的整体质量发生革命性的提高。知识资本对于提高劳动生产率有着重要意义，知识创新劳动及劳动知识化会直接作用于新技术、新工艺和新产品。由知识创新形成的新产品的特征上具有差异性以及独特性，从而具有更大的商业价值和使用价值。

三 知识管理的内涵、特点与分类

（一）知识管理的内涵

由于对知识管理的研究尚属新兴研究领域，所以，人们对于知识管理的内涵还没有达成统一的共识。创始人将知识管理定义为应用集体智慧提高应变和创新能力，是显性知识和隐性知识共享的新手段。IT咨询商加特纳公司（Gartner Group）将知识管理定义为促成确定、获取、检索、共享和评价公司信息资产的集成途径，这些资产包括数据、文献、政策、流程以及存储在员工头脑中的思想。莲花（Lotus）公司将其定义为对一个公司集体的知识技能进行捕获，然后将这些知识与技能传递到能够帮助公司实现最大产出的过程。麦金托什（Macintosh）认为，其是一项识别、分析可能的和必需的知识并制订计划和行动来开发知识资产以实现公司目标的活动。Allee认为，知识管理帮助人们对拥有知识进行反思，进行知识交流，获得知识来源。Sveiby认为，知识管理是利用组织的无形资产制造价值的艺术。马荷特拉（Malhotr）认为，知识管理是在日益加剧的不连续的环境变化下服务于组织适应、生存和能力等关键问题的活动，它具体包括信息技术处理数据与信息的能力以及人们创造和创新的能力有机结合的组织过程。同时，他还指出，知识管理是一个大的框架，在这一框架之下，组织把其所有过程视为知识过程，因而，包括知识的创造、传播、更新和应用等一切商务过程都与组织的生死存亡息息相关。

国内学术界有两种观点：第一，知识管理是将知识转化为公司更正确的决策和更好的作业方法，目的是在知识与有效行为之间建立起密切的反馈关系；第二，知识管理是一种致力于将公司的知识资源转化为更大的生产力、竞争力和创新价值的信息管理理论和方法。知识管理可从狭义和广义角度理解，所谓狭义的知识管理主要是针对知识本身的管理，包括对知识的创造、获取、加工、存储、传播和应用的管理；广义的知识管理不仅包括对知识进行管理，而且还包括与知识有关的各种资源和无形资产的管理，涉及知识组织、知识设施、知识资产、知识活动、知识人员的全方位和全过程管理。

总体上说，知识管理有四种定义或概念。具体定义或概念如下：

（1）知识管理大于等于数据、信息管理。持有这种概念的人员大都具有计算机和信息科学背景，他们完全从 IT 角度来看待知识管理。他们的观点是对知识的管理、信息管理的深化，他们认为，信息化的发展就是对数据的管理过渡到对信息的管理，然后过渡到现在对知识的管理。在他们看来，知识隐藏在数据、信息之中，只要把数据、信息管理好，就等于管理好了知识。但是，这个概念只注重信息管理系统、人工智能、商业职能和员工、供应商的门户（EIP）等，显然只强调了知识的载体，而忽略了知识本体。事实上，知识本体有它的特点和运行规律，并完全不同于数据和信息，因而也就肯定不同于数据和信息的管理。

（2）知识管理等于人员管理。持有这种概念的人员大都从哲学、心理学、人力资源管理、社会学或商业管理的教育背景角度来看待知识管理。在他们看来，知识都掌握在人的手里，知识也只是使人力资源更加优化的措施，所以只要把人管理好就等于是实施知识管理。他们认为知识管理是一个对人类个体的技能、行为或习惯的评估、改变或是改进过程。但是，个体的人是在变化的，如果知识只掌握在个体身上，随着个体的流动，组织的知识是不稳定的，甚至可能是要丧失的。这个思路比较古老，发展也比较慢。

（3）知识管理等于学习和创新管理。持有这种概念的人大都有科研、管理方面的从业经验，他们没有探究知识的产生、处理与应用过程，也没有探究知识的含义，而直接从目的看待知识管理。可以说他们抓住了知识管理的目的和核心，但知识管理是一个完整的过程，不仅要明确目的，而且也要知道来源和过程。

（4）知识管理等于知识资源管理。这种概念的人员大都具有图书馆学、情报学、信息资源管理方面的从业背景，他们完全从图书和情报管理的角度来看待知识管理。在他们看来，知识总是写成显性的、可视、可见、可读的文件，所以只要把这些文件分好类别、分好科目进行管理就等于知识管理。但是他们只强调了显性知识管理，忽视了大量隐性知识管理，也忽视了隐性知识向显性知识的转移推动管理，甚至忽视了知识的动态特性。

综上所述，知识管理就是组织开发必要的环境和条件来推动组织中知识的创造和传播过程，使知识不断向前延伸。知识管理既包括将组织中现有的显性知识编码化，也包括发掘员工头脑中的隐性知识，使其转化为可编码的显性知识，或者实现隐性知识的共享。由于显性知识容易沟通和共享，因此也极易被竞争对手学到。对于组织来说，显性知识显然不可能形成持续的竞争优势，构成组织核心能力的知识基（Knowledge base）是建立在隐性知识基础上的，所以知识管理的核心内涵是发掘员工头脑中的隐性知识。

（二）知识管理的特点

知识管理是一个内涵丰富的管理领域，不仅管理对象多样化，而且管理角度也是多面的。总的来说，知识管理具有以下基本特点：

第一，知识管理是基于对"知识具有价值、知识能够创造价值"认识而产生的，其目的是通过知识的更有效利用来提高个人或组织创造价值的能力。知识管理的基础活动是对知识的识别、获取、开发、分解、使用和存储。特定的知识管理活动需要投入金钱与劳动力，这些活动包括：知识的获得，即创建文件并把文件输入电脑系统；通过编选、组合和整理，给知识增添价值；开发知识分类方法，并标示对知识的新贡献的特点；发展信息技术基础，实行知识分配；就知识的创造、分离和利用对雇员进行教育。

第二，知识管理是一种全新的经营管理模式。对于组织而言，出发点是将知识视为组织最重要的战略资源，把最大限度地掌握和利用知识作为提高组织竞争力的关键。知识管理把存在于组织中的人力资源的不同方面和信息技术、市场分析乃至组织的经营战略等统一起来，共同为组织发展服务，创造整体大于局部之和的效果。

第三，知识管理不仅是最新的管理方式，而且代表了理解和探索知识在管理和工作中的作用的新发展，这种理解和探索的方式更加有机、全面。当组织面对日益增长的非连续性的环境变化时，知识管理是针对组织的适应性、组织的生存及组织的能力等重要方面的一种迎合性措施。本质上，它嵌入了组织的发展进程，并寻求将信息技术所提供的对数据和信息的处理能力以及人的发明和创新能力这两者进行有机的结合。个人和组织要适应现代经济日益复杂多变的环境，知识管理是真正的向导。

第四，知识管理产生的根本原因是科技进步在社会经济中的作用日益增大。随着知识经济的到来，知识管理将遍及社会各个领域，它将使大到一国、小到企业、机构和个人摆脱传统资源或资本限制，获得新的竞争优势，因而具有强大的生命力和广阔的发展前途。

（三）知识管理分类

第一，知识创新管理。知识创新管理就是对知识的生产、扩散和转移及其相关机构和组织所构成的网络系统的管理，包括知识的理论创新管理、技术创新管理与组织创新管理三个层面。理论创新是通过了解、追踪、学习、吸收国内外在不同管理方面的成功经验，结合本组织实际情况，不断丰富和发展知识管理的理论研究领域。技术创新是对由与技术创新全过程相关的机构和组织所构成的网络系统的管理。组织创新是按照知识管理的要求对各业务部门及其工作流程进行优化，建立起符合知识经济发展要求的有效、实用的组织管理体系。

第二，知识人才管理。组织的价值主要由知识的占有和创新知识来体现，而创新的知识是由组织的智力资本创造的，因此，必须加强人力资源管理。所谓知识人才管理就是以人为中心，根据每个人的素质、工作性质、业务经历、需求的不同，采取软硬兼施的模糊控制管理。硬性管理要求根据严格的规章、流程，进行监督、控制、考核，明确工作的数量与质量，注重最后的结果。软性管理注重营造宽松的环境，让每个成员参与决策、协商，承担更多的工作，最大限度地发挥个人的特长和优势，在不同岗位上展示自己的才能，使他们在事业的追求中感到被领导和公众承认、重视，在实现个人理想的同时也使组织目标得以实现。

第三，知识传播管理。成功的组织创造新的知识，并在组织内迅速扩散知识，使员工共同分享、拥有知识，应用于新的产品。各个部门以及各个体之间、内部与外部之间，如果没有知识的交流、传播和共享，要实现创新是不可能的。在知识传播管理中，要重视和充分发挥专家系统所具有的特殊作用，通过利用各种知识传播媒介和传播渠道，特别是现代通信技术和网络条件，加速知识由无形资产向有形资产、由潜在生产力向现实生产力的转化，让新技术、新知识发挥最大的经济效益与社会效益。

第四，知识应用管理。知识应用管理是指组织通过应用新知识、高技能生产出更多的有效产品和服务。知识管理的一个重要内容就是明确一定时期内所需的知识以及知识的开发方式和应用途径，从而保证相应的知识资源能够融入相应产品或服务及其生产过程和管理过程之中。成功的应用知识管理可以收到三个效果：一是更好地共享已有的知识，将隐性知识明晰化，并使知识有效传递到所需要的地方；二是更有效地将思想和观念转化为知识产品；三是更多地应用新的更高级的现代管理知识和方法。

第五，知识网络环境管理。在知识管理中，应建立知识网络，创造适宜的知识交流和共享环境。具体包括：运用现代化技术手段，尤其是信息条件下的高科技手段建立起来的各种知识网络，逐步建立以用户为中心的信息发布、信息查询、信息专供的信息服务体系，为知识的交流与共享创造基本物质条件；通过各种方式创造一种鼓励知识交流与共享的环境，使大家在这种适宜的环境中，通过知识的交流与共享，把信息与信息、信息与存在于人脑中的难以编码化的知识联系起来，以保证知识的不断创新；构建知识工作系统，使知识的采集、保存、创造、传播和利用等活动的技术、设备、机构、人员和规程成为辅助工作人员创造和集成新知识、解决其各种知识和技术需求的网络环境系统。

第六，知识安全管理。在知识经济时代，基于网络的电子商务、跨国数据流、拷贝技术、网络传输等知识网络不断得到应用，为此必须建立相应保护措施。加强立法建设，通过法律来约束和规范知识、信息的交流活动；加强对网络系统的技术支持和管理，通过数据加密、防火墙技术、入网安全控制技术、数字认证中心（CA）认证技术等来提高知识、信息交流的安全性；除立法保护、技术控制外，还必须加强对用户的信息安全宣传、教育工作，建立与知识时代相匹配的精神、观念与道德规范，把法律、行政和精神文明三种力量结合起来，从而有效推进知识管理。

第二节　知识管理的基本职能与意义

一　知识管理的职能

知识管理的基本职能有四个，具体表现为外化、内化、中介和认知过程。

（一）外化

外化是以外部储藏库形式捕获知识，并根据分类框架或标准来组织知识。外化的作用是通过内化或中介使知识寻求者能够得到捕获收集到的知识。外化技术位于最底层，只提供某种方式用以捕获知识并在线存储。

外化过程的下一层次包含了更为强大的搜索工具和文件管理系统，它们对储存的知识进行分类，并识别出各类信息源之间的相似之处。在此基础上，可用聚类方法找出公司知识库中各知识结构间隐含的关系或联系。

（二）内化

外化是发展知识的相似之处，内化则是设法发现与特定消费者需求相关的知识结构。在内化过程中，在外部储藏库里提取知识，以最适合的方式进行重新布局或呈现知识，并通过过滤来发现与知识寻求者相关的东西。内化能帮助研究者就某一问题或感兴趣的观点进行沟通，并澄清那些与以往通过外化得来的知识相抵触的问题。

在内化的高端应用软件中，提取的知识可以以最适合的方式来进行重新布局或呈现。这或许还要借助于一些解释，同时，文本可以被简化为关键数据元素，并以一系列图表或原始来源的摘要方式呈现出来。

（三）中介

内化过程强调明确、固定的知识传送，而中介针对的则是无声的知识，它将知识寻求者和最佳知识源相匹配。通过追溯个体经历和兴趣，把需要研究某一课题的人和在这一领域中有经验的人联系起来。

中介通过群件产品、组织内部网、工作流和文件管理系统等技术来实现自动化，同时前两者为无声的知识提供者和知识寻求者之间的便利沟通提供了支持。

（四）认知过程

认知是经由前三个功能交换得出的知识的运用，是知识管理的终极目标。现在现有技术很少能实现认知过程的自动化，通常都是采用专家系统或使用人工智能技术，并据此做出决策。同时，在工作流中实现合并认知的技术也有了同步的发展。但是，如果工作流系统被赋予一种利用已有知识的能力，工作引擎便能依据近似的情形自动做出决策。

总之，外化的作用是通过内化或中介使知识寻求者能够得到收集到的知识，认知过程是工作流系统被赋予一种利用已有知识的能力，工作流引擎便能依据近似情形自动做出决策。

二 知识管理的意义

（一）知识管理的作用

知识管理能以下方式提高政府国际竞争能力和对社会、市场等的适应能力：

第一，通过建立知识索引将大量无序知识有序化，为员工提供知识共享的环境，提高其工作效率和创新能力，改善服务质量。如组织合作开发一个知识管理项目，以集中解决应用知识管理的理论和原则要求的工具扶持问题。经过合作努力后开发出一个应用软件，让巴克曼员工很方便地维护一份动态的和最新的工作环境。该工具为不同员工针对不同任务提供不同的工作环境，随工作环境变化的需要可随时更新；它还能准确地描述每位员工日常的工作结果，以及为得到这些结果而付出的行动；而且这些工作环境直接和绩效评估过程联系。这就非常有利于知识信息的共享、传播和存储。

第二，提供适当的工具和环境辅助员工同相关客户和工作伙伴进行直接或间接交流，从所处网络环境接受知识，形成边干边学、在干中学的终生学习机制。这种机制不仅对员工具有很强的吸引力，而且也决定了政府在行政活动中获得多少增值知识。也就是说，不同层次政府由于学习能力不同，从相同或类似的行政活动中得到的经验教训也大不一样，对政府的发展会产生很大影响，能够让政府在类似行政活动中获得竞争优势。

第三，增加政府知识储备，将个人知识和信息提升为组织知识，减少员工休假、离职而造成的损失。平时就要提供相应的工具收集、整理与各员工工作紧密相关的各种有价值的信息源，如报告、项目总结、电子数据表、参考书、说明书等，这些信息源不仅限于印刷型资料，也包括各种工具、设备和特殊的应用软件。有政府知识库为基础，新员工能很快地熟悉前人的工作环境，学习其他员工的经验。

第四，分析外部环境机会和挑战，获取相关资料，相应调整组织战略。在经济不平衡状态下，只有善于捕捉新的技术机会并转化为新产品的人，才能迅速创造财富。高的不均衡收益正在取代低的均衡收益。技术和经济发展的不均衡状态既意味着巨大的机会，也意味着巨大的威胁。技术突破不断出现，经济环境不断变化，政府必须适应这些情况。当有突破性技术出现时，相关层级的政府必须自我摧毁旧的结构，建立新的结构，成功的政府有时必须自我毁灭才能保全自己。政府必须在依旧成功之际甘愿自我毁灭方能建立起将会变得更为成功的政府体系。如果他们不自我毁灭，别人就会把他们毁灭。聪明的政府往往能敏锐地感知外界环境的变化，并制定适当的调整行政策略。

第五，从现有数据中挖掘有用知识、增强组织商务智能。信息化的推进让政府积累了大量数据，建立充分利用这些数据的意识，从凌乱数据中挖掘有用知识，就意味着政府开始向知识管理迈进。数据挖掘通过数据总结、数据分类、数据聚类和关联规则发现知识。如果说前三者只是信息加工处理的话，第四种关联规则具有很强的智能性，此外关联规则发现的思路还可以用于序列模式发现。

第六，通过知识地图将知识和人联系起来，帮助人们获得知识来源，降低知识扭曲。信息和知识在传播过程中很容易受到噪声的干扰而产生变形，随着传播环节的增多，信息和知识甚至会丧失原来的意义。更重要的是很多隐性知识的传播只能是面对面的直接交流，否则根本没法传递。知识地图能有效组织政府内部的知识和专长信息，员工在需要时可非常方便地查找到专家，进行直接交流，从组织网络获取知识，高效优质地完成任务。

第七，方便政府内相关后继者轻松获取前人积累的知识，以此为基础不断创新，实现组织的可持续发展和创新。新思想的产生并不是一个神秘的过程，高效的创新者往往将旧思想作为创造新思想的原料，这种方式称为知识经济。

（二）知识管理对政府治理的影响

知识经济时代的到来，使知识日益成为社会生产中的关键性资源。随着 1990 年美国学者威格的《知识管理导论》被国际知识工程协会第二届国际年会论文集的收录和 1991 年日本学者野中郁次郎的《知识创新型企业》在《哈佛商业评论》上的发表。知识管理在学术界已经成为研究的焦点，经济学者、管理学者、情报学者都对其表示出极大的研究兴趣。对知识管理理论的研究，管理学者迅速取得了较为丰硕的研究成果，而公共管理学者对知识管理理论的关注则相对滞后。管理学者认为，知识管理就是以知识为中心的管理，通过确认和有效利用已有的和获取的知识，并通过对各种知识的连续性管理，提高组织的创新能力和创造价值的能力，以满足组织现有和未来开拓市场机会的需要的一种过程。知识管理的出发点是把知识看作最重要的资源，最大限度地利用知识作为提高组织竞争力的关键。

作为人类社会的两种基本管理类型，公共管理和非公共管理相互促进、相辅相成。随着政府信息化进程的不断推进以及公共管理学科的迅速发展，知识管理理论开始进入公共管理学者的研究视野。如何通过知识的传播、共享、创造和利用来推动政府创新、提升执政能力、改善公共服务，成为公共管理学的一个重要研究领域。与知识型企业、知识型组织的概念相对应，公共管理学者提出了知识型政府的概念。有学者认为，知识型政府是通过知识管理来带动政府的创新服务、提升执政能力和政府效能与竞争力的政府，是以知识的吸收、开发、运用、创新为基础的国家政权体系中依法享有行政权力的组织体系。还有学者认为，知识型政府是一种组织结构扁平化、决策科学民主化、高度信息化、以人为本和创新能力强的学习型组织。还有学者认为，知识型政府是一个以知识的吸收、开发、运用、创新为基础的国家政权体系中依法享有行政权力的组织体系，是通过知识管理来带动政府的创新服务、提升执政能力和政府效能与竞争力的政府。上述定义分别从不同侧面对知识型政府进行了概括，各有侧重，但其严密性和全面性尚待商榷。

可见，知识型政府是一种为适应知识经济发展而形成的，以信息技术为技术支撑，以知识管理为基本手段，以知识资源为核心资源，以开放、互动为外在特征，以提高效率、改善质量为根本宗旨的政府治理模式。

（三）政府实施知识管理的必要性

我国总体上还处于以工业经济为基础的工业化发展阶段，但知识经济已初露端倪。随着我国经济全球化、信息化步伐的大大加快，经济知识化水平快速提高，迫切要求政府推行知识管理与之相适应，用知识去渗透、协调并激活其他生产要素，进而创新知识，最终增强我国政府自身创新能力，增强国家竞争力。

1. 转变政府角色的需要

在知识经济时代，政府不仅起管理和协调的作用，而且其为企业和社会服务的职能也日益凸显，也就是说，政府的职能角色正从管理型向服务型转变。政府部门拥有大量宝贵的信息知识资源，而个人、企业和社会对获取政府有关的政策法规、各类统计信息、社会保障信息等快捷和透明程度的要求日益提高，对政府部门的办事效率、服务水平等提出越来越高的要求，对政府部门职能的监督也日益强化。推行知识管理的政府可以胜任知识经济时代的这些新要求，同时也带动了政府外部的知识管理，通过各种信息知识流在政府内部及政府与社会间高速流动，政府成为社会信息知识流的重要枢纽，可以极大地促进政府的宏观协调能力、服务能力的提高。

2. 提升政府创新能力的需要

在知识经济时代，政府比以往任何时候都需要创新精神。不进行知识创新，政府的持续发展就会缺乏推动力。由于知识管理追求的是对知识进行创新，以便对快捷变化的环境提出应变策略，所以，知识管理应成为政府的一种新特征，是政府在未来竞争中得以持续发展的关键。

3. 提高政府办事效率的需要

在知识经济时代，政府机构必须具备高效才能切实履行好职能，为知识经济发展服务。如何进一步提高政府的行政效率，建立精干高效的政府，这是实际政府管理者和理论研究者棘手的难题。而知识管理的实施，使政府各级部门有了统一的服务平台，将知识创新和扩散运用于政府的流程重组，使得政府得以在复杂多变的环境中进行有效、正确的决策，从而提高政府的办事效率。

4. 优化政府组织结构的需要

对于传统的金字塔式等级型政府组织结构，由于管理层太多，界限太严格使得信息流通速度慢、反馈不及时，而且容易发生信息失真。为了提高政府部门信息传递的速度和效率，有必要应用业务流程再造和知识管理思想来重构政府的组织结构，使之从金字塔式结构转向扁平网状结构，从纵向层次结构转向横向网络结构。

第三节　知识管理的理论渊源与流派

一　知识管理理论渊源

20 世纪 60 年代初，美国管理学教授彼得·德鲁克博士首先提出了知识工作者和知识管理概念，指出人类社会正在进入知识社会，在这个社会中最基本的经济资源不再是资本、自然资源和劳动力，而应该是知识，在这个社会中知识工作者将发挥主要作用。

20 世纪 80 年代以后，德鲁克继续发表大量相关论文，对知识管理做出了开拓性工作，并提出未来的典型企业以知识为基础，由各种各样的专家组成，这些专家根据来自同事、客户和上级的大量信息，进行自主决策和自我管理。

20 世纪 90 年代中后期，美国波士顿大学信息系统管理学教授达文波特在知识管理工程实践和知识管理系统方面做出开创性工作，提出知识管理的两阶段论和知识管理模型，是指导知识管理实践的主要理论。与此同时，日本管理学教授野中郁次郎博士针对西方的管理人员和组织理论家片面强调技术管理而忽视隐含知识的观点提出了质疑，并系统地论述了关于隐含知识和外显知识之间的区别，提供了一种利用知识创新的有效途径。

21 世纪初，瑞典企业家与企业分析家斯威比将对知识管理的理论研究引向了与实践活动紧密结合并相互比照的道路。他从企业管理具体实践得出，要进一步强调隐含知识的重要作用，并指出个人知识的不可替代性。

在上述大师和其他学者不同理论与观点交相辉映影响和指引下，基于知识的企业理论和知识联盟已成为近年来备受关注的热点领域。

（一）第一代知识管理

21 世纪的人类社会已进入一个以知识为主导的时代，知识已成为赢得竞争优势的重要战略资源。企业如何有效取得、发展、整合、创新知识，即如何有效管理知识资源，培育有效的组织学习能力，充分整合现有的知识及快速地获取新知识，已成为企业能否赢得竞争优势的关键。面对日益变化的环境，一个组织必须保持自己的适应能力、生存能力和竞争能力，知识管理就是在这种背景下应运而生的。

第一代知识管理主要以架构为主，核心是数据仓库、群件、文档管理、成像和数据挖掘，以数字图书馆观念建立知识管理系统，把信息管理等同于知识管理，认为科技可以改变人的行为，但这样的知识管理观念后来被证明是行不通的。1998 年，拉格尔斯（Ruggles）在《加州管理评论》（*California Management Review*）发表了一份调查报告，指出大部分美国企业推动知识管理，都导入内部网络、知识仓库等，以信息科技来收集、储存知识，但这种将信息编码处理的方式功效有限，无法处理隐性知识。因此有人说，知识管理无非是"给昨日的信息技术披上了今天更加时髦的令人炫耀的外衣"。如果继续推进这种狭隘的、以技术为中心的思想，新生的知识管理无疑把自己带进危险境地。

（二）第二代知识管理

由于第一代知识管理成效不彰，美国知识管理大师普鲁萨克（Prusak）、IBM知识管理咨询公司负责人麦克尔罗伊（McElroy）等人纷纷提出与传统的知识管理完全不同的观点，开始了推动第二代企业知识管理。第二代知识管理更多考虑人力资源和过程的主动性，他们认为应重视组织内非正式的沟通，鼓励员工做面对面的接触，透过人与人的交流、互动，建立信赖的环境，同时提供学习的空间。第二代知识管理的观点主要集中在知识生命周期、知识过程、知识规律、知识结构、嵌套的知识域、组织学习和复杂性理论七个方面。

第二代知识管理强调，对于身处日益复杂的社会经济环境中的现代组织，尤其是知识型组织而言，不仅要关注知识的扩散，更要关注知识的生成。也就是说，知识管理的目标不应该仅停留在通过集中营管理的计算机信息系统、编码和传递组织内的现有知识，而更应该强调组织学习和新知识创造。第二代知识管理主要包括三大理论，即生命周期理论、嵌套知识域理论和复杂性理论。

第一，生命周期理论（Life – Cycle）。第一代知识管理理论假定知识自然存在，因此并不关心知识的产生；相反，第二代知识管理提出的生命周期理论认为，新知识在被用于编码和传递前，首先有其产生和验证过程，继而代替旧知识，完成周期循环。该理论把知识生命分为三个阶段：知识生产、知识有效性验证和知识整合。

知识生产指对现有知识进行收集、初步编码以及制定新知识发布规范的过程。其中知识源包括两类：一类是零散在各种资料和文档中的显性知识；另一类隐性知识则需要借助知识表示和智能挖掘技术才能得以显性化，还可以通过建立专家目录的方式，借助专家定位的手段使这种个人化的经验性知识能为更多的人分享。

知识有效性验证，包括制定有效性验证标准，进行知识审查、确认和分类，然后对知识在实际运用中的作用进行评估，最后是知识的正式编码。有效性验证即知识的筛选过滤过程，确保用于传递知识的充分有效性。

知识整合涵盖知识的共享和传递（通过教授和培训实现），此外，还包括新知识运用和知识成品加工。

第二，嵌套知识域理论（Nested Knowledge Domains）。知识是在两个层面上被掌握的。一是人作为个体，他们拥有自己的知识并将这些知识用于实践生产；二是作为集合中的一部分，他们同时掌握整个集体的知识并将它用于指导实践。每个人不仅要掌握自己的个体知识集，还要掌握整个团队的知识集。第一代知识管理的主要问题之一就是没有对个人学习和组织学习进行区别，第二代知识管理的嵌套知识域理论把组织中的知识分为三个层次：个人拥有的知识、个人组成团体拥有的知识、组织总体上掌握的知识。个人拥有的知识被嵌套进组织知识域中。由于任何时候这三个层次间都存在差异，从而形成了一定的张力，对这些张力进行适当管理，会大大提高知识创新率和企业运作的有效性。

第三，复杂性理论（Complexity Theory）。首先需要介绍的是复杂自适应系统理论（Complex Adaptive Systems，CAS）。该理论认为，生命体系（包括运作中的组织、独立的智能体，比如人）都在不断自我组织，并不断地调整自己以适应不断变化的外界环境。根据 CAS 理论，知识正是由智能体为适应外界变化而不断自我调整所遵循的规则组成。通过复杂性理论，人们认识到知识是如何在智能体个体层面形成并上升为组织形式被所有个体共享，成为组织知识的过程。

（三）第一代知识管理与第二代知识管理的区别与联系

1. 第一代和第二代知识管理的区别

（1）知识处理流程不同。第一代知识管理认为，它的框架应该是"知识存在、收集知识、编码知识、通过技术共享知识"这种知识是组织现有的，知识库中的知识是过去旧有的。它假定知识自然存在，因而仅仅限于"管理"知识。而很少考虑知识产生以及会随着时代发展需要不断更新的问题。第二代知识管理认为新知识在编码和传递之前，首先应该有产生和验证的过程，以代替旧知识。认为知识的流程应该是"知识产生、知识验证（编码）和知识整合（共享和传递）"。

（2）知识管理的侧重点不同。第一代知识管理侧重的是组织内现有知识的共享、群件、信息索引和检索系统、知识仓库、数据仓库、文档管理和成像技术运用，充分解决了知识共享中的技术障碍，这也充分说明技术在第一代知识管理活动中的巨大作用。它关注从日常商务流程中促进知识的流通，关注知识对企业内部商业运作过程的支持。因而，第一代知识管理的重点在于现有知识编码化和共享的效果上。第二代知识管理的提倡者认为，知识管理的重点应该是强化自然产生的创新和创造力的环境。帮助组织更快地创造新知识是提高市场竞争力的强有力的新方式。学习是创造力和竞争力的源泉，企业未来唯一持久的竞争优势，就是具有比竞争对手更快速学习的能力。因此，他们的重点是高效能的学习，但是也不排除知识共享和事后知识转移的重要性。

（3）知识域的认知不同。人们很难说清楚第一代知识管理的重点是什么，是个人知识、集体知识或两者都有以及其他。它混淆了个人学习和组织学习的区别，认为组织学习是个人学习的总和。而第二代知识管理的重点很明确，它区分了个人、小组和组织知识域，将个人知识嵌套进组织知识域中，并相应地形成了它的干预方法，并明确指出它的重点是组织学习。

（4）运作的软环境和技术性内容要求不同。第一代知识管理认为知识管理的过程应该体现在以下几个方面：培训程序、实践社区、知识获取、讲故事、知识管理文化实践、运作管理。技术上应该是：信息门户、Intranet、信息管理、工作产品管理、内容管理、群件。而第二代知识管理则认为，个人学习、组织学习、创新和 IC 管理、询问式社区、Think Tanks、管理规划等。技术上包括知识门户、创新管理工具、群件、虚拟团队工具、E - mail、Listserv 讨论组。

（5）知识共享的边界不同。第一代知识管理的知识共享限于组织内部的知识共享，鼓励组织内部团体冲破组织内团体或者小组边界进行共享，但是强调不与外部组织，或者组织与组织之间共享。而第二代知识管理则认为，组织并不能静态保持自己的竞争优势，重要的是学习力。学习力是任何组织都难以模仿的，因此不但要在组织内部进行学习，还要注意积极向外界学习，必须与公司其他组织及其他公司紧密合作，比如组建知识联盟等。

（6）知识的分类不同。第一代知识管理将知识分为显性知识和隐性知识。根据经合组织（OECD）分类，显性知识是关于 Know - what 和 Know - why 知识。隐性知识是关于 Know - how 和 Know - who 的知识。显性知识和隐性知识的划分突破了过去人们对知识的认识，对未经系统化处理的经验类知识给予承认。第二代知识管理从商业角度将知识分为了陈述式知识和程序式知识，当环境发生新的变化或新的知识出现后，陈述式知识和程序式知识将有所改变。

2. 第一代和第二代知识管理的联系

（1）最终目的相同。虽然二者各有所侧重，但他们的最终目的是相同的，都在于通过引导知识创新，实现知识共享，并通过对共享的知识进行有效应用，最终提高组织的竞争力，实现组织的可持续发展。

（2）关注发展和创新。从名称上可以看出，第二代知识管理思想是第一代知识管理思想之上的发展和创新。如果没有第一代知识管理思想的基础，第二代知识管理也就不可能存在。第一代知识管理为第二代知识管理思想的提出准备了充分的理论和许多案例。而第二代知识管理显然理解了组织学习的真正内涵。

（四）知识管理的其他主要理论

1. 经济增长理论

一般认为，西方经济增长理论的发展经历了三个阶段：一是资本决定论阶段；二是技术决定论阶段；三是人力资本决定论阶段。现在进入第四个阶段，即特殊的知识与专业化的人力资本积累论阶段。

资本决定论源于亚当·斯密的资本理论，哈罗德—多马模型是其典型的表达式。资本决定论认为，经济增长率最终取决于资本积累率，并且假定资本与劳动不可替代，即资本报酬率不变，而且资本与劳动的边际收益递减，这显然违背了当时的经济增长现实，最终导致粗放型经济增长方式，即经济增长是通过高投入、高人口增长和自然资源的大量耗费实现的。

20世纪50年代开始，技术决定论逐渐取代资本决定论，成为西方经济增长理论的主流。技术决定论以罗伯特·索洛模型及其理论、西蒙·库滋涅茨、肯德里克与丹尼森等经济学家的经济增长因素分析理论为代表，其理论核心是：一国经济增长中的决定因素是技术进步，促进技术进步并将之用于生产是经济增长的关键。由于技术进步是外生的，经济行为主体推崇技术进步也只是盲目的和被迫的，因此，经济增长方式依然以粗放型为主，经济增长模式仍然未摆脱对人口增长和大量自然资源的过度依赖。

20世纪60年代初，舒尔茨正式提出人力资本概念，由此人力资本理论开始建立和发展。人力资本决定论以舒尔茨和贝克尔为主要代表，其核心观点认为：人力资本是现代经济增长的主要动力和源泉。人力资本理论建立后，人们已经认识到人力资本在经济增长中的重要作用，但由于人力资本是一个相对独立的研究领域，没有大量运用于增长理论研究，并且人力资本概念过于宽泛，难以统计和计量，因而限制了在经济增长及其因素计量分析中的应用，未引起广泛关注。

20 世纪 80 年代末期以后，西方发达国家出现了新一轮、不同于以往经济增长周期的经济增长即新经济增长，经济增长理论的发展进入第四个阶段。新经济增长理论以特殊的知识与专业化的人力资本积累论为发展主体，由美国经济学家罗默、卢卡斯等经济学家为代表。

新经济增长理论将知识作为独立要素纳入增长模型，使经济增长理论研究取得突破性进展。新经济增长理论提出了除资本、劳动力外新的影响生产要素受益的因素即知识影响因素，主要表现为罗默和卢卡斯提出的罗默模型和卢卡斯模型，以及英国学者斯科特提出的斯科特模型。

2. 知识价值论

知识价值论，并不是某些西方学者所说的科学技术知识本身创造价值，或无人工厂中科技水平高的自动化机器创造价值，而是说劳动包括知识劳动或智力劳动的“共同劳动”，从事直接劳动的各个成员构成的“总体工人”或“劳动者的总体”共同创造价值。在知识经济活动中，劳动创造的商品价值，无论是有形商品还是无形商品，体现其价值的组成包括：第一，由物质资本转移到商品上的价值，其中包含物化劳动中物化智力转移的知识价值。物质资本中物化智力越多，转移的知识价值就越多。第二，由知识资本转移到商品上的价值。这一部分知识价值的意义在于，知识资本形成中尽管消耗较多的智力劳动，但相当一部分无形资产在一定有效期内可以多次转移、重复利用而无损耗，因此转移到批量商品总量上或转移到其他生产商品总量上的知识价值积累量相当可观。第三，由活劳动新创作的知识价值，其中包含活劳动中智力劳动所创造的知识价值。在智力劳动增加的条件下，形成的智力资本增加，因而创造的剩余价值中的知识价值也相应增多。在知识经济活动中，智力劳动在创造价值的同时，通过“干中学”而提高知识素养和智力水平，导致智力资本的进一步积累和增值，从而引起知识价值的增值。

因此，物质资本中物化智力转移的知识价值、知识资本转移的知识价值、智力资本创造的知识价值共同构成商品的知识价值。同传统经济不同，在知识经济活动中，知识资本与智力资本结合往往不需要新增投资，而是通过相互积累而增值，从而创造和转移更多的知识价值，这就是科学的现代知识价值论。

3. 企业理论

（1）企业能力理论。资源学派认为，企业的竞争优势来源于其拥有或能支配的资源。不同企业占有不同规模、不同组合的资源，就产生了不同的经营规模和效益，一定程度弥补了传统竞争战略理论的不足。但问题是竞争优势和对企业具有普遍意义的资源之间并不存在直接的因果关系，透过资源这个表面现象，可以发现实际是企业配置和利用资源的能力给企业带来了竞争优势，这就是企业能力理论。

（2）企业知识理论。企业知识理论是近年产生的一种新思想，还没有形成完整的理论框架，甚至没有统一的定义，其基本观点认为知识是企业竞争优势的来源，企业现有的知识存量决定了企业发现市场和配置资源的能力，企业资源发挥效率的程度也和企业拥有的知识密切相关；拥有自己核心能力的企业不易被竞争对手仿效，从而形成独特、持久的竞争优势。

二　知识管理的主要研究流派

知识管理是一种新兴的交叉学科，由于知识本身的复杂性，作为一种能够不断增值的智力资产，不能够用管理资本、原材料、劳动力等常规方法来管理。虽然近几年一些学者对知识定义提出了不同的理解，但在知识可分为显性知识和隐性知识上基本取得了共识。显性知识，如公式、规范、指南等通过规范化和系统化的形式能够很容易地传播；而隐性知识是一种高度个性化、难以规范化的知识，很难和别人进行交流和共享，其源于个人的实践和经验，与个体自身的观念、价值、情感有关。知识的这种特性决定了知识管理是一个复杂的过程，对其管理也将涉及很多领域。

随着知识管理实践在全球范围内普遍开展，国内外许多学者、专家和实践工作者对知识管理进行了大量研究，其理论流派大致可分为战略流派、组织变革流派、过程流派、应用流派和技术流派五大流派。

（一）战略流派

战略流派源于资源基础观和企业能力理论，是战略管理与知识管理共同研究的产物。随着企业经营环境不确定性和复杂性日益加剧，理论研究者开始对组织能力的内在逻辑结构及其演变规律进行重新思考和拓展，更加重视对企业战略起关键作用的组织知识结构、组织知识本身的变化及其与环境变化相匹配过程的动态分析。著名的管理大师德鲁克指出：知识是一种资源，具有不可模仿性、动态的环境适应性，是增强企业核心竞争力和持续竞争优势的源泉。此论述充分体现出知识战略研究中资源基础和动态能力的学术观点。

第一，资源基础观。这是战略管理的一个基本观点，认为企业的成功主要取决于企业独特的稀缺资源，企业间存在的有形资源、无形资源和积累知识的差异以及特殊资源是企业竞争的优势源泉。知识由于其独有的特点，作为企业最重要、最有价值的战略资源和资产已经成为学术界和企业界的共识。企业知识获取的速度和数量、知识应用的效率和知识创新能力更是企业创造价值和保持竞争优势的关键所在。

第二，动态能力观。知识管理战略是为了实现知识管理目标而采取的一系列规划和行动。它将指导与促进知识管理所需资源（包括人力、结构和技术）的投资，重点支持知识管理所需的技能、文化变革、内容管理、技术与工具。它对组织有效实施知识管理、增强知识创新能力、提高核心竞争力起着关键作用。知识管理战略基本目标有：①创造一种有利于知识生产与共享的环境，通过组织与制度安排保证个人有价值知识的最大化和个人知识转化为组织知识的最大化；②促使更多的组织知识转化为有市场价值的产品和服务，提高组织核心竞争力。从组织战略的角度来说，知识管理战略的最终目标是帮助组织获得持续的竞争优势，实现企业目标。

知识管理战略选择的影响因素包括核心能力、内外部环境，研究领域包括创新能力研究（创新是组织获得竞争优势的来源，而知识管理是不断取得创新成果的源泉）、员工的学习积累和知识传递（经验通过同化、外化和连接，进一步内化到个人的隐性知识成为有价值的资产、知识管理战略决策）、知识资源的整合（包括组织知识整合、组织间知识整合、社会网络）、智力资产、战略联盟、区域经济、企业文化等。

战略学派的理论基础主要来自管理学和经济学，其研究方法主要采用调查研究、二手数据分析。非实证研究中的概念模型和基于个人经验或事例支持的观点也是该学派采用的研究方法。实证研究方法主要验证知识管理在企业中的状况，对企业核心竞争力的影响以及绩效评价；非实证研究从学者自身所在的学科寻找理论基础，为知识管理战略提供理论指导。战略流派的分析层次主要集中在组织层和组织之间，组织层的研究远远高于组织间层，然而组织知识不仅来源于组织内部的成员，更多来源于组织外的知识，将这些知识加以转换、吸收和利用是企业获取知识的重要途径，组织间的合作和交流是知识共享的重要形式，因此，组织间、边界的知识管理将是战略流派研究的重点。

（二）组织变革流派

组织变革流派源于组织理论。知识管理是知识经济时代一种全新的管理思想，它充分体现了知识经济时代的管理特征——信息化、柔性化、创新性和适应性。知识管理是企业适应知识经济发展要求的必然选择，实质上是组织面对日益复杂多变的市场竞争环境，为提高适应能力和竞争力而对组织内外有价值的知识和信息进行获取、积累以及最大效能的利用和有效管理的过程。组织变革是对应环境的变化而产生的，组织原有的核心能力可能由于组织环境的变化而形成核心刚度，组织变革必不可少。

组织变革流派主要研究组织适应知识管理所采取的一系列措施，包括组织结构、流程、制度和文化等变革。组织变革流派的研究内容包括组织形态对创新能力、市场竞争优势、组织学习的影响，尤其是在组织形式向网络化形式演进、产生新的组织形态时，研究在跨组织条件下如何设置各组织形态和提高企业竞争力问题。如汉森（Hansen）研究了组织间信息共享与组织结构、古新能力的关系、咨询公司电子文档供应在信息市场中的组织间竞争问题、网络间的信息共享等；哈默尔（Hamel）指出，未来竞争是全球性的竞争，也是智力竞争，因此要进行企业间组织形态的设计以便进行学习；古普塔（Gupta）研究了跨国公司的组织和知识流的控制问题，这些研究充分反映了知识管理的研究点正在由组织内形态变革向组织间形态变革的演化趋势。

组织变革流派的理论基础主要来自组织行为学、管理学、社会和行为科学，主要采用调查研究和案例分析方法，研究在新的经济环境下，组织结构以及组织变革如何提高组织绩效。其研究层次主要集中在组织层、跨国公司的组织结构、战略联盟和区域的组织构成等。

（三）过程流派

过程流派认为，知识只有在流动过程中才能实现增值，知识管理事实上是对知识流的管理。研究理论来源可追溯到知识管理过程、学习型组织和组织决策三个方面。（1）知识管理过程。野中郁次郎提出的 SECI（socialization externalization combination internalization）模型被多数学者所认可，在这个模型中，组织新知识的创造是隐性知识和显性知识交互作用以及两种知识在个人、群体、组织之间螺旋式前进的结果；Szulanski 提出了知识转移过程模型，并指出在转移各阶段不同因素对知识转移的影响。（2）学习型组织。圣吉（Senge）提出了学习型组织和组织学习在全世界引起了建立学习型组织的浪潮；佩蒂格鲁（Pettigrew）系统地阐述了学习型组织的发展和变革以及与组织创新的四大因素：组织机构、组织文化、组织学习、组织激流。这部分为学习型组织研究的核心问题之一。Vonhippel 提出了知识转移过程中的信息黏滞问题及解决办法。（3）组织决策。西蒙和塔什曼（Simon and Tushman）等将知识管理流程看成信息处理流程并对决策产生作用。西蒙首先借助心理学研究成果提出了理性人决策模型，利用计算机模型来模拟人们解决问题的思维过程，概括出决策过程理论，进而研究大型组织中的信息处理问题；塔什曼继承西蒙的观点，提出了组织形态和信息处理的关系，这些研究为以信息与决策视角进行组织知识管理奠定了基础。

过程流派把知识管理看成一系列具体的活动过程，把研究注意力集中在组织的知识流和知识流所经历的过程，如知识创造、获取、转化、共享、扩散等，认为知识在流动过程中可以不断地增值。过程流派主要研究知识管理的过程，构建了众多基于知识过程的知识管理模型，这些模型归纳、概括了组织中的知识活动，虽然这些活动在名称上有所不同，但内容上却非常相似；除了对知识过程的研究，过程流派还十分重视对知识流动的研究，认为知识的流动过程是一个知识创造的过程，知识只有在流动中才能够最大限度地发挥其价值，因此，知识管理在一定程度上是对知识流的管理，与此相关的个人、团队、组织行为和心理研究、企业文化、组织结构及内外部环境因素等也是过程流派研究的内容。随着社会的发展，对知识管理的流程研究不仅仅局限内部，对企业内外部的知识流、价值网络的研究也成为重要内容。

过程流派将心理学、社会学、哲学、经济学、行为科学、信息科学等理论学科充分应用到知识的创造、获取、转移和共享过程，采用实证研究方法研究行为模式、识别知识管理过程的影响因素、提出优化模型或改进建议。过程流派主要集中在组织层，研究组织学习和组织内知识的转化，同时个体层、团队层、组织间层也是过程流派研究的重点，成为未来的研究热点。个体层和团队层主要利用心理学研究个体的行为模式探索知识的转化过程，组织间层主要研究区域经济和战略联盟间知识的共享和传递。

（四）应用流派

知识管理的目的就是应用，应用流派主要源于两个方面：一个是理论，主要研究知识的重要性和知识的哲学内涵；另一个是知识的具体应用，它的产生主要是由于知识管理逐渐作为一种新的管理思想出现，主要研究知识管理在各行业以及管理各领域中的应用。德鲁克在《新型组织的出现》中提出信息型组织，并指出了知识在未来组织中的重要作用。在随后的研究中，他进一步指出了知识社会的出现，在这种新的社会中，知识是经济发展的重要资源，知识工人是企业最重要的资产。德鲁克的系列研究为知识管理在组织中应用奠定了基础。该流派的一些学者将知识管理先进思想引入管理的各个领域、各个行业，对知识管理和组织的具体业务活动进行整合以及效果评价。结构维度上包括新产品开发、项目投资管理和组织绩效的评价、人力资源管理、软件维护等。行业维度可能涉及各行各业，如工商业、医学、图书情报学、高等教育等。

知识管理的应用研究，与社会生活各领域息息相关，应用的理论范围较广，结合管理实践提出有针对性的知识管理方法，具有良好的应用价值。

（五）技术流派

技术流派主要研究如何用技术实现和支撑知识管理活动。技术流派的理论基础主要源于信息系统领域和计算机科学，早期的人工智能技术、决策知识系统都是知识管理技术的起源。随着信息技术的发展，组织并不满足于单纯管理信息资源的管理信息系统，开始转向将信息技术和人的管理相结合的方法，以期通过知识管理技术使企业员工获取最需要的知识，同时将员工的知识通过知识管理系统转化为组织内部知识而得以存储和共享，如何将信息技术有效地同组织相结合而形成知识管理系统是技术学派发展的研究重点。如达文波特认为，知识是结构性经验、价值观念、关联信息以及专家见识的流动组合；Alavi 论述了信息技术在知识管理中的作用，并构建了知识管理系统的框架；阿吉里斯（Argiris）以闭环双循环结构来研究学习和决策过程以及信息传递对知识管理的影响作用。在如何运用信息技术构建知识管理系统的研究方面，这些研究奠定了重要基础。

技术是知识管理成功实施的支撑体系，技术流派主要研究用信息技术和计算机技术来实现知识的表示、组织、索引、存储、检索、表达和应用整合等，以高效、便捷方式获取知识，并将知识及时传递给需要的人。知识管理技术主要有分布式存储管理、群集系统、Internet/Intranet、数据库、数据挖掘、字处理、电子表格及群件技术等。这些技术能把组织中的隐性知识变成显性知识，存储到知识库，实现显性知识和隐性知识的转化和共享。

技术流派主要是利用计算机信息技术管理知识，研究知识管理系统及相关技术，包括知识表示、组织、索引、存储、检索、整合，以及人工智能、数据挖掘等技术。信息技术如何同知识管理过程结合是知识管理信息系统的研究重点，它主要研究组织知识管理中的信息处理过程、决策过程和信息技术支持的关系，包括如何运用信息技术建立一系列的信息系统（如知识管理系统、决策支持系统、计算机辅助学习、大型企业的知识库等），如何通过信息系统支持和实现企业竞争优势。这一流派的研究主要集中在系统层。

这些流派的划分是相对的，各流派的理论观点之间虽然有区别，但共性内容也很多，更多的是一种互补关系。事实上，有些学者的研究成果跨越两个甚至多个学派，很难准确归哪个单一的流派。之所以探讨知识管理流派，一方面是因为各流派的存在是客观事实，弄清各流派的观点有助于全面深入地了解知识管理；另一方面是因为知识和知识管理是一个复杂的研究对象，必须用多学科的理论和方法进行研究，否则就无法解释知识管理的一些根本问题，也无法指导各类组织和个体的知识管理实践。

第二章　政府知识的生产

第一节　政府知识的界定

一　政府内部知识的界定

根据知识产生的来源将知识分为内部知识和外部知识。而政府内部知识是政府的自有知识，根据政府知识存在的位置和方式，可将政府内部知识划分为几种形式：

第一，个人知识，即公务员通过以往的经验和培训而获得的知识。

第二，人际关系，指知识存在的人际关系网络。对于未知的知识，大部分的员工会向熟悉的朋友或人际关系圈子里的人请教，然后才会向组织的显性资料求助。因此，组织内部员工的关系网是组织一项重要的隐性知识资源。

第三，知识库，作为一种特殊的信息库，是通过结构化的方式存储的、对组织有益的规范化知识。知识库的建立有助于员工在解决同类问题时节省时间、精力和资源。

第四，工作流程和支持系统，是指组织完成某种任务时采取的工作流程和为完成各项工作所需要的软件和硬件支持系统。个人经验和教训可以通过组织的工作流程和支持系统加以沉淀和积累。

政府的内部知识管理：通过建立内部信息网，以便于政府人员进行知识交流，利用各种政府信息知识数据库存放和积累信息，从而在政府中营造有利于生成、交流和验证知识的宽松环境，并制定相关激励政策，鼓励政府人员进行知识交流。

关于政府的内部学习，有两点需要强调。首先，政府内部学习是以每个公务员的个体学习为基础的，但又不是个体学习的简单加总，而是要有

"整体大于部分之和"的特性，这也说明正是在各个学习主体之间进行复杂的相互作用和相互交流的过程中完成了整个政府的内部学习。其次，政府内部学习的主导方式是行为学习而不是常规学习。其中，行为学习是指以学习者为中心，由学习者、传授者在工作现场通过实时的互动方式主动吸纳随时能被验证和运用于工作实践的具有不确定内容和形式知识的过程。例如，从干中学、从用中学都是行为学习的典型方式。很显然，通过行为学习方式获得的大多是不能通过语言、文字、符号等媒介进行交流的隐性知识。对于政府来说，为了加强政府的内部学习效果，有必要摒弃常规学习方式，采取行为学习方式。

（一）政府知识门户网络的建立

21 世纪，知识对于政府越来越重要，因此对政府部门来说，如何在政府内部及部门人员中进行知识管理，来达到知识的积累、共享和交流，就成为今后政府建设的一个重要方面。基于知识管理思想构建起来的政府知识门户网站就是实现政府知识管理的重要手段之一，所以随着政府信息化进程的加快和政府知识管理需求的增加，政府知识门户网站必将成为越来越多政府部门的必然选择。知识门户网站既包括对外的信息门户，又包括对内的知识管理模块，是政府部门员工日常工作所涉及相关工作的统一入口，员工可以通过了解最新的政务消息、工作内容、完成这些工作所需的知识等，不同部门员工还可以通过它方便快捷地进行网上无纸化办公。通过政府知识门户网站，任何员工都可以实时地与部门其他工作人员取得联系，更好地进行政府事务的实施。政府知识门户的使用对象是政府部门员工，它的建立和使用可以大大提高政府内部的知识共享，充分利用政府现有资源，并由此提高政府部门员工的工作效率。

知识网络可以看成是一种社会网络，通过该网络提供知识、信息，可以说知识网络是知识的联结点。政府知识网络系统主要由基础类数据库、知识库和支持知识获取、传播、共享、整合与创造的各类信息系统组成。政府知识网络系统的搭建离不开基础设施的建设，其中主要是硬件基础设施和软件基础设施。将政府内部员工终端计算机和服务器连接起来便形成了政府内部网，内部网便于内部知识网络的建设，这是政府实现信息传播和员工进行信息沟通及知识交流的硬件平台。软件基础建设主要包括一些利于知识共享的技术软件，如网络操作系统、电子邮件、群件、内部网络、人工智能等相关技术。

由于公务员的知识基础、知识结构以及经营的专业方向与企业员工有所不同，使得在政府管理过程中逐渐形成和积累起来的政府内部知识具有较强的异质性，也就是说各部门之间的知识是不同的。这种异质性便需要构建并充分利用基于内部学习的政府内部知识网络。通过内部网络把所有的公务员连接起来，从而可以相互启发、相互学习。在政府的内部知识网络中，每个公务员既作为知识源而存在，又作为接受和利用知识的节点存在，每个公务员都成为面向知识的开放性个体。每个公务员的个体知识不断同政府已有的知识存量发生复杂的相互作用并成为政府知识存量的一部分。

总而言之，政府知识门户网站是一个通过政府知识管理系统使政府部门之间通过顺畅的信息交流和共享，提高办公效率的一个有利平台。其主要功能有：知识获取功能、知识传播与共享功能、知识的利用和测评功能等。其目标是通过依托信息技术，提高政府的知识获取能力、知识组织能力和知识创新能力，优化政府办公流程，实现高效的政府管理。

（二）公务员个人知识管理

对政府内部知识的管理要特别强调对公务员的个人知识管理。个人知识管理是将组织的知识管理思想应用到个人而形成的一种方法论。通过个人知识管理，让个人拥有的各种资料、随手可得的信息变成更多有价值的知识，从而有利于自己的工作和生活。其实，在每个人的工作及学习生活中都已经有了知识管理的影子，但这时候的个人知识管理还处于蒙昧状态，如果人们能在日常的工作中更加有意识地对个人知识进行管理，那么个人知识管理是一件很简单的事情。

个人知识管理的概念最早是由美国保罗·多西（Paul Dorsey）教授提出来的，并没有一个统一的定义。他指出，个人知识管理应该被看作既有逻辑层面又有实际操作层面的一套解决问题的技巧与方法。并认为，个人知识管理可以看作在 21 世纪成功完成知识性工作所必须具备的技能，他概括和定义了 7 项核心个人知识管理技能：信息检索、信息评估、信息组织、信息分析、信息表达、信息安全、信息协同。

在我国，知识管理中心发起人田志刚认为，个人知识管理的实质在于帮助个体提升工作效率，整合自己的信息资源，提高个体的竞争力。通过个人知识管理，让个体拥有的各种资料、信息变为更具有价值的知识，最终有利于自己的工作和生活。孔德超认为，个人知识管理包括三层含义：

其一，对个人已经获得的知识进行管理；其二，通过各种途径学习新知识，吸取和借鉴别人的经验、优点和长处，弥补自身思维和知识缺陷，不断建构自己的知识特色；其三，利用自己所掌握的知识以及长期以来形成的观点和思想，再加上别人的思想精华，去伪存真，实现隐含知识的显性化，激发创新出新的知识。张洪彬认为，进行个人知识管理的过程就是分析我们拥有什么知识，怎样获取知识，结构化这些知识，适时地调动这些知识来完成我们的目标，同时个人知识管理也包含如何在这一过程中创造知识。

综合个人知识管理的定义以及知识经济对公务员的能力要求，公务员个人知识管理是公务员为了提升个人竞争优势，建立自我知识体系，在日常生活和工作中收集与整理、分类与存储、检索与重构、交流与分享和应用与创新自己知识以及行政管理知识，以增强自身能力，并以提高行政效率和公共服务质量为最终目的的连续的过程。它使得知识被最大限度地利用，并且在知识管理的过程中得到了增值。

公务员作为经济、社会的管理者，广大民众服务的工作者，在工作中除了应具备优良的政治素养、职业道德和业务知识外，还必须具备以下各项能力：第一，综合性的知识能力，主要是指掌握领导科学、行政管理学等系统基础知识，具备较完备的专业管理知识，掌握市场经济基本知识。第二，创造性的思维能力。公务员除了要执行法律和有关政策，沿着既定的工作目标运作外，还要面对经济、社会复杂多变的形态，这就要求公务员能创造性地开展工作。第三，灵活的应变能力。在重大的社会转型变化时期，公务员要有灵活的思维和工作方式，不断更新自己的知识，用先进的知识来武装自己的头脑。第四，快捷的捕捉信息能力。在科技飞速发展的社会，一个高素质的公务员应该学会从无限的知识、信息系统中捕捉、提炼自己所需的东西，要借鉴别人的先进管理方法和先进的信息来解决工作中的疑难问题。

1. 公务员个人知识管理的实施

个人的知识管理与整个组织的知识管理没有本质不同，但个人的知识管理又有自身特点。个人知识管理的实施也涉及知识获取、知识存储、知识分享、知识利用，整个过程与组织的知识管理是相同的，但每个过程内容却有所不同。

（1）个人知识的获取。公务员需要对个人在工作和学习中所需要掌握和应用的专业知识资源进行具体分析，以确定个人对专业知识资源的需求。对于公务员个人知识的获取，其实是个人学习知识、积累经验的过程。个人知识的获取主要是知识的学习，通过学习可以帮助个人系统掌握显性知识，然后利用这些知识指导实践。个人知识获取的关键问题是：个人需要获取哪一方面的知识，在大量和复杂的知识中寻找属于自己需要的知识。对于公务员工作中需要获取的知识应该包括政法知识、管理知识、数理统计知识，在特定的行政部门，还有与本身业务有关的知识范围。

（2）个人知识的存储。个人知识的存储是指通过知识的编码化，使知识便于保存、查找、积累、公开和交流，并能够通过信息手段快速传递。例如现在磁盘、光盘、磁带等存储介质是存放编码化知识的重要载体。这些介质具有存储知识量大，存储速度快，能迅速恢复或复制知识，便于快速传输和不易磨损等优点。除此之外，更重要的是数据库技术，是一种按照数据结构来组织、存储和管理数据的仓库。公务员通过利用这些技术手段可以实现个人的人际交往资源、个人通信、个人时间管理等，实现个人知识的储存，利于知识的再利用和共享。

（3）个人知识的共享。个人的知识毕竟是有限的，只有通过和他人交流达到知识共享，才能使自身的知识体系更加完善，为个人发展提供条件。知识交流不仅要在具有相同知识结构的人之间进行，更重要的是要和具有不同知识结构的人交流，这样，可以从不同的知识结构和知识领域内获得灵感和启发，从而激发潜在头脑中的不清晰的知识。在进行个人知识共享时，公务员应该转变观念，不要把个人的知识看作私人财富，主动把自身的知识表达出来共享。同样，政府对于公务员个人知识共享方面也应该做出努力，为个人知识共享提供良好的氛围和机制。

（4）个人知识的利用。达文波特教授指出："知识管理真正的显著方面分为两个重要类别：知识的创造和知识的利用。"在学习社会中，人们透过继续学习不断地积累个人知识，但不足以为知识创造价值，不能利用的知识无论对于你和你所在的组织都是没有价值的。政府公务员应抛弃一味积累的做法，应将所学知识及时、有效、充分地运用到工作当中去，使所学知识充分创造价值，让所学知识成为个人发展的重要能力，最大限度地促进个人的发展。知识的利用就是知识的实践，知识的学习和实践对个人知识的管理同样重要。实践是检验学习到的知识，把知识升华为经验的关键过程，只有经过这个过程的潜心修炼，个人在处理问题和业务时才能达到游刃有余的境界。

2. 公务员个人知识管理的意义

德鲁克说过，没有人为你负责，除了你自己，而你唯一资本就是知识。作为政府内部人员，唯一能力就是应用知识去创造价值的能力。公务员个人知识管理的目的是：使个人的显性知识系统化、隐性知识显性化，便于随时对知识进行完善、提取、处理、分享、应用和创新，从而塑造并提升个人核心竞争力，以有利于职场竞争以及长期的职业生涯发展，进而实现人生目标和人生价值。

在"信息爆炸"的现今社会，个人要跟上时代节拍，必须持续学习，可以说个人获取和利用知识的程度在很大程度上决定了他的个人价值。但是，人类天生具有遗忘的特性，虽然人的一生有机会获取众多的知识，但真正精通的往往只是经常使用的很有限的一小部分，其余大部分知识往往只能记住一个概况，到有用的时候再去查找获取。因此，积累、获取和检索知识的能力显得非常重要，个人知识管理对每个现代人来说都有着非同一般的意义，主要体现在：（1）建立个人知识体系，有利于有针对性地进行个人知识的积累和完善；（2）有利于个人发掘隐性知识，将隐性知识转化为显性知识，避免知识的遗忘而流失；（3）有利于个人知识的检索和提取，减少个人时间与精力的损耗，提高工作效率；（4）有利于将知识资源应用于实际工作以获得良好的工作绩效，将知识转化为价值；（5）有利于展现个人的学习能力，并通过参与知识创新、知识交流，来谋求组织和个人更多发展机会；（6）有持续性地学习并更新个人专业知识、提高工作技能，提升了个人价值和核心竞争力。

（三）政府内部的知识共享

知识管理的精髓就在于知识的分享和交流，特别是在网络时代，单个人的知识总是有限的，而全人类的知识是无穷的。知识的分享过程是一个"双赢"过程，人们不仅能够将知识分享给别人，也能够通过知识的互动交流，实现自我知识体系的巩固和完善。随着社会的进步与发展，政府面临的情况和需要解决的问题越来越复杂，尤其是对各种突发性事件的处理，需要快速准确地获取大量且有用的知识和信息，帮助其解决问题。同时，新情况、新问题的出现需要政府内部的知识快速更新以适应新变化。然而，现在政府内部知识的储量不足，使得政府办事效率和工作效能偏低。政府的知识管理就是通过知识共享，运用集体的智慧提高政府的应变能力和创新能力，所以说知识共享是知识管理的核心。知识共享可以促进组织学习能力的提高，使得组织成员之间通过交流、沟通和学习，不断充实和更新自己的原有知识，进而在部门之间进行知识共享，推动新知识在整个组织内部的传播，使得新知识不断填充到政府的知识系统中，扩大了组织的知识存量，也提高了政府的知识更新速度。

知识共享是指员工彼此之间的知识相互交流，使知识由个人经验扩散到组织层面。这样在政府内部，工作人员可以通过查询组织知识获得解决问题的方法和工具。反过来，工作人员好的方法和工具通过反馈系统可以转化成组织知识，让更多的工作人员来使用，从而提高政府的效率。

1. 知识共享的分类

从组织中知识来源看，组织知识最主要的原始来源是个人知识，而个人知识的隐性化程度最高，所以个人知识的共享最不容易。个人之间有两种交流知识的形式：文档交流和直接交流。根据个人知识不同的交流方式，组织知识的共享可以分为两种：编码化方法和个人化方法。

编码化方法指组织通过内部的管理机制和沟通渠道，将个人知识复制成较为显性的知识表现方式，如工作流程，或进一步表达成数据库形式。在这种方法中，信息技术将发挥重要的作用，利用信息技术存储编码化的信息。作为一种员工与知识进行交流的工具，编码化方法的基本思想是将解决问题所需的知识标准化。

个人化方法指将没有掌握某种知识的人和掌握该知识的人紧密地联系在一起，知识的共享主要通过人与人之间的直接交流。实施个人化方法的基本思想是根据要求，将具有不同领域知识的人组成一个团队，通过团队成员间的相互交流解决问题。根据个人之间交流方式的不同，将个人化方法分为两种：①人与人的直接交流，面对面或者通过电子邮件等媒介实现信息共享，这种方法适用于个人之间比较了解，可以直接确定谁对某个领域比较熟悉的情况；②个人之间通过某种连接工具进行接触，例如一个联络小组，专门负责帮助组织内部员工寻找所需求的专家。

2. 知识共享障碍分析

虽然人们知道知识共享的重要性，但是共享的实施不是一帆风顺的。由于政府内外部环境的日益复杂及知识的独特属性，使政府内部知识共享过程受到各种不确定因素影响，阻碍了政府内部的知识共享。

（1）个人心理障碍。从心理学角度看，拥有知识的人不仅有对成功的渴望，还有对声誉与权力的追求欲望。在政府部门，知识拥有者特别是领导者把知识作为一种权力和地位象征，担心一旦自己的知识被分享，相应的优势地位就会随之丧失，自身利益就会受到损害，领导者不愿意放弃对知识的控制权。因此，不愿把自己的知识拿出来与人共享。某些工作人员也认为鼓励知识共享也说明自己在某方面不如他人，专家也怕失去专家的声誉，更不希望他人获得自己的知识后成为自己的竞争对手，这都严重地制约了知识的共享。

（2）组织层面障碍。传统的政府采用科层制度，从纵向看，信息和知识的流向是单一的，即信息和知识总是从上级通过重重的中层流向下级，处于底层的工作人员只能简单服从。从横向看，传统的组织结构使得各部门之间缺乏协调，每个人的工作都被定格在一个狭小的范围内，阻碍了知识共享在部门之间的交流与分享。

除此之外，政府没有建立起共享激励机制，个人拥有的知识要耗费公务人员大量的精力，付出艰辛的努力才能获得的。组织成员参与知识共享时，个人付出太大，相对实现的效益太小，在金钱或者承认方面得不到至少对等的补偿，他们就不会参与知识的共享。政府没能在知识共享方面提供有效的支持，也就不会支持并尊重员工及知识工作者。

（3）技术因素障碍。目前，薄弱的基础设施尚不能够帮助人们跨越时间、空间和知识数量及质量的限制，不能为有效地实施知识的生产、积累、利用和评价提供有力的技术支援，工作人员不知道到哪里寻找自己所需要的知识，政府还没有建立起完善的知识库。同样，存在于工作人员头脑中的隐性知识又难以明确地被他人观察和了解，无法把隐性知识转化为显性知识，无法为知识的共享提供保障。

（4）政府文化障碍。如果政府内部缺乏对知识的需求，任何人和部门都倾向于减少对知识的需求。在政府内部，文化利己主义盛行，公务员缺乏奉献精神和团队合作意识，在这样的环境中，缺乏一种开放性、学习性、成长性氛围，阻碍了知识共享的顺利进行。

3. 知识共享策略

组织的知识吸收能力高低与知识获取的成功与否有着直接的联系。组织的知识吸收能力不是一个独立体，它和组织机制机构的建设、组织文化的建设，甚至和组织所在地区的文化有着密不可分的联系。

（1）建立友好型的组织文化。当代美国公共管理学、组织理论的著名学者威尔逊认为："组织文化则是由协调运转机制所具有的使其对相同的刺激因素做出与众不同之反映的那些已经形成的且持久不变的特性构成的"。成功的知识管理需要政府组织尊重知识，高度认识学习的价值，并且重视经验、专业技术和创新。在创造尊重知识的组织内部环境中，建立尊重知识，鼓励知识共享的组织文化非常关键。

政府为了实现知识共享，应在政府组织中形成一个以获取知识和推进创新为中心的目标和价值体系，打破部门界限，引导和帮助公务员之间建立合作关系，激励公务员与他人进行知识共享，营造一种学习、合作、开放的文化环境和氛围。政府试图通过知识管理项目来深化员工对知识的认识和建立尊重知识、注重学习文化，承认个人在知识发展中的独特性，鼓励创新。另外，还要建立起相互信任的政府文化，加强领导。知识共享需要建立人际信任关系。团队精神鼓励信任，信任鼓励知识共享，这是双向的过程。有效的政府知识共享，要求政府公务员相互关联。政府组织的成员必须能够看得见共享的对方具有共享知识的信誉，直接地体验互惠互利的共享成果。

（2）完善知识管理的有效激励机制。激励创新正在成为知识管理中最富挑战性的工作，成为检验知识管理成败的重要标志。政府内要倡导员工进行知识的创造、传播和流动，在不断吸收和再创造过程中，力图对知识实行有效管理。为了克服政府工作人员的心理障碍，对每一个积极进行知识共享的个人和集体，可根据其自身不同的特点和贡献的差异给予相应的物质奖励和非物质奖励。其中，物质奖励主要是从经济利益出发，让参与知识共享的成员得到一定经济利益。而非物质奖励则是可以通过建立威望或者承认进行激励，政府组织应褒扬那些直接与别人共享知识、给予同事直接帮助的成员，通过这种方式能够给工作人员带来实现自我价值的满足感。除此之外，政府可以通过业绩肯定的方式进行激励，把知识共享作为评价公务人员业绩的标准，或者把它与考核、晋级、评优等奖励制度联系起来，每个工作人员感受到自己的知识共享行为，可以使得自己事业有成，得到了自我价值的实现。

（3）构建共享型组织结构和拓宽知识传播渠道。政府为改变原有的组织结构，应对原有职能部门的管理增加新的内容，并逐步向组织扁平网络化过渡。应该采取渐进的变革措施，对原有政府职能部门按知识共享要求进行适当调整，建立知识共享的职能部门，最终建立全面支持知识共享的学习型政府。政府组织应该借鉴企业经验，通过设立专门的知识管理部门或知识主管，减少政府机关的中间层次，加强执行层和决策层的直接交流，建立起一体化政府，打破条块分割、等级森严的传统政府组织，使同一级政府的不同部门或各级政府拥有统一的服务平台，保证知识在政府组织内部能够横向、纵向的自由流动，实现知识的积累、共享、创新与应用。

知识可以通过多种渠道转移，成功的知识管理都强调通过多种渠道进行知识转移，每一种渠道通过不同方式增加知识价值并促进知识的使用。政府可以建立正式的知识交流制度，使原来的偶尔私下交流变得常规化、日常化。比如采取圆桌会议机制、午餐交流机制、周末沙龙、茶话会等。随着互联网和全球电讯系统的发展，有限的面对面的、交流的、往往由大量的电讯和网络交流所补充。政府应该建立多种知识转移的途径，可以借助先进的信息技术，如在门户网站上开辟 BBS、建立"实践社区"等，从而在实现知识转移的前提下，降低交流成本。

（4）加强信息技术在政府知识管理中的应用。信息技术是知识管理的强有力工具，可以降低知识转移的成本，加快知识转移的速度并提高知识转移的效率。但是人们也认识到，技术不是知识共享的核心，技术只是知识共享的有效支撑和得力助手，是知识转移的催化剂，使知识的转移成为可能。

新技术的发展，使政府信息化已经跨越办公自动化阶段，而进入了工作的重组和整合的新阶段，通过技术进步所带来的业务流程精简、优化和重组。当前计算机群件技术、电子邮件、网络为知识的共享提供及时支持，通过辅助知识处理流程中的某些环节，使正确的知识能够在正确的时间送到正确的人手中，大大提高知识传播和共享的效率。对于那些隐含在人脑中无法以文档等媒介形式表达出来的知识，则借助人工智能、神经网络软件等技术，促进隐性知识传播技术的发展，从而实现隐性知识的显性化。另外，通过适用的技术手段和方式，相当一部分的隐性知识可以被逐步编码，制成学习指南、管理制度、工作规范等工作文件形式，通过鼓励雇员在 BBS、实践社区等信息平台上交流自己的经验、思想等，这样就可以在更大范围内加快政府隐性知识的转化与共享。

二 政府外部知识定义与获取

(一) 政府外部知识管理定义

由于知识的更新速度不断加快,政府自身所拥有的知识存量有限,为保持有效的政府职能,必须不断从外部获取知识。从外部获取知识是政府新知识的重要来源,而政府的成功依赖于整合不同的知识,并且将其应用于技术创新。在管理中,政府容易陷入三种能力陷阱:成熟陷阱(Maturity Trap),政府倾向于得到可靠的和可预测的结果,从而限制了风险较大的知识探索行为;熟悉陷阱(Familiarity Trap),指政府过分强调改进和提炼已有知识,限定自身的认知范围,而不去探索新的知识领域;接近陷阱(Propinquity Trap),指政府探索与已有知识相近领域知识的惯性,从而限制了政府对环境突然转变的敏感性。从外部获取的知识能够帮助政府有效克服能力陷阱,进而促进自主创新,这是因为政府的自主创新需要整合来自不同领域的相关知识。

政府只有具备一定知识基础和技术能力,才能够更有效地选择、吸纳和消化外部知识,才能够有效利用和改进外部知识。而且,要使外部知识真正能在政府发挥作用,还需要经过把外部知识内化于政府知识存量之中的过程。这些都要求进行外部学习的政府必须具备一定的知识水平和技术水平,否则,就很难从外部知识网络中获益。政府外部知识管理,主要包括企业、公众等用户对政府服务的意见反馈和建议;专家、顾问对政府的政策建议和意见采集;先进政府管理经验的收集等。

(二) 政府外部知识获取

1. 政府外部知识获取途径

(1) 直接的外部知识获取。直接获取外部知识,指的是政府有意识地通过种种手段搜索政府需要的知识。政府通过收集相关的研究报告、专利文献、出版物等来了解科技进步动态,吸收有关科技发展的新知识。例如政府工作报告,它是中华人民共和国政府的一种公文形式,各级政府都必须在每年召开的当地人民代表大会会议和政治协商会议(俗称"两会")上向大会主席团、与会人大代表和政协委员发布这一报告,它收集了从1954年一届全国人大一次会议到现在所有的会议报道。

(2) 与其他组织合作获取。知识分为显性知识和隐性知识,在知识管理过程中,隐性知识的转移主要是在人与人之间直接面对面接触过程中实现的,是人们在工作、生活和学习过程中发生的一种接触性传播方式,而与外部组织的合作就提供了这样一个接触的渠道。所以，政府与外部组织建立正式和非正式的协作和联合，是获取外部知识的一个很重要的途径。

政府通过有效率的合作学习，参与合作的组织都可以得到大量知识，是一种"双赢"管理方式。通过组织间的合作，政府不仅可以直接获得显性知识，即研发的成果，同时通过政府与其他组织人员间的接触交流，各种难以表述的知识也得以在政府间扩散。我国政府与外部合作的对象是通过与科研机构或高校结成学习型战略联盟，从战略合作伙伴那里获取某些能提高政府职能的专业知识；通过进行外部培训或雇用其他组织人员，或与社会组织组成互助学习小组，来进行外部学习；通过出国访谈，或聘请国外专家、学习国外国家先进的管理经验，结合我国国情获得最新的知识。

（3）从人才交流中获取。人是知识的重要载体。知识，特别是隐性知识，往往只能通过人的经验和"干中学"获得，并嵌入组织成员身上。因而，这些知识很难与拥有它的人分离开来。

在实践层面，通过人才交流实现外部知识获取有三种方式：

第一，外部人才的直接引进，是政府获取外部知识的常规手段。特别是从社会中引进人才，政府将可以获得急需的、依附于人才的显性知识与隐性知识，直接拓展了政府的知识边界。我国政府每年都会进行国家或地方政府的公务员考试，对每个岗位都有严格的要求。

第二，政府与外部组织相互交流。外部专家到政府进行中短期的工作，不过合作的对象是个人而不是组织。例如，可以聘请中科院院士与工程院院士等多名专家作为政府顾问，并建立专家工作室，作为政府的参谋人员。同时，我国政府还有选调的政策，从各单位选调所需人才，到问题或项目完成后再返回原单位。

第三，内部人才的外部培训交流。内部人员的外部培训交流，指的是将政府内部人员外派参加各种培训或交流活动，包括参加信息技术培训、参加学术会议、到国内外先进国家考察学习等。当外派人员回到政府，也就将各种在交流中获得的显性知识与隐性知识带回政府内部。

2. 政府外部知识识别与内化

知识获取是政府识别和获取外部知识的能力。事实上，知识获取就是管理识别和获取实用性新知识的惯例和流程，这些惯例和流程影响政府接触和接受外部信息源程度；政府的一些流程会把外部来源获取的知识与现有知识进行综合和整合，即知识的消化和转化。

通过对外部环境的搜寻和关注于对特定问题相关信息的识别，外部知识扩大并丰富了政府的知识储存。对新知识的接收者，其行为过程和惯例需要能够接触到新知识的源泉，主要认知过程是在工作中吸收新知识，并把新知识与现存知识进行整合，修改之前的思维模式，并储存新知识。为了接收新知识，需要建立接触新知识的惯例和流程，之后才能发生消化新知识，并把新知识与现有知识整合的认知过程。从外部来源获得知识后，组织内部为解释和转化获得的知识，会快速有效地把获取的知识向政府各部分转移，即知识的内部化。在创新知识的扩散过程中，知识的流动包括两个部分：群体中的某一个先学习到新知识，即有关创新的知识被转移给个体成员，类似于吸收能力中的知识消化；个体再向其周边环境的接收者转移这种新知识，即知识的共享，是知识转化的主要过程。

政府技术看门人即研发实验室的关键员工，在知识流动过程中发挥重要作用。看门人是政府内部各部门间的边界跨越者，同时监控政府外部环境，评价政府可能需要的相关知识。与组织其他成员获取的信息相比，看门人获取的外部信息更具有可信性，并且，当看门人从外部环境获取知识，会把相关结识转化成能被其他员工理解的知识。当信息被以可信和明确的方式表达出来，向具有理解能力的成员转移时，知识转移将增强。从而，当外部新知识被看门人获取后，会以明确的方式把获取的知识向组织内部的成员转移，产生组织和个体层面的知识学习，发生知识转化和消化。

通过上述分析，外部知识获取与知识内部化之间存在密切的联系，外部知识获取能力越强，政府获取的外部知识越多，会对知识消化和知识转化产生有益的提升作用。

第二节　政府知识管理流程与体系

一　政府知识管理流程

（一）什么是知识管理流程

无论干什么事，无论在生活、休闲还是工作中，都有一个"先做什么、接着做什么、最后做什么"的先后顺序，这就是生活中的流程。因此，流程可以说就是多个人员、多个活动有序的组合，它关心的是谁做了什么事，产生了什么结果，传递了什么信息给谁。流程也就是做事方法，它不仅包括先后顺序，还包括做事的内容。它能够有效地凝聚经验、指导新人、提高工作效率、提升工作效果，最终带来竞争力的提升。因此，流程可以简单地表述为一系列活动的组合，这一组合接受各种投入要素，包括信息、资金、人员、技术等，最后通过流程产生客户所期望的结果，包括产品、服务或某种决策结果。

知识管理就是对业务流程中无序知识进行系统化管理，实现知识共享和再利用，以提高业务水平和效率的过程。美国得而福集团创始人之一、著名经济学家费拉保罗认为，知识管理就是利用集体智慧提高应变能力和创新能力，是为企业实现显性知识和隐性知识共享提供的新途径。该定义突出了知识管理的核心流程应该是知识共享、知识转移和知识创新。该观点为多数学者所认同，它不仅表明了创新能力与知识管理有关，而且表明了危机管理能力与知识管理有关。

墨尔本工商学院副院长和加特纳公司研究员布罗德本特（Broadbent）则将知识管理直接视为一种管理流程。他们认为，知识管理是挖掘并组织个人及相关知识以提高整体效益的一种目标管理流程，整个知识管理的流程应是知识获取、知识组织及知识创新。

王广宇在《知识管理——冲击与改进战略研究》一书中提出了一个相对全面和科学的知识管理定义，这个定义被引用的也较多。他认为，知识管理包括知识的获取、整理、保存、更新、应用、测评、传递、分享和创新等基础环节，并通过知识的生成、积累、交流和应用管理，复合作用于组织的多个领域，以实现知识的资本化和产品化。由其定义可以看出，对于知识管理流程的叙述是比较全面的，具体内容包括知识获取、知识整理、知识保存、知识更新、知识应用、知识测评、知识传递、知识分享和知识创新。

丁蔚认为，知识管理包括两方面的含义，一方面，是对信息的管理，但其手段与方法比之信息管理更加先进与完善。它充分利用信息技术，使知识在信息系统中加以识别、处理和传播，并有效地提供给用户使用；另一方面，是对人的管理，认为知识作为认知的过程存在于信息的使用者身上，知识不仅来自编码化信息，而且很重要的一部分存在于人脑中。在该定义中可以分析出知识管理的一般流程包括知识识别、知识处理、知识传递和知识创造。

（二）流程管理与知识管理结合的原因

国际上越来越多的专家已经认识到知识管理应用的趋势是和流程管理相结合。他们认为，无论什么样的组织只有将知识管理与业务流程紧密地结合在一起，才能充分发挥知识管理的作用。目前，政府已经开始认识到今后知识管理将成为提高政府执政能力的关键因素，所以政府也开始要求信息系统部门着手进行知识管理工作。有些政府部门的信息系统部门反应十分迅速，他们立即进行评估，建立起面向知识管理的技术系统，然后认为，知识管理就已经实现。此类部门认为只要知识管理的系统建立起来，政府就会自动向知识导向型转变，政府内部的智力资源就会自动转变为竞争优势。但同样也有些地方的信息系统部门反应慢一些，他们首先建立起覆盖全部门的知识构架，然后对实现知识管理的技术手段进行深入分析。上述两种情况都忽视了知识管理项目融入政府业务流程，没有将知识管理与核心业务流程有机结合。许多知识管理往往只注意知识本身的收集、分类、存储、查询和再利用。虽然这些都是知识管理项目的管理人员不可或缺的内容，但是同时必须认识到信息的创造、共享与再利用不是在真空中发生的，信息的收集与再利用只有与特定的业务流程密切联系，才能有效地发挥作用。

知识管理其实涉及的内容极广，能够在许多方面发挥作用，那么我们为什么选择流程管理作为知识管理的切入点呢？

第一，业务流程是政府运营的基本活动。政府每天都有公务员都在认真地接待公民办理各种业务；监督部门时刻监管政府的各个部门的公务员；财务人员则忙于计划、审批、记录政府的资金运用；而技术人员则绞尽脑汁开发和设计知识管理系统。如此种种业务活动都有一定的流程，所以业务流程就是政府的实际活动，最能体现政府的执政能力和管理能力。

第二，技术已经非常成熟。现在新的技术不断涌现，技术也越来越成熟，也为业务流程提供依据。在相对成熟和确定的技术体系上，比较容易引入并运用新的管理思想，取得成效的可能性也大大增加。

第三，业务流程需要动态管理。许多地方政府因为固守于陈旧的业务模式，无法适应变化越来越快的市场环境，最终不能为公民提供良好的服务。而动态管理正好与知识管理的不断积累、改进和创新的理念相吻合，发挥知识管理的优势。所以，现有流程管理非常需要知识管理用明确方法来指导流程的不断改进。

第四，知识管理通过与流程管理结合，使知识管理更容易理解。把知识管理应用到具体业务流程，使得人们可以马上看到实际效果，从而更容易地接受新的管理思想，为知识管理的实施扫清思想顾虑。所以，业务流程和知识管理的结合，把业务流程添加到知识库的排序维度中去，使知识库可以直接与流程管理结合起来，处理与业务流程相关的知识，提高政府的工作效率。

二 政府知识管理流程的几种模式

（一）知识链流程

美国战略管理学家波特认为，企业每项生产经营活动都是创造价值的活动，企业中相互关联的生产经营活动构成创造价值的动态过程，即价值链。那么，政府的知识流动和更新是否也存在这样一个动态的价值链呢？答案是肯定的。知识作为组织的财富，对知识的管理实质就是对知识价值链进行管理，是组织的知识在运动中不断增值。那么，就可以按照价值链理论的要求，对政府的知识活动进行进一步价值链分析。一是分解、识别和界定这些知识价值活动；二是描述知识链的技术经济特性，分析各项具体的知识活动对价值的贡献；三是分析各项活动的技术水平；四是了解各项知识活动的成本费用；五是确定各项知识活动的影响因素。

知识链指在一个链条型网络中，组织对内外知识进行选择、吸收、整理、转化、创新，形成一个无限循环的流动过程。在这个过程中，组织与外部环境之间、组织内各部门之间、人与人之间、人与组织之间被一种无形的知识链条所连接，这条无形的链条就是知识链。知识流程是建立在知识链理论基础之上的，是指组织的核心资源——知识在组织内各个知识驻点之间为创造价值而形成的一系列积累、共享、交流的过程，是组织流程的本质内容，其内涵是确定知识在创造价值中所处的环节。

这种流程包括知识表示、知识识别、知识获取、知识开发、知识分解、知识储存、知识传递、知识分享、知识利用等。从实质看，它属于一种知识工作流程或者知识"动作"流程，可以看作是对上述创造价值流程和知识转化流程的进一步细化、具体化和操作化的过程。知识链的具体表现形式：一是知识的采集与加工→知识的储存与积累→知识的传播与共享→知识的使用与创新。二是知识的收集→知识的编码→知识的转移与扩张→知识的共享与交流→知识的创新。三是知识的获取→知识的选择→知识的生成→知识的内化→知识的外化。

（二）知识转化流程

从知识转化的视角看，知识管理流程从本质上反映了知识管理的过程。这一知识管理流程包括知识集约过程、知识应用过程、知识交流过程和知识创新过程四个步骤。不过在实践中采用知识转化流程的恐怕难以见到。原因是，这种流程的采用不易观察，它往往是潜在地隐藏着。在上述四个步骤中，知识创新是目标，实现目标的关键是隐性知识显性化和显性知识内部化。由于隐性知识是知识创新的源泉，因此，人们尤其要重视隐性知识的转化和管理。虽然知识转化流程的采用不容易观察，因此，要进一步判断知识管理采用这种流程所取得的实际效果也就不那么容易，但是这种流程在知识管理实践中的存在又是相当普遍的，在判断采用其他流程的实际效果时，可以理解为知识转化流程事实上参与做出了贡献。

1. 社会化

是由内隐到内隐，社会化具有特殊的背景条件，难以公式化，很难管理，所以，获得隐性知识的关键是通过共同活动来体验相同的经验。要促进社会化，其成员首先要具备高质量的经验，这样隐性知识才会增长。丰富的隐性知识可以促进知识创造，同时成为产生高质量知识的动力。其次，必须在成员中培养爱心、关怀、信任等情感，这样他们才能超越自我，分享隐性知识。

2. 外在化

外在化是由内隐到外显，即将隐性知识清晰地表述为显性知识的过程，将内隐知识明白表达为容易了解的形式，以传递给他人。外在化是知识创新的关键，因为它从隐性知识中引发出新的明晰的概念。外在化通常由"对话或集体思考"开始，利用适当的隐喻或模拟，协助成员说出难以沟通的内隐知识。隐性知识向显性知识的成功转换依赖一连串的隐喻、类比和范例。隐喻是一种将一物象征性地想象为另一物来直观感知和领悟事物的方法。隐喻是创造新概念的重要工具。通过隐喻将两种不同概念放在一起所引起的不平衡、不协调常常会导致新意义的发现，甚至是新范式的形成。类比帮助人们由已知物来认识未知物，将意象与逻辑模式沟通起来。一旦创造出明晰的概念，它们又可成为模式。当新概念在商业背景中产生时，模式通常便在隐喻中产生。

3. 结合化

结合化是由外显到外显，将观念加以系统化以形成知识体系的过程。这种模式的知识转换牵扯到结合不同外显知识体系，结合的用途在于结合新创造的与现存的知识，使它们成为新产品、服务或管理系统。知识通过文件、会议、电话交谈和电脑通信网来进行交换和组合，通过筛选、添加、组合和分类等手段对现有知识进行重构，也能创造新的知识。结合化在实践中需要三个过程：从组织内外收集并组合显性知识；将新的显性知识传递给组织成员；在组织内把显性知识进行加工，使之更实用。

4. 内在化

内在化是由外显到内隐，与边做边学息息相关，当经验透过社会化、具体化与之结合，进一步内化到个人内隐知识时，即成为有价值的资产。通过内在化，已创造的知识就可由整个组织分享，内在化了的知识可以拓宽、延伸和重构组织成员的隐性知识。

（三）宏观战略流程

国内比较系统地提出这种知识管理流程的陈锐认为，宏观战略流程包括六个环节：制定知识管理战略，探明知识管理的重点领域，企业知识资源测度，形成知识管理方案，搞好知识管理项目，进行知识评估。这种知识管理流程的特点是层次较高，采用这种流程的知识管理具有全局性和战略性。它不仅是对纯粹显性知识的管理，而且是对隐性知识的管理；不仅是对公共知识的管理，而且是对专有知识的管理；不仅是对固化知识的管理，而且是对活化知识的管理；不仅是对知识资本的管理，而且是对智力资本的管理，更涉及知识资产的管理，涉及范围广，因此其影响也是全方位的。由于宏观战略流程"主导性"地贯穿于整个管理之中，意味着知识管理对活动全过程的彻底改造，这对政府的核心能力培养，对竞争优势的建立、维持和发展都有重要的作用。宏观战略流程要求政府进行全面、彻底的知识管理改造，采用的难度大、风险大，当然，机会和成效也可能大。

（四）政府知识管理流程层次划分标准

第一，以政府政务活动种类为中心的划分。这种分层是以现有部门分工为基础，部门间政务活动仍然是隔离的，公众和企业为完成一件工作需要与政府多个网站、程序打交道。我国政府部门多采用各自为政的工作方式，所以这种工作流程屡见不鲜。

第二，以跨部门政府整合为中心的划分。为了实现一定的资源整合，政府同样开展了一站式的政府办公流程，例如政府开设了行政办公服务大厅。

第三，以公众为中心的划分。从公众角度出发，体现为民服务的思想。首先区分不同类型的公众，其次界定公众与政府间的流程类型，最后以最方便顾客的方式来设计。

三 政府知识管理流程体系的建设

知识管理实施过程中需要一套完整的支撑体系，包括系统的建设和一套运行机制与体系。除提供系统技术服务之外，还可提供全系列的项目落地服务，包括知识体系规划、管理制度、岗责权限、工作流程等每个关键环节的咨询服务。

（一）规划知识管理体系

知识管理体系是知识管理战略落到实处的工具，知识管理体系与体现出政府实施知识管理的能力。政府在进行知识体系规划时，需要进行以下几项工作：

1. 定义知识

定义知识是知识管理的首要工作，然而知识是无限的，定义知识并不是一件容易的事情，它意味着要了解政府的主要工作，了解政府的工作流程，梳理出政府和公务员在工作中需要的知识，包括员工贡献的知识、员工所需求的知识、常用的知识、基础知识、专家知识、员工的工作经验和总结等知识内容。在确定这些知识后，寻找合适的管理方式，通过技术平台、组织和制度逐步使知识管理工作走向正规化。

（1）三种性质的知识。组织知识在管理过程中的三种知识有：在业务流程中产生的业务知识，例如工作经验、工作计划总结、工作制度以及专家头脑中知识等；在管理流程中产生的管理知识，例如战略规划报告及行政人力资源信息；涉及工作相关岗位所必须具备的各学科理论与方法的基础知识。这三种知识各有其特征和适用范围，互相支持，最终搭建起整个组织的知识体系。

（2）四个层次的知识。每一种性质的知识又会分为不同的层次，知识的内容有思想层知识、资源层知识、事项层知识和操作层知识。

2. 创造知识

定义知识之后，人们必须去创造、产生知识。知识创造是经由内隐与外显知识的互相转换，经由转换的过程，可同时扩展内隐与外显知识的质与量。

（1）知识创造循环。日本管理学专家野中郁次郎定义了组织知识创造的 SECI 螺旋模型，此模型基于隐性知识与显性知识的划分，定义两种知识相互转化的四个过程，即社会化、外在化、组合和内化。

（2）知识状态模型。显性知识内容清晰明确，易于通过工具表述，是便于整理、储存、编码以及传播的知识。而隐性知识是指在个人头脑或组织文化中隐含的，内容较为个人化、主观化和经验化，难以用书面形式表述的知识资源。

（3）知识转化。在实施知识管理过程中，隐性知识的转化是重要的环节，可以通过以下步骤促进隐性知识向显性知识的转化：动态隐性转移到动态显性，动态显性转移到静态显性，静态显性转移到静态隐性。

3. 知识整理体系

未经整理的知识是没有价值的，有时候反而是负价值，为政府带来负担，所以，政府需要对已经创造积累的知识资源进行进一步的划分，经过整理和提炼，提高知识利用效率。要整理首先必须有分类，标准不同有不同的分类方式，采用的标准根据政府的需要而定，例如职能分类法、业务流程分类法和人力知识分类法等。

（二）建设管理制度

没有规矩就不成方圆，制度是组织的根本，作为规范化管理的重要环节，制定知识管理制度必不可少。知识管理制度的内容必须覆盖所有影响知识管理活动的关键因素，它包括：涉及战略定位、日常管理、核心知识、组织投入、知识贡献和团队学习战略规划；涉及人员流程、营运流程、业绩流程的实践措施。

（三）订立考评体系

通过定期和规范地对政府运行知识管理情况进行考核，对知识管理的实施实行控制，保证知识管理真正发挥作用。

1. 知识审计

知识审计是对整体知识管理体系的评估，旨在确定知识管理对组织运营绩效的贡献程度。

2. 员工的知识绩效评价

知识绩效评价具体体现激励和压力机制对知识管理的要求，进一步明确知识管理是日常的必须工作，同时以明确的制度推动学习型组织文化的形成和发展。

知识绩效机制的作用是能对员工申报的知识管理成果进行审查和评定，以确定其业绩和效果，包括显性知识绩效、隐性知识绩效、综合考评；绩效结果必须与奖惩挂钩，这样才能实现强化的作用。知识奖惩手段主要有：知识薪酬支付、知识晋升、知识署名、知识培训、知识老化淘汰。

第三节　政府知识的生产

一　知识生产的基本概念

20 世纪 60 年代以前，大部分人工智能程序所需知识由专业程序员手工编入程序，较少直接面向应用系统，知识生产即知识的获取问题还未受充分重视。随着专家系统和其他知识型系统的兴起，人工智能与计算机技术的结合产生了所谓"知识处理"的新课题，即要用计算机模拟人脑的部分功能，解决回答各种问题，或从已有知识推出新知识等，组织认识到必须对落后的知识获取方式进行改革，让用户在知识工程师或智能程序（知识获取程序）帮助下，在系统的运行过程中直接逐步建立所需的知识库。为进行知识处理，首先必须获取知识，并把知识表示在计算机中，能运用它们来解题。因此，知识的获取、表示和知识运用也就成了知识工程的三大要素或主要研究内容。知识获取和知识型系统建立是交叉进行的，知识型系统初建时，一般只获取最必需的知识，以后随着系统的调试和运行而逐步积累新的知识。知识获取是构筑知识型系统的一个重大课题，但研究得尚不充分。

知识生产是专家系统的一种辅助功能，用于增加和修改知识库中的知识。基本任务是把知识加入知识库，维持知识的一致性及完整性，建立起性能良好的知识库。所谓"知识获取"，是指在人工智能和知识工程系统中机器（计算机或智能机）如何获取知识的问题，有两种定义：

（一）狭义知识的知识生产

指人们通过系统设计、程序编制和人—机交互，使机器获取知识。例如，知识工程师利用知识表示技术，建立知识库，使专家系统获取知识。也就是通过人工移植的方法，将人们的知识存储到机器中去。因此，狭义知识生产也可称为"人工知识生产"。

（二）广义知识的知识生产

除了人工知识生产之外，机器还可以自动或半自动获取知识。比如，在系统调试和运行过程中，通过机器学习进行知识积累，或者通过机器感知直接从外部环境获取知识，对知识库进行增删、修改、扩充和更新。因此，广义知识获取包括人工知识获取、自动和半自动知识获取。

二　知识生产阶段

知识的生产来自政府信息发布内部和外部。知识的获取首先需要去粗取精、由表及里，迅速、准确并适量地提供用户所需的知识，体现知识管理内在化的职能。知识生产过程是将组织外部环境中的知识转换到组织内部，并能够为组织所用的管理过程。它包括四个阶段：

（一）确定阶段

该阶段组织的主要任务是对知识进行了解、评估、筛选，确定问题、确定目标、确定资源。该工作主要由知识工程师或一个或多个专家完成。

（二）知识选择

在第一阶段确定范围内进行知识选择，也就是说，不在确定范围内的知识都为组织需要的知识，这是知识的筛选过程。知识选择的关键是组织知识获取能力。

（三）知识转化

对所选择的知识进行整理、提炼和转化，将外部知识转化为内部知识，将隐性知识转化为显性知识，把知识变成组织方便使用的知识。

（四）知识存储

经过转化的知识，不能利用一次就被放弃，要进行储存，以利于组织随时使用和查阅。

三　知识生产形式

按知识系统的利用程度，知识划分为非自动知识生产、半自动知识生产和自动知识生产三种形式。

非自动知识生产是指整个知识获取过程全部由手工完成，主要由知识工程师从知识源获得知识，经过编辑存入知识库中。所以，当政府面对大量信息时采用这种方法，既费时费力，又效率低下。这种知识获取形式主要有：现场观察、问题讨论、问题描述、问题分析、系统精化、系统检查和系统验证等方式。

半自动知识生产是目前知识生产采用的主要方法，是由知识工程师与专家系统中的知识获取机构共同完成的。前面部分的工作是由人参与来完成，主要是知识工程师完成的，知识工程师负责从领域专家那里提取知识，并用适当的模式把知识表示出来。后续的工作由机器完成的，主要是由专家系统中的知识获取机构负责把知识转化为计算机可存储的内部形式，然后把它存入知识库。所以，这是一种半自动知识获取方法。

自动知识生产也称机器学习。传统方式的自动知识获取机制能够通过专家直接同系统的对话而无须人的介入，专家的对话内容便可自动变换成知识库中的知识，或进行知识库的修改。自动知识获取不仅可以直接与领域专家对话，从专家提供的原始信息获取所需知识，而且还能在系统运行过程中总结、归纳出新的知识，发现和改正自身存在的错误，通过不断地自我完善，使知识库逐步趋于完整和一致。自动知识获取应该具备如下能力：具有语音、文字和图像的识别能力；具有理解、分析、归纳的能力；具有自学习能力。

自动知识生产方法自动化程度高、效率也高，但是，它涉及人工智能的领域，对硬件的要求也较高，这些技术还处于研究阶段，理论及技术尚不成熟，因此，知识的完全自动生产还有待研究，还不能真正实现自动知识生产。

知识生产分主动式或被动式两大类：主动式知识生产是知识处理系统根据领域专家给出的数据与资料，利用软件工具直接自动获取或产生知识，并装入知识库中；被动式知识获取是间接通过一个中介人，采用知识编辑器之类的工具，把知识传授给知识处理系统，间接获取知识。

按知识生产的策略或机理可分为死记硬背式获取或机械照搬式获取；条件反射式知识获取；教学式（或传授式）知识获取；演绎式知识获取；归纳式知识获取；猜想验证式知识获取；反馈修正式知识获取；类比式知识获取；外延式知识获取等。

四 知识生产技术

不同专家系统，知识生产的功能和实现方法差别较大。有的系统首先由知识工程师向领域专家获取知识，然后通过相应的知识编辑软件把知识输入到知识库；有的系统自身就具有部分学习功能，由系统直接与领域专家对话获取知识；有的系统具有较强的学习功能，可在系统运行过程中通过归纳、总结，得出新的知识。

（一）人工智能

人工智能是计算机技术的一个分支，是研究、分析人类思维过程或人类智能具有的功能，并按一定步骤将其模拟实现，其中心是研究计算机更灵活和更有用，使之出现人类智能行为，诸如学习、语言理解等认识问题和推理及解决问题等，并了解实现智能的原理。

推理、学习和联想是人工智能的三大要素，所以人工智能是以知识的获取、学习、表达、处理以及利用知识解决问题的技术。通过把人的思维和智能活动机械化，但只是一部分机械化，提高解决问题的能力。

（二）机器学习

机器学习是人工智能系统在运行过程中通过学习获取知识，并进行知识积累，对知识库进行增删、修改、扩充与更新。机器学习速度快，不会疲倦，不用休息，效率高。机器学习不用掌握算法的依据，只需掌握算法的步骤，所以机器学习非常容易实现知识的传播。

机器学习方式可分为两种：第一，示教式学习。在机器学习过程中，由人作为示教者或监督者，给出评价准则或判断标准，对系统的工作效果进行检验，选择或控制"训练集"，对学习过程进行指导和监督。这种学习方式通常是离线的、非实时的学习，也可以在线、实时学习。第二，自学式学习。在机器学习过程中，不需要人作为示教者或监督者，而由系统本身的监督器实现监督功能，对学习过程进行监督，提供评价准则和判断标准，通过反馈进行工作效果检验，控制选例和训练。这种学习方式通常是在线、实时的学习。

在上述两种学习方式中，机器可以采用各种学习方法，如强记式、指导式、示例式、类比式方法等。

（三）分布式搜索

分布式搜索是近年来研究比较多的一种搜索策略，它按区域、主题或其他标准创建分布式索引服务器，索引服务器之间可以交换中间信息，且查询可以被重新定向。如果一个检索服务器没有满足查询请求的信息，它可以将查询请求发送到具有相应信息的检索服务器。分布式搜索引擎是一种搜索策略，可以用于关系型数据库、专用文档互联网搜索站点、网络等的知识查询和获取，可以广泛获取相关领域的显性知识。分布式搜索这种方法存在的问题是搜索效率不高、算法复杂度高，所以要改进搜索算法，使搜索效率更高。

（四）数据挖掘

数据挖掘就是利用机器学习的方法从数据库中提取有价值的知识的过程，是数据库技术和机器学习两个学科的交叉应用。数据库技术侧重于对数据存储处理的高效率方法的研究，数据挖掘就是利用数据库技术对数据进行前端处理，因此，数据挖掘是从大量数据中提取可信的、新颖的、有效的并能被人理解的模式的高级处理过程。数据挖掘不仅是面向特别数据库的简单检索、查询和调用，而且要对这些数据进行微观、中观至宏观的统计、分析、综合和推理，以指导解决实际问题，并试图发现事件之间的关联性，甚至利用已有的数据对未来的活动进行预测。

利用数据挖掘技术，首先要熟悉有关背景知识，弄清用户要求，确定数据挖掘要发现哪种类型的知识，因为不同类型的知识，会有不同的算法。然后，选择算法，在一定的运算效率的限制内，从数据中挖掘出用户所需知识，并用特定的方式表达或表示出来。

（五）人工神经网络

人工神经元的研究源于脑神经元学说。神经科学表明，大脑皮层由大量神经元组成，而每个神经元由细胞体、轴突、树突和突触组成。轴突用来从一神经元向另一神经元传递信息，树突用来接收其他细胞或外界发来的信号或刺激，树突与其他神经元的轴突末梢相互联系，形成"突触"。在突触处两神经元并未连通，它只是发生信息传递功能的结合部。突触之间信号传递有延时，输入输出关系一般表现为有记忆的非线性关系。

人工神经网络是模拟人脑神经元，是由人工神经元组成的，可把人工神经网络看成是以处理单元为节点，用加权有向弧相互连接而成的有向图。其处理过程主要是通过网络的学习功能找到恰当的连接加权值来得到最佳结果，通过训练学习，神经网络可以完成分类、聚类、特征挖掘等多种数据挖掘任务，并建立三大类多种神经网络模型：前馈式网络、反馈式网络、自组织网络。

（六）决策树

决策树是通过一系列规则对数据进行分类的过程，是一种简单的知识表示方法，将知识逐步分成不同类别。它能够被看作一棵树的分类预测模型，利用树结构对数据记录进行分类，根据记录属性不同取值建立树的分枝，每个分枝都是一个分类，树叶是带有类标号的数据分割，代表符合特定条件下的一个记录集。建立决策树的过程，是以信息论中的互信息

（信息增益）原理为基础寻找数据库中具有最大信息量的字段，创建决策树的一个节点，再根据字段的不同取值建立树的分枝，在每个分枝中继续重复创建决策树的下层结点和分枝，即树的生长过程是不断把数据切分的过程，每次切分对应一个问题，也对应一个节点。对每个切分都要求分成的组之间的"差异"最大。

决策树技术发现数据模式和规则的核心是归纳算法。决策树方法首先对数据进行处理，利用归纳算法生成可读的规则和决策树，然后使用决策树对新数据进行分析。本质上，决策树是通过一系列规则对数据进行分类的过程。这种分类规则比较直观，所以比较容易理解。虽然在机器获取领域内，多年来已研制出不少实施决策树的有效方法，但这种方法一般只限于分类任务。

五 知识生产问题

知识生产并不是一帆风顺的，在工作中会出现许多问题：

（一）专家问题

对于面向专家的知识获取方式，即由知识工程师通过与专家进行交谈来获取专家的知识，因为专家知识很大程度涉及个人经验，而这种个人经验多是隐性知识，有时很难用语言表达出来，更不用说形式化地表示这种类型的知识了；同时，由于专家的研究领域和研究精力的局限，很难给出完整的学科体系；从知识的认识到获取知识是需要成本的，包括时间、精力、费用，而知识工程师和专家之间的交流效率并不高。

在建造知识库时，知识工程师需要和领域专家合作获取该领域的知识。由于知识工程师对该领域知识十分生疏，而领域内的专家又对专家系统技术缺乏了解，获取知识过程通常十分艰苦，成为建造专家系统的"瓶颈"问题。在专家系统建成后，仍然需要对知识进行修改和完善。所以，获取知识是贯穿于专家系统的设计和维护的全过程。

（二）知识来源问题

目前，面向文本的知识获取方式是主要的知识来源。由于文本都是以自然语言组织而成的，而自然语言的理解在现阶段仍是计算机科学中的一个难题，要想由计算机自动获取很难实现。这些文本的概念诸要素必须通过人脑的分析、综合、加工才能成为人脑的知识，才使主体真正获得知识。知识管理中并不能只注意显性知识的获取，还应注意隐性知识的获取。

（三）知识主体问题

获取知识的主体（人）原有的文化素质（高层次的概念要素）——知识、智慧、道德——在知识获取中起着重大的作用。获取知识需要掌握一定的技术和技能，如果拥有这个基本技能，获得知识会又多又好又快，但现有获取知识的主体素质参差不齐，有些人员还不能熟练地掌握知识获取技术。

（四）知识获取有效性问题

知识的获取、加工、存储和使用都需要人们付出成本，有些组织为追求学术上完美的知识，错过最佳知识获取的时机，信息的整理和提取工作不能同步进行，浪费的时间，也就是增加了成本。同时，利用数据库、知识库等信息技术存储知识时，设计不合理，造成知识的提取阻碍，不能发挥其真正的作用，使知识获取效率降低。

六　知识资源的采集

知识资源的采集是一个动态过程，人们利用知识过程不断在创造新知识、接受新知识。知识的采集是指从知识源获得知识从而构造知识库的过程，它是知识工程师和领域内专家共同工作的结果。

知识采集为修改、扩充知识库的知识提供了手段。知识采集机制具有知识变换手段，它不仅能够把与专家的对话内容变换成知识库中的内部知识或用以修改知识库中已有知识。而且可以采集用户对系统每次寻求结果的反馈信息。知识采集机制自动对知识库中的知识进行修改和完善，并在系统的问题求解过程中自动积累，形成一些有用的中间知识。

（一）知识采集方法

1. 二手资料采集

政府相当一部分知识都是通过收集二手资料获得的。二手资料来源广，例如档案资料、行业情报资料、图书馆信息资料、媒体信息资料和互联网搜索引擎等。这种方法操作简便、价格便宜、节省时间、比较可靠和来源广泛等优点。但是，收集的都是历史数据，时效性差；为了其他目的而收集，资料的相关性差和不一定能完全满足需要的缺点。

2. 问卷调查法

问卷调查法是调查者运用统一设计的问卷向被选取的调查对象了解情况或征询意见的调查方法。根据调查人员与被调查者接触方式的不同，又可将问卷调查分为人员调查、电话调查、留置问卷、邮寄问卷调查和网络问卷调查等。此方法适用于对问题有了清楚界定，对情况有较全面了解和掌握的情况下使用。

3. 观察法

观察法是研究者有目的、有计划地在自然条件下，通过感官或借助于一定的科学仪器，对社会自然环境中的人们行为的各种资料的收集过程。利用观察法可以在自然状态下获得比较真实的结果，可以比较全面地了解全面情况、特殊的气氛和情境，但只反映客观事实的发生过程和一些表象及行为，而不能说明其原因，也可能受观察者的影响带有主观性和片面性，费用较高。

4. 实验法

实验法是指从影响调查问题的许多因素中选出一至两个因素，将它们置于一定条件下进行小规模实验，然后对实验结果做出分析的调查方法。实验法通过实地实验来进行调查，可以有效地控制实验环境，将实验与正常的市场活动结合起来，因此，取得的数据比较客观并且精确度高，具有一定的可信度。实验法可以在小范围内实行，风险较小。但是实验法耗时较长，有一定的局限性。

5. 深度访谈

深度访谈法是一种无结构的、直接的、个人的访问。在访问过程中，由一个掌握高级技巧的调查员深入地访谈一个被调查者，以揭示对某一问题的潜在动机、信念、态度和感情，属于一种定性研究方法。

6. 头脑风暴法

头脑风暴法是一种激发性思维的方法，通常由不同岗位的5—10人，组成，在一个主持人的引导下对某一主题进行深入讨论，时间控制在1小时左右。采用头脑风暴法组织群体决策时，要集中有关专家召开专题会议，主持者以明确的方式向所有参与者阐明问题，说明会议的规则，尽力创造融洽轻松的会议气氛。一般不发表意见，以免影响会议的自由气氛。由专家们"自由"提出问题，集中全部精力开拓思路。

（二）知识采集技术

1. 知识搜索引擎

知识搜索引擎并非单纯是一种搜索工具，而是基于先进的自然语言智能查询技术，它首先是知识管理的一种实现理念与工具，承担"知识汇聚、知识发现、知识分类、知识聚类、知识门户的构建"，通过搜索引擎技术完成知识管理使命。知识搜索引擎是将各方面知识资源整合在一起，通过对输入的简单疑问词句的分析直接搜索得出答案，而且在没有满意搜索结果情况下，用户还可以创建问题，等待他人回答并对答案进行选择和评价。这种知识获取方式实际是一种隐性知识显性化过程。国内目前主要有三大知识搜索引擎，百度"知道"、新浪"知识人"和雅虎"知识堂"。

2. 问答系统

问答系统是信息检索系统的一种高级形式。它就像一个知识渊博的专家，能用准确、简洁的自然语言回答用户用自然语言提出的问题。其研究兴起的主要原因是人们对快速、准确地获取信息的需求。问答系统是目前人工智能和自然语言处理领域中一个备受关注并具有广泛发展前景的研究方向。问答系统采用语义理解技术，使得其比传统的搜索引擎更方便、快捷和高效。根据答案获取方法的不同，问答系统可分为自动问答系统和交互式问答系统。自动问答系统主要利用基于语意匹配的方法获取答案，而交互式问答系统则采用基于问题推荐的方法获取答案。

3. 知识地图技术

知识地图技术是用于帮助人们在恰当位置获取知识的技术。"知识地图"最早是由英国情报学家布鲁克斯提出的，它所提出的"知识地图"主要是指人类的客观知识。他认为，人类的知识结构可以绘制成以各个知识单元概念为节点的学科认知地图。

知识地图是一种知识的导航系统，能够帮助人们快速找到其所需要知识的知识管理技术，用于帮助通过浏览方式搜索信息的员工高效率地寻找所需的资源，并显示不同的知识存储之间重要的动态联系。知识地图采用一种智能化的向导代理，通过分析使用者的行为模式，智能化地引导检索者找到目标信息，包括找出知识的来源，整合后的知识内容，知识流和知识的汇聚。知识地图的形态可以多种多样，但是，有一点是相同的，即知识地图的最终指向是人、地点或时间。

4. Agent 技术

Agent 的概念由明斯基（Minsky）在其 1986 年出版的《思维的社会》一书中提出。明斯基认为，社会中的某些个体经过协商之后可求得问题的解，这些人体就是 Agent。他还认为，Agent 应具有社会交互性和智能性。在知识聚集过程中引入 Agent 技术，可帮助用户更广泛地获取知识资源。

Agent 是人工智能领域发展起来的一个概念，是指具有感知能力、问题求解能力和与外界进行通信能力的一个实体。Agent 又称智能体，它能在用户没有具体要求的情况下，根据用户需要，代替用户进行各种复杂的工作，如信息查询、筛选及管理，并能推测用户的意图，自主制定、调整和执行工作计划。

第三章 政府知识的加工与存储

第一节 政府知识的加工、提炼与过滤

一 政府知识的加工

（一）数据、信息和知识的关系

在了解政府如何整理和加工知识之前，应该了解数据、信息和知识三者之间关系。

"数据是指原始事实流，这些原始事实代表在被构造成人们可以识别的形式之前的组织之中或者组织所处自然环境中的事件；信息意味着数据已经被构造成对人类有意义和有用的形式"。数据是一系列原始事实，代表发生在组织内部或外部自然环境中的事件集合。没有经过整理和加工的数据，人们难以理解和使用，而经过人类处理从而变得既有意义又有效用的数据则成为信息。信息是指经过加工并对人类具有意义和效用的数据。可以说，信息是知识的应用与生产性使用。人们吸收信息，并对它进行加工、存储，然后用来构建知识。

知识是经过加工提炼，将很多信息材料的内在联系进行综合分析，从而得出的系统结论，包括人类文明进程中发现的所有的知识，主要是科学技术、管理和行为科学的知识，是迄今为止人类通过思索、研究和实践所获得的对精神世界和物质世界认识的总和。知识通常与上下文相关，并能够回答五个重要问题，即什么、在何时、怎么样、在哪里和为什么，它描述了一个问题从产生到找到解决方案的整个过程，包括解决路径，使用的工具、涉及的对象与人的分歧和后果等。数据、信息和知识三者的转换关系如图3-1所示。

行政组织中的知识主要体现为行政信息，如各种公文、统计报表、工

作总结、各种数据资料等显性知识。其实，这是一种传统的理解，除此之外，行政组织中的知识还体现为行政工作人员的经验、知识、思想等行政文化层面的东西。这是一种高度个人化的隐性知识，具有难以规范化的特点，不易传递给他人。所以，当政府在面对大量数据和信息时，要认真进行分析、加工，将其转化为对政府有用的知识。只有变成政府可利用的知识后，知识才能发挥作用。

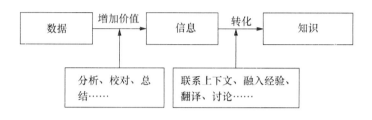

图 3 - 1　数据、信息和知识三者的转换关系

（二）政府知识的加工原则

政府在对收集到的知识进行加工时，要遵循数字化、结构化、标准化和关联化原则。

1. 数字化

数字化就是政府将许多复杂多变的内部和外部的知识，通过文字输入或扫描的方式形成转变为可以度量的数字、数据，再以这些数字、数据建立起适当的数字化模型，把它们转变为一系列二进制代码，引入计算机内部，进行统一处理。文件的数字化是知识资源加工的基础，有利于知识的存放、积累、交流与共享。

2. 结构化

将数字结构化的知识资源按照组织知识的分类进行整合，经过分析后可分解成不同的人员、组织、数据的知识仓库等多个互相关联的组成部分，使知识的流动形成程序性知识。各组成部分有明确的层次，并有一定的操作规范。

3. 标准化

政府为在一定的范围内获得最佳秩序，加强知识的共享性，对实际的或潜在的知识加工问题制定共同的和重复使用的规则。由于知识资源加工的目的是实现标准化，因此，知识资源的加工一定要建立统一的编码库。

通过标准化，政府才能有效地整合知识，使工作流程规范统一，减少重复性工作，提高效率和准确度，避免不该发生的错误。

4. 关联化

知识不是独立存在的，知识的加工必须揭示知识单元之间的联系，不仅包括同一部门之间的知识，还应该包括不同部门的知识。通过知识的关联性，有利于政府内部的知识共享。

（三）政府知识的加工途径

面对纷繁复杂的数据和信息，政府应该通过以下途径进行加工：

第一，通过相关专家分析、整理。我国政府部有很多专家，这些专家不应该只对政府的决策做贡献，还因为他们在某一方面有专才，可以在大量复杂的资料中快速地抓住信息的重点，把信息转化为政府需要的知识，为政府的决策提供依据。在利用专家进行数据加工时，还应该注意，不应该把眼光局限于政府内部，在社会上专家还有很多，尤其是在高校和科研机构。所以，政府也要利用这些专家的力量。

第二，充分利用信息技术。以管理信息系统为支撑的知识管理将通过建成知识中心、决策支持系统等，充分利用和共享政府以往的经验和知识，并形成随时可以调用的数据中心、知识中心，利用检索工具、知识地图等使政府人员快速获取所需的知识和信息。政府根据经济动态、数据和专家分析等方面的信息和知识，以及基于海量数据处理的经济运行模式、政府决策模型等，为区域经济分析和制定相应政策提供支持。从而，提高政府对环境、形势的适应性和反应速度，使政府在拥有较强的创新能力和管理能力的同时，提高决策的科学性和政策的合理性以及各级领导在决策和制定决策时运用知识和信息的水平。

第三，依靠社会其他力量。随着政府对政务的公开，其他非政府团体参加政府活动的渠道和意愿不断加强，例如科研机构、高校和其他非营利组织。这些组织有先进的管理方式和信息处理技术，能够比较快地对信息进行加工。

二　政府知识的提炼

初步收集到的知识可能存在许多错误、矛盾和不一致的地方，内容结构过于冗长和难以理解，因此需要对这些初步知识进行标志、索引、排序、标准化和重新分类等加工提炼工作。这个步骤的主要目的是要提升知识的质量，包括知识的准确性、有用性、方便性与易于理解性。

（一）知识正确性的提升

知识正确性的提升主要在于解决知识的矛盾、知识的不一致与重复、知识的错误和知识的时效性等问题。例如，当由不同部门获得的最佳实践与既有的知识有冲突时，或者两个数据库专家的问题解决方案不一致时，都要净化与汇总整理后才能进行存储工作。

（二）知识价值性的提升

提升知识的价值是对知识的附加值而言。分为在显性知识的附加值和在隐性知识的附加值。例如，对于一些设计蓝图、财务报表、程序手册等显性知识，由专家在这些结构化的知识上加以注解该如何运用、有何含义并提出分析看法。而对于隐性知识的附加价值的提升，这可由优秀的专家对不同员工在互联网和 BBS 上所交换的心得、意见和所提供的知识进行整理、评估和分析，判断哪个意见或内容在何种情况下不能使用，在何种情况下最有价值，对哪个部门具有附加值的潜力，或某个知识最新的发展、成功的案例和应该如何利用等资料，并将分析结果提供给用户参考。

（三）知识方便性的提升

知识方便性的提升是对知识的编辑、分类、索引和界面而言。由于外部收集来的知识在结构、写法和格式上各有不同，为了方便用户阅读，应由专人进行标准化格式的编辑，使每个报告文件都有标准格式。由于搜索到的知识涉及不同的种类和范围，政府应该决定并设计各种不同知识的多元分类结构与索引，以利于各种不同需求的使用者快速找到所需要的知识。

三　政府知识的过滤

政府知识的过滤是针对信息与知识的爆炸和超载而言。由于信息技术的进步使政府更易于存储和传递信息与知识。但是，人类处理信息与知识能力有限，对于过量的信息与知识，人类不仅处理能力递减，而且会因为信息的超载而形成困惑和厌烦的反面效果。所以，面对大量的信息和知识，政府应该有能力从中过滤出无效或无价值的知识，选择出所需知识，加快政府的工作效率。

（一）政府信息的来源渠道

对于学习型组织或学习者本人，知识的获取都是实施知识管理的基础。若要获得并维持竞争优势，也必须不断吸纳外部知识。政府获取信息的来源渠道非常多，政府可以通过大众媒体获得信息，也会通过政府内部信息的收集，政府有多种获得信息的渠道。

1. 网络资源

随着网络技术的发展，网络技术的应用也越来越广泛，网络资源的科学性和客观性、独特性和新颖性，吸引了越来越多的受众，使得网络资源成为大众和政府的信息来源渠道。网络资源是指利用计算机系统通过通信设备传播和网络软件管理的信息资源。网络信息资源涵盖范围广泛，包括电子书目、索引、文摘，还有网络期刊或者网上图书；资源针对性强，面对特定方向的用户，可根据需求者自己的需要筛选知识。

2. 电视资源

电视起源于20世纪20年代，由贝尔德发明。电视指利用电子技术及设备传送活动的图像画面和音频信号，即电视接收机，也是重要的广播和视频通信工具。随着技术的发展，电视形式越来越多，例如网络电视、图文电视和电视会议等。现在电视不仅是普通民众获取信息的主要途径，政府也应该加强电视这种技术的应用。贵州省科协和省统计局统计，电视仍然是公民获取科技信息最主要的渠道，比例为91.9%，通过与人交谈和报纸获得科技信息的比例分列第二、第三位，分别为54.0%和46.1%。

3. 期刊资源

期刊又称连续出版物，是一种有固定名称、定期或不定期连续刊行，每期载有不同著者、译者或编者所编写的文章，用连续的卷期和年月顺序编号出版，每期的内容不重复。在我国的期刊有国家级期刊、省级期刊、核心期刊、中心核心期刊，每年有大量专家和学者在不同的期刊上发表论文。为了方便读者的查询，现还开设了中国期刊网，把所有期刊上的文章以电子版的形式发布。可以说，期刊上汇集了各种信息和知识，方便政府查询。

4. 广播资源

现在及今后一个时期，由于种种条件的限制，不是所有的家庭都能拥有电脑，也不是所有的人在所有的场合都能拥有电脑，而买个小小的半导体，或利用其他手段听到广播，则是很容易的事。广播是靠声音来传播的。声音的魅力在于，它不仅传播了信息，还对这些信息融进了传播方的认识，从而对人们理解、接受信息提供帮助，加以引导。主持人主持节目的风格，对节目的把握，能大大增强节目吸引力。他们对稿件的再创造、再提高，能对听众认识、理解、接收信息产生很大的影响。以声音为传播特色，其魅力还在于，无论受众年龄大小，文化程度高低，广播适合所有的人。广播还有可移动性和便携性。人们可以随时、随地，很方便地从广播中了解最新信息。从传播方来说，广播节目的采访、制作、传输等环节，相对于其他媒体而言，成本是较低的。

5. 报纸资源

报纸主要是报道职能，随之而来的辩论职能（即传播观点的职能），附带的娱乐职能。通过以上几种渠道政府可以获得及时的信息，但有些信息大众媒体没有办法获得，必须通过政府获得，这些信息也可以叫作政府的内部信息。例如，政府的财政支出与财政预算的差额、各种财务报表、行政公文等。通过政府资源的共享，各级行政部门可以及时地做出各种政策的调整。尤其是政府电子政务网站的建设，更有利于政府内部信息的获得。

（二）政府知识的过滤

1. 政府知识过滤评估标准

第一，基于知识战略。政府知识管理的投资应该有战略方向，即政府对知识的加工和选择应该考虑政府的长期工作，例如政府的长期规划、国家的可持续发展、环境的保护等相关方面的知识。

第二，基于知识特性的选择。即使对于政府的核心流程，也不能把所有相关知识都记录存储起来，也要对其进行选择性收集。扎克（Zack）认为，所存储的知识都应该是具有创新性与独立性，并在未来有被利用的潜力，而不是一些只是普通基本且不具任何潜力的知识，后者的知识存储由于其本身太过成熟完备，虽然是产业所必备的，但它的创新空间非常小，并没有引导组织提升竞争优势的价值，因此，不值得额外地投入资产进行存储。安达信（Arthur Anderson）咨询公司认为，组织应搜索并以分析报告的形式存储最佳实践、最佳标杆典范及独特的知识，这些都是从外部难以获取的成功经验与失败教训。戴维斯（Davis，1998）认为，重要的知识不应只是一般的交易程序，而应该包括一些困难任务上具有创意的做法、重要的问题解决程序与方法，以及在面临危机时有效的协调处理方法。斯图尔特（Stwart，1997）提出两种知识选择的管理法则：一种是市场交易导向型的知识选择，它的基本原则在于，用户愿意付费的知识才是有价值也即具有存储的价值。另一种是成本效益的分析原则，认为当组织决定是否要存储某一个员工、程序或案件的知识时，可以用投资存储的成本与存储后获取的效益做比较。

2. 政府知识过滤注意事项

第一，确定信息来源的准确性。政府作为国家政策的制定者和执行者，政府的每项决策都关系大众民生，所以，政府每一项决策都应该建立在准确的信息之上。尤其是现在信息爆炸的时代，信息繁多，但并不是所有的信息都是正确的。除此以外，政府应该有能力在众多的信息中筛选出自己所需要的、正确的信息。

第二，目标明确，确定所需要知识的方向。政府进行筛选信息的原因是什么？目的是什么？通过筛选想要得到什么？这是政府在进行筛选信息时要时刻谨记的问题，这样才能及时地选出自己所需信息，尤其是对于紧急性事件的处理。只有这样，在进行筛选知识时才能在信息的海洋中及时切中要点，避免盲目行动。

第三，选择合适的筛选工具。由于信息过多，传统的、人工筛选手段已经不能适应大量的筛选工作。但现在信息手段种类也繁多。有些手段适合筛选大量的信息，有些手段适合小量的信息筛选。我国有句成语讲"工欲善其事，必先利其器"，说的也是这个道理。现在政府多建有知识库，政府可通过知识库获得信息。

第二节　政府知识的存储与管理

一　政府显性知识的存储与管理

（一）知识库是政府显性知识储存管理的有效形式

随着信息技术的发展和知识管理的兴起，知识库已经是知识管理技术中不可或缺的技术之一，知识库是在人工智能基础上发展起来的。

政府的知识库具有如下特点：知识量大，领域众多，内容丰富，彼此间存在松散联系；知识在不断更新；具体知识的背景、前提等比较复杂，不能完全照搬；需多人参与建设；知识库的建立呈分布化；确定性知识和不确定性知识并存，过程性知识和陈述性知识混杂；表达能力强；便于控制，有利于提高搜索和匹配的效率；结构一致，易于知识库的扩充、修改和一致性检查等。政府利用这个工具收集、存储、快递和共享重要知识，让有需求的用户能快速采集存储的知识，充分达成知识可以重复利用的目的。

　　分析、发布组织内外的数据、信息和知识。"知识库"一词被用来代替知识库和信知识库是一种特殊的信息库，库中元数据有相关语境和经验参考，是一个知识能动系统，负责获取、净化、存储、组织、分析信息，但却比它们复杂得多。知识库就是按照特定的知识结构对无序信息进行组合，并规定其使用功能的数据库。知识管理领域的知识库是按照一定的知识表示方法集中存放关于部门内部各个领域的知识和与部门有关的外部环境的相关知识，知识库应尽可能包含所有与组织有关的信息和知识。

　　通过建立知识库，可以积累和保存信息与知识资产，加快内部信息和知识的流通，实现组织内部知识的共享。知识库的目标就是为决策者提供一个智能分析平台，以提高知识管理的水平。知识库并不只是满足于为决策者提供决策分析的手段，而是提出了更高的要求，即增强决策者的知识管理水平和学习能力，提高其决策水平，这是实施知识管理的一个基本条件和办法。

　　知识库拥有更多的实体，它不仅仅储存知识条目，还储存与之相关的要件、知识的使用记录、来源线索等相关内容。正确运用知识不仅需要人们了解表示知识的信息、数据，还需要了解相关语境，因此在帮助人们利用知识时，知识库具有重要作用。通常认为知识是组织起来的信息，那么知识库就是将信息网织成各种关系的模式。当数据串联起来形成信息再依次经过组合和重组并变成有意义的知识簇时，知识库的构建便开始了。其中，包括非常精确推理、归纳和演绎方法，面向约束的推理，逻辑查询语言，语义查询优化和自然语言访问等。

　　知识库建立在完备性、有效性、简明性和综合性四个支柱上。知识库完备性，是指其所包含的规则和方法可以补充，但不能互相矛盾；有效性是知识库好坏的重要标志，要求用更有效的方法来加以解决实际管理问题；简明性意味着易学易用，但它受综合性的严重影响；综合性是对用户而言，看似相同而实际不同的部件，所提供的不同功能之间的易于转移性，这样的部件应用于相似的协议，等同子程序和公用文件。

　　政府知识库是政府信息库或数据库发展出来的高级形式，它可促进隐性知识向显性知识转化，推动隐性经验知识向文字化和编码化转化，从而实现更多知识的无障碍交流和共享。库内知识也比一般信息库更广泛、更丰富。作为一个综合、庞大的系统，需要靠众多的数据库予以支撑，例如文档数据库、全文影像数据库、办公自动化数据库、网站内容数据库等。所以要对库内数据进行整合，如果各个数据库将处于独立、分散状况，各数据库之间的数据也无法有效地共享和利用，数据挖掘（Data Mining）、联机事务分析（OLAP）等工作就无法展开，而知识的生产，获取、共享和利用，或者说取决于知识在流动过程中的价值增值更是无从谈起。从系统的逻辑架构上来说，建立一个知识库（知识管理平台的总库），是通过技术手段进行知识管理的基础性工作，也是至关重要的一个环境。

（二）政府知识库的功能

基于对知识仓库概念与特征的认识，政府知识仓库应具备如下基本功能：

第一，知识获取功能。获取完整正确的知识是实现政府知识存储和共享的前提，也是知识库应具备的重要功能之一。获取知识的方式有人工和自动获取两种形式。其中人工获取往往通过知识工程师、领域专家与用户等相互协作和交流，对政府大量的知识资源进行抽取、归纳、整理等得到，然后通过知识库的知识导入界面录入知识库。人工知识获取并不能从数量巨大的信息或知识资源中获取潜在知识，也不能及时地从系统运作中获取新知识。为了保证知识的时效性，保证知识仓库中知识的正确、完整，知识仓库还需具备知识的自动获取功能。该功能能与现有的知识库、信息资源库相连，运用数据挖掘技术、机器学习技术、基于案例的推理及神经网络技术等方法自动从大量知识资源中抽取有效知识，能从专家知识拥有者中自动获取难以表述的经验、动作、意念等隐性知识。

第二，知识导入功能。知识库的知识不仅需要知识工程师录入，而且允许各类普通用户或其他系统以各种输入手段将知识和信息及时导入。所以知识库应具备知识导入功能，该功能能为各种类型的知识制定不同的知识录入界面，使用户能按特定的知识描述格式输入知识，同时对现有信息系统或外界系统导入的信息借助于智能代理技术实现对知识的自动抽取或加载。

第三，存储和检索功能。政府知识种类繁多，需要存储的不只是知识条目，还包括与之相关的事件、使用情况、来源线索等信息，这些信息可能以文本、声音、图像、表格、超文本等多种格式体现。知识仓库应能根据不同的知识特征进行分类，进而采用不同种类的数据库进行分布式存储，并能对各种结构的知识进行统一集成。同时对存储的知识应能方便地进行查询和检索，提供强大的知识检索功能，能以各种手段为知识工程师或普通用户提供便捷的知识查询，同时能在查询中起到导航作用。

第四，知识维护功能。由于知识的时效性，知识仓库中的知识是动态变化的，所以知识仓库应在保证知识质量的同时，监督知识使用情况和来自各种知识源的知识，不断调整知识结构，及时删除不正确、不完整的知识，对过时的知识进行更新。另外，由于政府知识对不同级别的人往往有不同的访问权，知识仓库的维护中应设立多级安全认证，对不同级别的维护者赋予不同的知识访问权限，以此来保证知识的正确性和完整性。

第五，知识推送功能。为给用户提供便捷的知识共享界面，使知识准确、恰当展现在用户面前，知识仓库应能够按预定的知识描述格式提取关键字，并与知识仓库中相应问题的解决方案进行匹配，将用户感兴趣的知识自动、及时地推送到用户界面。

（三）知识库的作用

第一，有利于保证知识的有效性。如果想让知识库发挥作用，必定要对原有的数据和信息做一次大规模的收集和整理，按照一定的方法进行分类保存，并提供相应的检索手段，利于使用者的进入和查询。因为如果使用者在知识库中很难找到所需知识，就会通过其他途径或不具备所需知识就去开展工作，这样极其影响政府的工作。大量隐性知识的编码化和数字化，可以使原有混乱状态的信息和知识变得有序，这就方便了信息和知识的检索，并为有效使用打下了基础。

第二，有利于保证知识的及时性、可靠性。由于知识实现了精确化和有序化，因此寻找和利用知识的时间将大大减少，从而保证了知识的及时、可靠。不仅如此，建立知识库还保证了政府内部人员能直接进入知识库。例如，现在政府都开设了局域网或者政务内网，在这些端口可以快速了解一些时事、新闻。

第三，有利于实现组织的协作与沟通。施乐公司的知识库可将存入员工的建议。员工在工作中解决了一个难题或发现了处理某件事更好的方法后，可以把这个建议提交给一个由专家组成的评审小组。评审小组对这些建议进行审核，把最好的建议存入知识库。建议中注明建议者的姓名，以保证提交建议的质量，并保护员工提交建议的积极性。

第四，帮助政府实现有效管理。在系统中，政府部门获得公众的意见和相关信息主要是通过电子邮件、电子论坛、现场会议、调查统计等手段。但是上述手段由于缺乏管理功能，不能对大量的公众信息进行筛选、分类和定位，知识的发现和获取功能严重缺失，政府部门也就很难掌握民意。通过建立知识库，就可以确保政府对公众知识的有效把握，提高服务水平和能力。

第五，富有创造性。数据库中的信息是历史的，而知识库中的信息则既有过去的又有现在的，相比之下，知识库中的事实是动态的，知识库中包含的规则总是力图填充缺少的信息。此外，常规数据库依赖于诸如数据库通信等其他子系统，但知识库却包含了通信的智能接口、知识门径、有知识的用户代理器等。知识库中的知识必须由少量的专用名词来表述，一般来说，这些名词允许灵活使用信息，而不像在数据库中那样仅消极地保留在那不动。

（四）知识库的建设管理与更新

1. 政府知识库的建设

知识库是一项开始就需要持续投资的知识基础设施，只有积累到一定阶段才能获得收益。无论硬件资源的配置、信息技术的应用，还是知识的获得、知识的编码化、知识分类方法的开发等，都需要大量资金和人力、物力，做大量的组织协调工作。因此，在决定建立知识库之前，一定做好周密的筹划和准备，以避免不必要的浪费。

知识库的建设牵涉组织的方方面面，需要组织各方面的支持。这一过程中，组织内部的各个部门和各个分支结构都应该积极贡献自己的资料和数据。为了尽可能地挖掘组织的知识，管理层也需要采取一些鼓励性的措施。为了获取完整的系统知识，在创建知识库时，组建专门的任务小组也是必要的。同时，知识库的建立必须依靠强有力的技术支持。知识库一般建立在组织的内部网络上，系统由安装在服务器上的一组软件构成，它能提供所需要的服务以及基本的安全措施和网络权限控制功能。组织成员可以利用该系统阅读新闻或查找所需资料，并可以在虚拟的电子公告板上相会。

政府内部网络的开通，是使政府的知识库得以充分利用的基础条件，它可以消除不同等级员工之间知识交流的界面障碍，充分发挥每一位员工的积极性和创造性，使信息和知识以最快的速度在政府内传播。可以说，没有信息技术的支持，要建立知识库是不可能的。

政府知识库的建设应该以方便使用为目标，使知识管理的主体可快速而方便地访问到所需要的信息和知识，使最恰当的知识在最恰当的时间传递给最合适的行政人员和公众，以实现最佳的效益。知识库的建设可分为两个阶段：一个是初始阶段，另一个是正反馈的发展阶段。在初始阶段要求内容丰富充实，可组织公务人员参加到知识库的建设中来收集和输入一定数量的有价值的知识。在正反馈发展阶段，主要是根据公众的需求更新补充内容，由公众提供一些内容，再由工作人员进行筛选，最后纳入知识库内。

2. 知识库的管理及维护

知识库的管理及维护工作首先要面对的问题就是质量控制，主要包含新增知识管理、原有知识更新和知识有效期管理等内容。其中的新增知识质量管理功能需要做的是确定合适的质量控制人员，可以是各个领域的专家能手，来确保输入知识库内容的正确性和有效性，并负责知识的审核。至于文档格式、分类等形式方面的内容，可以交由专职的知识库管理员去完成。内容更新和有效期管理是一个容易被忽视的问题，知识存在时效性，放入知识库的内容并不是一劳永逸的，必须进行及时更新，否则知识库内存放着的过时失效信息不仅影响系统运行效率，甚至会给政府带来不必要的损失。

为了达到知识管理目的，根据知识资源特点，在构建和维护知识库过程中有以下要求：

第一，设计数据库并让其有效。如果想让知识库成为学习和利用的工具，政府必须被很好地设计，易于进入或查询。

第二，数据库中的知识应是精确的。要保证信息的来源是精确、及时和可靠的，一要确保信息来源可靠，二要及时更新数据。如果员工怀疑数据的精确性，不久他将不再使用知识库。

第三，知识库的访问无须授权。特殊的部分可能因为数据的保密性而需要口令或其他安全措施，其他部分应让员工直接顺利进入知识库。

第四，知识库中的知识应是精练的。通过不断获取知识并将之融入知识库，同时去掉不重要的和过时的信息。

3. 知识库的更新与完善

知识更新是一个比较烦琐的工作，目前还没有一个软件能说明什么时候什么内容该进行更新了，这个工作必须由人来进行。知识库管理员在这些工作中扮演着非常重要的角色。一方面，要鼓励并要求政府行政人员在产生新的知识或者原有知识发生变更后，主动更新知识库的内容；另一方面，知识库管理员也要随时关注公众需求的变动，及时对其内容进行更新。过期的知识要及时进行归档和报废处理，避免成为信息垃圾影响系统运行速度。

二　政府隐性知识的存储与管理

隐性知识是难以形式化、难以编码和交流的知识，表现为个人的经验、感觉、习惯、洞察力、爱好和潜意识等。与显性知识相比较，隐性知识可以创造更大的价值，但如果管理不当也会造成更大的价值流失。因此，重视和加强对隐性知识储存与管理是政府知识管理的关键。

（一）隐性知识管理分类

1. 从技能和认识角度分类

从技能和认识角度可将隐性知识划分为两类：一类是技能方面的隐性知识，包括非正式的、难以表达的技能、技巧、经验和诀窍等；另一类是认识方面的隐性知识，包括洞察力、直觉、感悟、价值观、心智模式、团队的默契和组织文化等。

2. 按照内容分类

瓦格纳（Wagner，1985）将隐性知识分为管理他人、管理任务和管理自我三类。管理他人的知识是关于如何管理其他人工作，以及形成良好人际关系的知识。管理任务的知识即关于如何处理工作中遇到的日常事务的知识。管理自我知识即关于如何提高自己在工作中的表现的知识。这是按照管理的对象或者客体进行分类的。

3. 按照隐性程度分类

按照张亦学（2002）的观点，可以将隐性知识分为应然性知识、或然性知识、否然性知识三种类型。

（1）应然性知识。思想家、科学家和社会活动家等从事知识生产的社会成员，他们的社会职责就是通过对社会现象进行思考和探索，形成感性认识，然后把这些感性认识系统化、理论化，以显性知识的形式向社会传播。所以，这种隐性知识是必然要转化为显性知识的。

（2）或然性知识。是指既可能显性化亦不可能显性化的知识。社会公众所形成的很多隐性知识本来应该转化为显性知识，但是由于它们不是自觉的知识生产主体，并没有意识到把这些隐性知识显性化的重要性，因而使得这些隐性知识迟迟不能向显性知识转化，或者凭借其自身自发的力量不能转化为显性知识，只有凭借外在的社会机制推动才有可能显性化。

（3）否然性知识。是指不能显性化的知识。有些属于只适合于意会性的知识，如人们之间的感情、爱慕等心理体验，是通过表情、眼神、动作等。

从上述分析可以看出，张亦学在对隐性知识分类的过程中，也探讨了隐性知识显性化的动力机制和障碍因素，如隐性知识产生的主体——思想家、科学家和社会活动家的社会职责，社会公众对隐性知识重要性的认识不足，外在的社会机制，隐性知识的隐性属性。本书认同这种观点。

4. 按隐性知识的可编码化程度分类

按隐性知识的可编码化程度，隐性知识包括可明晰化的隐性知识和难以明晰化的隐性知识两类：可明晰化的隐性知识是指通过经验积累的，嵌套于个人观点、行为或工作共同体的隐性知识，能够被确认和明晰化为显性知识。难以明晰化的隐性知识是员工实际拥有，但是，只有在解决复杂问题的高度感知活动中才会不自觉地运用，连拥有者自己也不知道其拥有的隐性知识，这种隐性知识不能被指明或明晰化。隐性知识的可编码化程度同隐性知识的转换与共享效率成正比。

（二）隐性知识管理的特征

隐性知识具有以下特征：

1. 形式的多样性

隐性知识可以是价值观、人生观、思维方式、经验体会，也可以是信念、约定俗成的规则、组织文化等。

2. 载体的非技术性

不同于显性知识，隐性知识难以被编码，不能以信息、文件数据等符号形式被书本或计算机等技术性、非生命物质存在。隐性知识只存在于人们的主观思维和组织的非制度氛围中。

3. 内容的不确定性

隐性知识以一种非格式化的、未编码的形式存在于人的脑海或一定组织形态之中，是以个人经验、技能、判断力、价值观和组织的技艺、群体成员的默契、协作能力、组织文化等形式存在，通常不宜用言语表达，未经过编码，没有形成完整的理论体系，比较偶然、比较随意，不容易被察觉，难以模仿和感知，所以获取的时候就比显性知识困难。

4. 流通的困难性

隐性知识是一种动态的，即实践条件下的非固定性知识，没有被广泛的适用和证明的知识，非正式的知识，难以用系统的、编码的语言清晰地表达出来，只能意会不可言传，所以更加难以传递和共享。

5. 依赖性

隐性知识在产生过程中，对个体的性格、经历、价值观、组织文化、环境具有依赖性。隐性知识作为一种积累下来的带经验性质的知识，是个体和组织在工作、学习和科研过程中，通过反复纠正错误总结出来的具有规律性的行为倾向或习惯。其是在特定情境中创造的，在特定情境下才能获得其意义。隐性知识受个体经验和外部环境影响比较大，一旦这些因素发生变化就会对它的适用性产生影响，会引起它的变更和消失等。依赖性给知识的理解和共享造成了很多困难，隐性知识对情境的依赖比显性知识强得多，要真正理解隐性知识的含义，必须在一定范围的情境下进行。

6. 个体性

隐性知识是存在于个人头脑中的，它的主要载体是个人，隐性知识与个体是不可分离的，具有隐性特征的知识来自个体对外部世界的判断和感知，源于经验和体验，源于主观感受，这种判断与感觉具有极强的个体性。它不能通过正规形式进行传递，隐性知识的拥有者和使用者都很难清晰表达。和主观心理状态之局限于一己的、私人的感受不同，个体知识是认识者以高度的责任心，带着普遍的意图，在接触外部环境基础上获得的认识成果。可见，它是个体的心智感悟与判断，反映了个体的价值观与心智模式。

（三）隐性知识储存与管理影响因素分析

1. 人员方面影响因素分析

著名知识管理专家汤姆·达文波特提出的知识管理十项基本原则之一是"分享和利用知识往往是不自然的行为"。

第一，知识提供者自身原因。比如，恐惧感，由于害怕被解雇，员工失败的经验和教训虽然不愿意与他人共享这方面的知识；防范心理重，政府内很多掌握了关键技术和诀窍的人不愿意与他人共享知识，这些知识形成和掌握一般要经过长期的实践和积累，是通过特定的经验或特定的学习过程获得的，来之不易，在没有确定其价值或者没有确定给自己带来利益之前，是不会随便主动与他人实现知识共享的。出于对所有权、特权地位、优势地位等的考虑，知识提供者一般不会自动选择无条件地传播自己的专有知识。同时这些知识与其在政府中的地位和待遇紧密联系在一起，如果把知识传授给他人就会影响工作的稳定性和个人利益；缺乏动力，共享是一种贡献，如果没有适当回报，员工缺乏分享的动力。

第二，知识接受者自身原因。一是自我保护意识。个人为了使自己在政府内部的竞争中处于有利的地位，组织成员会自然而然地对其所拥有的知识采取保护态度，担心对自己原有的经验、知识或生存地位造成威胁，不情愿接纳来自外部的知识，而且接受新知识需要花费一定的时间和精力进行学习。因此，在使用新知识的过程中，将导致故意拖延、被动应付、虚假接受、暗地破坏或公然的反抗等行为。二是知识接受者的主动接受知识的意识、捕捉知识源的能力、对新知识的洞察力、敏感性和对新知识的前瞻性能力影响和限制。三是知识接受者的解码能力、学习能力、思维方式和领悟能力以及交往能力等智力因素和情感智商，即综合素质高低将直接影响到知识共享的速度和进程。

第三，知识共享双方的差异性。知识提供方和知识接受方之间的文化差异、专业差异、知识结构差异、认知能力和思维方式等方面的差异性是影响知识共享效率的制约因素。如果两者之间的差异很大，知识提供方需要花费许多时间、精力向知识接受方解释，而接受方很可能无法理解。知识提供方发现自己的努力没有效果或是效果不明显，就会不乐于继续提供知识，在政府管理中条块分割问题严重，各部门的成员之间，部门与部门之间的沟通、交流甚少，对本部门外的其他人或组织的工作能力、工作职责、组织文化等了解不多。一般而言，两者差异越大，隐性知识的共享越难，且知识的共享率越低。

第四，双方对共享知识评价的差异性和模糊性。知识共享是一个互动、互惠的过程，隐性知识共享的互惠意味着拥有者传授给需求者有价值的隐性知识，同时需求者也传授给拥有者隐性知识，这反过来又促使拥有者传授给需求者更多的隐性知识，从而形成隐性知识共享的自我强化循环。如果某一员工认为自己提供给对方的知识与对方共享给自己知识的价值差异太大，在没有足够的其他补偿时他就不愿意继续贡献自己的知识。

第五，对知识学习的错误看法。有一些成员认为新的知识必须是从书本中自己理解到的或是实践中自己摸索到的，而不应当是从已经拥有知识的人那里轻易获得的。这种对学习的错误看法在一定程度上是强烈的自尊心的反映，也是一种组织氛围的产物。

第六，知识共享双方的信任程度。信任程度决定了知识共享的程度，人与人之间的知识共享应以相互信任为基础，尤其是共享的知识在需要反复交流、模仿和反馈才得以进行的情况下，双方的信任程度对隐性知识的共享效率起决定性作用。

2. 外在环境的影响因素分析

(1) 传统组织体制制约。大多数组织金字塔式的组织体制中层次太多，这种结构中知识的沟通主要表现为上向沟通和下向沟通，下属同事之间几乎不存在直接联结，因而横向的知识或信息沟通效果较差，无法形成创造新知识所必需的知识共享氛围。而且直线联系方式必然会导致"结构上的漏洞"，使政府内部很难跨越层级的鸿沟进行沟通，使组织缺乏创造知识所必不可少的广泛、有效的联结。这对于知识的传播、运用和积累具有较高的效率，阻断了隐性知识源面对面的交流，阻碍新知识的形成。加之传统组织中也缺少各种合适的交流场所和环境，抑制合作文化的形成，不利于集体协作行为的发生。组织内部新知识的产生需要通过人与人之间的群体协作才能实现，而在这样的层级组织中，横向知识沟通少，而是处于一种竞争性环境中，因而不可能形成良好的学习关系，倾向于彼此信息封锁而非知识共享，不可能实现真正合作。

(2) 激励机制及水平。由于隐性知识自身的特点和拥有者的心理障碍，所以需要组织内部提供一些可以鼓励人们将自己拥有的隐性知识表达出与他人共享的机制，从制度上帮助组织更好地将其成员所拥有的知识管理好、利用好。在知识型政府中，知识是权利和地位的象征，员工可以凭借拥有的隐性知识而获得奖金、晋升和荣誉等。对隐性知识的拥有者而言，传授隐性知识不仅需要耗费时间和精力，无形中也增强了竞争对手的能力，给自己添加了威胁。因此，政府中隐性知识的有效转化与共享需要激励，对共享隐性知识员工的激励水平越高，越有利于政府共享隐性知识。

(3) 政府组织文化制约。政府文化可定义为，在一定的政治、经济、文化背景下，政府在社会管理或内部管理过程中所创造并逐步形成的独具特色的共同价值观念和行为准则。政府文化也会给隐性知识的管理带来潜移默化的影响。良好的政府组织文化是知识管理实施的保障，而政府要对隐性知识实施有效的管理，良好的政府组织文化环境与氛围尤显重要。政府组织文化与知识管理活动的不相容常常是知识管理活动失败的最主要因素，作为隐性知识的载体的组织成员，需要一个良好的交流氛围，利用文化驱动，使成员自觉自愿地与其他人进行知识共享和创新，如果没有知识交流、共享行为、政府组织文化的支持，任何旨在改善组织创造、传递和应用知识的活动均无法取得成功。有利于政府知识创新活动的政府组织文化应当是一种学习型文化，它以学习、知识共享和信息交流为特征，鼓励勇于创新、甘冒风险的精神，并保证学习和创新的有效激励和合理回报。如果政府员工对于分享与合作持积极态度，那么隐性知识管理的推进较容易取得成功。

政府文化包括以下几个方面：

第一，支持隐性知识的文化。在现在的时代条件下，知识，特别是隐性知识对于政府来说是一种最重要的资源，它关系到政府能否成为一个有责任、有能力的政府。这一价值观强调隐性知识的重要性，是知识是管理活动的中心，是政府和政府工作人员价值的重要体现之一。在这一价值观的指导下，以人为本、尊重人才、知识共享、知识创新等应是政府知识管理的行政文化的主要组成部分。除此之外，政府必须提供知识创造与分享的奖励与诱因机制，支持工作人员从事知识创新的工作，使工作人员有时间去做知识管理，并提供给员工足够的资源，如技术工具、指导或专业的技术。

第二，信任的文化。推进隐性知识分享绝非简单地将员工召集在一起座谈或者对员工进行经验培训，更重要的是要求政府能够营造一种氛围，使员工能够认识到他们的同事是有值得学习之处并且愿意将知识分享给他人使集体受益，在知识的拥有者和学习者之间建立一种互信，信任的文化是指在知识传播时，政府工作人员之间、政府工作人员与政府之间、政府部门之间，知识接受方的知识应用后不会给自己带来害处，或者相信接受方能够信守接受知识时关于知识保密和应用领域限制的承诺。

第三，授权的文化。授权的文化是指政府为了提升政府工作人员潜力而充分授权员工，以提高其决策权力，充分支持其工作所需的技能与知识。

第四，合作的文化。政府应鼓励员工充分利用外来知识，鼓励跨部门、跨组织的团队合作，以及与合作伙伴的隐性知识交流，不要闭门造车。鼓励员工重视团队绩效而非个人英雄主义，并鼓励师徒制传承、乐于助人的利他思想与文化。

（四）政府隐性知识管理存在的风险及风险规避

1. 风险

（1）收益小于成本的风险。随着显性化水平的提高，知识的转移从人与人之间的联结学习方式转变为语言调制方式过程，组织需要创造出其中所必需的条件，这必然要花费较大的成本。同时，显性化所创造的收益难以在短时间内衡量，显性化成本会随着知识显性程度的提高而改变。因此，在政府内部，显性化成本及收益的衡量也是亟待解决的问题。

（2）机遇丧失的风险。如果政府没有及时将知识主体的隐性知识外化，并得到充分利用，有可能会使政府丧失各种机遇。但同时应该认识到，并非所有的隐性知识都可以或者都能够正确地外化为显性知识，如果政府不顾技术水平及其他方面的限制，硬是将不可显性化的知识显性化，从而导致核心知识的错误解释，以至于知识的错误运用，将会给政府带来不可估量的损失，这就知道需要政府把握住一个度，即知道哪些知识可以正确的显性化，又能够知道显性化的程度。而这个问题解决还需要依靠管理人员一定的经验知识。

（3）不利于个人发展的风险。对于知识主体来说，尽管自身的隐性知识的共享会提高组织整体知识水平，但不一定有益于个人。个人知识的创新和研究需要耗费大量精力、付出艰辛的努力，因而知识主体会不自觉地将自己的投入成本、机会成本、交易成本、信誉成本做一个风险预测，预测在将自己的隐性知识共享后的公平性及合理性是否符合自己的期望值。往往这些成本不是薪酬所能弥补的，当知识主体无法通过内部机制获得补偿时，就会限制知识的传播与共享，从而也就难以达到合理地将个人的隐性知识显性化的目的。

2. 风险的规避

（1）确定隐性知识的需求。由于隐性知识管理的战略规划是一种预测性规划，是根据制定战略时组织的内、外部环境及其可能的变化规律去预测现在的政府内外部环境，进而预测对隐性知识需求。所以，政府对隐性知识需求要有一个全面规划，分析各种影响因素，避免过多的投资造成资源浪费。

（2）加强"干中学"的隐性知识管理方法。"干中学"是指在传授者传授知识之后，学习者需要借助必要的实践环节进行理解和掌握。一方面需要学习者努力地学习和传授者认真负责的态度，另一方面需要双方频繁的沟通。良好的沟通机制、合理的激励机制和完善的控制机制是这一过程顺利、快速完成所必需的因素。其中建立良好的沟通机制可通过增加双方工作接触的时间、开展座谈会和交流会等正式沟通渠道，以及发送电子邮件、鼓励外派人员与传授者的私人交往、旅游、小型聚会等非正式的渠道。

（3）选择合适的知识个体。个体隐性知识是一种有机综合能力。知识工作者在运用隐性知识过程中，既要具有一定的通用隐性知识，又要具有专用隐性知识。通用隐性知识是专用隐性知识的基础，专用隐性知识是个体在通用知识基础上，根据具体工作情境和人物的特定要求而衍生出来的技能知识，专用隐性知识是在具体的工作环境下通过师徒制方式、自我学习领悟和经验积累获得的。专用隐性知识的获取可以进一步丰富通用隐性知识，完善通用隐性知识，它往往需要考虑工作人员的能力和态度。政府人员的选择上应精挑细选，只有工作能力强、态度积极的优秀人才可担当重任。

（4）建立知识共享机制。为了克服由于人才外流所造成的隐性知识的流失，除了可以将个人的隐性知识显性化以外，还可以通过组建促进隐性知识共享的组织学习机制来充分挖掘知识主体头脑中的隐性知识，将知识主体的隐性知识通过组织内各种渠道的传播和共享，成为组织的隐性知识。在这个过程中依靠的是员工之间隐性知识层面上的沟通，从人本角度出发，由政府的内部文化来驱动知识的产生，激励个人主动寻找、共享、创造知识，在政府内部形成自下而上的知识拉动型流动机制。这就要求组织内的知识主体对如何协调组织的工作有一种全面理解，而组织应创造一种鼓励知识主体发挥合作精神的环境，以达成成员之间的默契与协调，实现个人隐性知识的归纳、总结，完成向显性知识的转换。

（5）构建政府隐性知识管理的信息技术平台。在政府内部，知识主体要建立和维持必要的知识转化能力和技术使用能力，以及对隐性知识的理解和消化能力。政府可以利用计算机通信及网络技术等构建弹性、开放的网络结构和支持平台，并组建非正式组织的共享网络来促进隐性知识的共享和创新。信息技术的发展大大促进了隐性知识创造和传播的速度及效率。政府在建立知识库、内部网时要充分考虑怎样便于隐性知识的管理。

（6）建立激励机制。在激励机制方面，政府可通过知识绩效考核制度对员工在知识管理工作上的表现好坏进行考评，给予相应的奖励和惩罚，以促进技术中心知识管理的有效实施。政府可以从物质和精神两个方面采取平衡高效的组合激励措施来调动成员的积极性，鼓励隐性知识的流动、转化、共享和创新等。政府可采用物质奖励和精神奖励两种方法。将价值比较容易确立的知识成果与员工的近期收益联系，通过增发薪水与酬金来激励员工。而对那些既取得了较大知识成果，又具有较强管理能力，并且对物质经济利益刺激不太敏感的员工，采用晋级、晋职的方法来激励，促使他们取得更大成果。但对那些取得较大知识成果，对经济利益刺激不太敏感，而对名誉非常重视的员工则采用知识署名方法来激励，促使他们取得更大成果。

第三节　政府知识加工、储存、管理的方法与工具

一　政府知识储存的方法

知识的加工与储存方式和方法有很多，例如，用于记载隐性知识的人脑，还有主要用于记载显性知识的书籍、计算机磁盘等。但无论这些方法如何表现和发展，都依赖文字和数字这种知识储存的核心载体发展起来的知识编码技术。

（一）文字

文字是人类用来记录语言的符号系统。一般认为，文字是文明社会产生的标志。马克思主义的观点认为，文字是在阶级社会产生以后才产生的。文字是人类用来进行交际的约定俗成的可见符号系统，是人类对自身和自然界的认识的积累，是人类对知识的积累、传递和使用的方式和方法的探索。文字突破口语受到时间和空间的限制，是人类可以在书面语的基础上完整地传承人类的智慧和精神财富，使人类能够完善教育体系，提高自己的智慧，发展科学技术，进入文明社会。

（二）数字

印度—阿拉伯数字系统的 10 个数字，按值排列。数字是一种用来表示数的书写符号。不同的记数系统可以使用相同数字，比如，十进制和二进制都会用到数字"0"和"1"。同一个数在不同的记数系统中有不同的表示。数字反映了人类对现实世界数量关系和空间形式的认识，起源于人

类的生存经验。古希腊的毕达哥拉斯学派注重量的关系、秩序、和谐和数，他们认为，数是万物的本原，数是真正的存在，是事物的实体和根基，一切其他东西都是数的表现。

（三）图表

图表泛指在屏幕中显示的，可直观展示统计信息属性（时间性、数量性等），对知识挖掘和信息直观生动感受起关键作用的图形结构，是一种将对象属性数据直观、形象的"可视化"手段。图表设计是通过图示、表格来表示某种事物的现象或某种思维的抽象观念。

（四）音频

人类能够听到的所有声音都称为音频，它可能包括噪声。声音被录制下来以后，无论说话声、歌声、乐器声都可以通过数字音乐软件处理，或是把它制作成 CD，这时候所有的声音没有改变，音频只是储存在计算机里的声音。如果有计算机再加上相应的音频卡——声卡，就可以把所有的声音录制下来，声音的声学特性如音的高低等都可以用计算机硬盘文件的方式储存下来。

二　政府知识加工与储存的技术工具

在信息爆炸的时代，面对大量知识，任何知识使用者或管理者都很难对现有的知识合理有效地搜索和利用。使用者根本不能确切地表达对真正的知识资源的需求，也不知道更准确有效地寻找知识资源，大量的知识难以被转化为己所用。在现代社会，知识的发展和更新速度快，仅靠人的大脑来完成寻找和存储是不可能的，信息技术的发展为人们收集知识提供了有力的手段，信息技术的应用扩大了知识采集范围、提高了知识采集速度、降低了知识采集成本。组织的知识应该积累沉淀下来，汇成组织知识的仓库。现代信息技术的发展彻底改变了人类存储知识的局面。

（一）数据仓库

知识的存储通过数据挖掘或在线实时分析了解，信息间存在许多相关性与因果性，知识存储的主要技术是数据仓库，在数据导向的知识发掘方面，数据仓库是一个重要的存储工具。

自从数据仓库概念出现以来，不同的学者从不同的角度为数据仓库做了不同定义。数据仓库之父威廉·H. 英蒙（William H. Inmon）在 1991 年出版的《建立数据仓库》（*Building the Data Warehouse*）一书中所提出的定义被广泛接受——数据仓库是一个面向主题的、集成的、相对稳定的、反映历史变化的数据集合，用于支持管理决策。它在存放大量数据的同时又能将大量数据有效地处理起来，其主要侧重于对海量数据的组织和处理，提供有效的数据访问手段，同时结合一些分析工具，如联机分析处理、数据挖掘等工具，面向中高层管理人员，在数据仓库中进行统计、分析和挖掘，以获得用于决策的信息或发现相关规律。

数据仓库能够将政府决策的有关知识存储起来，供人们借鉴和使用。数据仓库是一种以关系数据库、并行处理和分布式等技术为基础，用于解决实际拥有的大量数据却缺乏有用信息的综合解决方案。在数据库大量存在的情况下，为进一步挖掘数据资源和决策需要而产生的，它并不是所谓的"大型数据库"。数据仓库的方案建设的目的，是以前端查询和分析为基础，由于有较大的冗余，所以需要的存储也较大。

数据库技术是有计算机以来应用最广泛的存储技术。数据库具有数据结构化、数据共享、数据独立性和可控冗余度四个特性，这恰好适应了知识存储的需要。网络是人类有史以来最大和最容易使用的百科全书，仅仅通过一个调制解调器和一根电话线，就可以把个人与整个世界连在一起。网络数据库已经成为数据库技术发展的一个新方向，从单用户应用扩展到多用户应用、从集中式应用扩展到分布式应用，这使得组织内部各个成员之间以及组织与外部之间能够进行知识共享。

（二）文档管理系统

文档管理系统主要是针对机关办公室每年有大量的上下级之间的来文、来函以及文件转发公文性质的资料。这些文件的保存和查询就成为政府的一个大问题。政府中的电子文档越来越多，各种影、音、图像等多媒体信息文档也大量出现，这些电子文档大都分散存储于个人的计算机中，缺乏合理科学的管理，政府在进行文档管理的过程中，经常会碰到以下的问题：海量文档存储，查找缓慢，文档版本管理混乱，文档安全缺乏保，文档无法有效协作共享，知识管理举步维艰等问题，难以实现对文档的共享访问控制，降低了文档的使用率和价值。

文档管理系统是指将政府内部的纸质文件资料（包括各种公文、蓝图、手册和档案卷综）进行电子化处理，使这些文件资料可以用电子档案形式存储、传递、搜索与获取，形成一个无纸化办公室。在文档管理系统中，主要存储的数据就是文档，而文档一种非结构化的数据，相比较容易存储。工作人员可以根据需要存储的文档类型不同，采用了关系数据库和文件系统相结合的存储方式。目前常见的是只有在文件上制作索引、卷标（Tag），并按时间、作者、版本、主题或类型等进行分类搜索，然后，直接扫描进入系统以一个单一的对象供使用者查询。通过这个平台上，每一位用户都能获得创建、编辑、控制版本、共享、跟踪、审批、发布、封存和保护知识的功能。凭借这个开放的、可伸缩的、全面的以及基于标准的系统，政府可以有条理的方式来管理海量的信息。通过文档管理系统能够方便、灵活地与其他应用系统集成，又能够充分发挥关系数据库和文件系统各自的优势。

第四章　政府知识的转移

第一节　政府知识转移相关理论

一　知识转移概述

随着全球知识经济迅速兴起，知识已经成为获取竞争优势的关键性资源。在新经济体系中，知识并不是与人才、资本、土地等并列的传统生产力要素，而是唯一有意义的资源。任何一个组织要在激烈的经济全球化浪潮和市场竞争中建立和保持自己的竞争优势，就必须根据环境变化及时创造和更新知识。知识管理正在受到学术界和政企界的普遍关注，它是政府面对日益增长的非连续性的环境变化时，针对组织的适应性、组织的生存和能力等关键问题的一种迎合性措施。而其中的知识转移的价值已逐渐地被个人和组织认可，研究的方向也越来越广泛。众多实证表明能在组织内部和外部有效地实现知识转移的组织比那些不能有效地转移知识的组织更具有生命力和竞争力。

知识转移也称知识传递、知识交流，是解决知识在不同个体、不同内部组织以及不同组织与个体、组织与组织之间的有效传递。个人知识与组织知识转化的程度是人类社会发展的阶段性特征的反映，个人知识与组织知识能否有效转化是关系到知识经济社会能否成功运行的基础性关键环节。知识经济社会的特点是知识成为经济增长的主要决定性因素，而个人则是知识的主题、知识创造的根源，组织是知识成为生产力的放大器。

个人的隐性知识转化为组织中的显性知识是知识创造的开始，也是知识创造和成为个人或组织成功的关键。与此相反，组织中的显性知识必须很快再转化为个人隐性知识，只有组织中的显性知识转化为组织人员的隐性知识，才是知识应用的过程，在知识运用环境中，才会产生价值。因此，个人知识与组织知识有效地相互转化是关系知识创新、组织创新的本质。它不仅仅是关系到以知识为中心的知识经济社会中个人与组织的依存的共同命运问题，还是关系到人力资源利用的效率，关系到社会如何和谐稳定、有效发展的关键问题。

知识转移有正式渠道和非正式的渠道之分。正式的渠道多依赖组织所拥有的设备、技术基础和规则制度进行，而非正式的渠道则多依赖私人关系的建立和个人间良好的沟通能力。从根本上讲，知识交流是知识基础管理的动力，是知识分享的前提，它能够有效地解决知识在组织中的循环问题。

（一）知识转移的影响因素

影响知识转移的因素有以下几个方面：

1. 组织关系的性质

知识转移在受同一上级组织领导，或处于同一知识链或网络的关系中较容易发生。因为在这种关系中的组织能够有更多的机会进行交流，共享信息和进行相互学习。地理位置上相近也容易进行知识转移。组织关系的好坏也会影响知识转移的难易，如果两个组织的关系很不好，知识的转移将非常困难。

2. 组织的性质

一个具有比较大的规模，并且在某一领域取得成功的组织更易被其他组织模仿，模仿者认为，这种组织的经验，特别是那些能够被广泛接受的经验会加强它的活动。知识接受组织的吸收能力，也就是发现外部有价值的信息，使这一信息与组织的目标相一致并运用的能力也会影响知识转移的程度。知识接受组织的对于知识转移的动机越强、吸收能力也就越高，知识转移就越容易发生。

3. 转移知识的性质

可观察的、容易被理解和记录的、不复杂的知识比较容易被转移。虽然知识的一些特征不可以改变，但有些隐性知识可以被修改转变为显性知识，使转移更容易发生。

4. 转移过程的性质

知识转移发生的时机也会影响知识转移的程度。由于基于不同的知识库，那些融入在设备、设计图和技术中的知识一般在组织运转的初始阶段进行转移，而那些知识载体是软件形式的知识则可以持续获得。

知识转移渠道的选择也会影响不同种类知识和知识数量的转移。如知识发送组织的持续生产可以使隐性知识较易被转移，技术人员的移动对隐性知识和显性知识的转移都有利。个人会面交流和组织会议比信件、文件和出版物可转移更多的知识。

（二）知识转移的层次

人们最开始研究知识在个人层面的转移，主要是讨论如何把一项工作所运用的知识应用到另一项工作，以及如何把知识转移到后续工作。而近期人们关注的焦点是组织层面的知识转移。知识可以在产品、相同组织的不同单位、同属一个上级组织领导的不同组织和独立的不同组织层次上转移。

1. 产品层次的知识转移

通过产品转移知识的能力对组织的绩效和生存很重要，但并不是所有包含在一种产品中的知识都能转移到另一种产品，只有存在相似性和基于共同知识基础的产品才能使知识转移容易。

2. 组织内部层次的知识转移

知识在组织中的不同单位之间转移时，如果组织的知识融入工艺、技术中，那么在交流的过程中知识将得到迅速、完全的转移。

3. 相关组织层次的知识转移

同属一个上级组织，不同组织的知识转移一般发生在组织运转的初期，一旦组织正常运作，它将不可能从其他同属一个上级组织的组织经验中获得进一步的利益。

4. 独立组织层次的知识转移

知识转移也可以发生在独立的组织之间，虽然他们是竞争者，而且在这一层次上转移的知识远没有同属一个上级组织领导的组织间转移的知识多，但是这一层次转移的知识对组织生产效率的提高起了重要的作用。

（三）知识转移的渠道

知识转移可以通过许多渠道从一个组织转移到另一个组织，最常见的是通过转移人员、技术、组织结构到知识接受组织，或者通过改变接受组织的人员、技术、组织结构达到知识转移。

1. 通过人员转移知识

人员的流动是知识转移很有效的方式，可以通过培训知识接受组织的员工，让他们观察知识源专家的活动，或引进顾问对员工进行指导，为知识发送方和接受方的员工提供交流机会。

2. 物化的渠道

组织的知识可以融入其硬件、软件和产品中，获得这些知识可以改进生产、降低成本。提供文件、设计图和组织结构的描述以及员工的经验给知识接受组织。另外，共同标准的建立、经验和教训的转移都可以获得有用的知识。同样，专利技术的应用、科学和贸易的出版物对组织获得可利用的知识也很有用。

3. 通过外部渠道

通过环境中的外部知识源也可以使组织获得知识，从供应商处获得的知识对生产率的提高非常重要，从客户获得知识对改进组织活动也很重要。从更广泛的范围看，战略联盟、合作、合资、高级职员的会议和商业群体也都是潜在的知识转移渠道。

二　知识转移理论

20 世纪 80 年代，日本管理学家野中郁次郎与竹内弘高认为，组织学习也是组织内获取、创造和传播知识的过程。知识可分为隐性知识和显性知识两种。隐性知识是存在于组织个体的、私人的、有特殊背景的知识。它依赖于个人的不同经验、直觉和洞察力。显性知识是指能在个人间更系统地传达、更加明确和规范的知识。他们受到了波拉尼的启发，从而提出了著名的隐性知识和显性知识转化的理论，成为知识管理理论中一个令人瞩目的亮点。其理论主要包括以下内容：

（一）隐性知识转化为隐性知识（群化）

隐性知识转化为隐性知识称为知识的群化或社会化过程，是人类知识传播最古老、最有效的模式，如人与人面对面的交流经验，通过模仿、学习和实践获得某种技能。群化的学习过程，可以掌握创新和技术的核心，大量经验、诀窍和直觉都是通过群化学习过程获得的。群化阶段实质上是未编码知识在不同主体之间的互动，是创造出来的未编码知识的共享，也是成员之间经验的共享。在政府中很多知识都是无法编码的，只能通过社会化的方式进行传递。

（二）隐性知识转化为显性知识（外化）

隐性知识转化为显性知识称为知识外化过程，是典型的知识创新过程。外化阶段是知识传递和转化的最关键的环节。在此阶段，一些隐含的想象与创意，能够通过语言、图表、模型、概念得以表达，并在成员之间传递。在外化阶段，通过隐喻来传递知识，是一种非常重要、有效的办法。人们将自己的经验、直觉和想象转化为语言可以描述和表达的内容。将隐性知识转化为显性知识实际上是将个人的隐性知识转化为集体的显性知识的过程，这在知识管理中是难度最大的。

（三）显性知识转化为隐性知识（内化）

显性知识转化为隐性知识是在知识共享过程中将显性知识通过学习、消化、吸收转化为个人隐性知识的过程，通过这一过程，可以使员工真正了解和掌握知识，提高工作效率，压缩知识创新成本和时间，内化是将编码知识转化为未编码知识，将经过社会化、外化、融合而成的知识内化为成员的经验与心得。

（四）显性知识转化为显性知识（融合）

显性知识转化为显性知识是一个建立重复利用知识体系的过程。个人、小组的编码知识融合为组织的集体编码知识，并形成组织内的组织知识网络。它重点强调知识的采集、组织、管理、分析和传递，并在这一过程中，通过知识的不断聚合产生新的创新。

因此，有效的知识转化过程需要不同层次之间高频次相互作用和四种方式的共同作用。更重要的是，为了将有价值的隐性知识快速地转化为显性知识，需要寻找到更好的相互交谈和表达组织成员自身知识的途径。

三　政府知识的转移

（一）对于政府知识转移的分析

对于政府知识转移的研究主要从知识转移主体和客体两个层面展开，因此主要影响因素也局限于这两个层面。从知识转移主体分析，主要包括知识传递部门和知识接受部门的各项因素；从知识转移的客体角度分析，主要包括知识本身的各种特征。

1. 知识传递部门的知识转移能力

知识传递部门的转移能力是指其所具备的异质性知识的价值以及将这些知识转化成可以被接受者吸收的形式的能力。政府内部不同部门拥有的资源和知识是有差别的，而不同资源和知识的价值水平也是不同的。因此，政府内部某一部门所拥有的知识存量越不可复制，且对其他部门的价值越大，该部门的知识转移能力则越强。

2. 知识传递部门的知识转移意愿

知识传递部门的知识转移意愿是指其主观上愿意将知识提供给其他接受者的倾向性。拥有独特知识的组织单元都倾向于实行"信息垄断"，将自身的知识予以保护而不愿与其他组织共享。知识传递者对所拥有知识的保护倾向主要源于两方面：第一，知识外溢会造成权力的丧失。如果知识是竞争优势和资金的重要来源，那么组织单位往往不情愿将这种知识与其他单位共享，因为这样可能会削弱其在组织整体中的权力和地位。第二，知识转移的成本昂贵。一次知识转移过程要求知识传递者投入一定的时间、人力和资金来作为保证，但是，往往在付出高成本之后很难取得相应的收益，或者即使取得一定的收益，但由于这种转移的机会成本过高，知识传递者也不愿意提供时间与资源给予支持。

3. 知识接受部门的知识吸收意愿

知识接受部门的吸收意愿是指其愿意接受来自本组织以外知识和建议的积极性。知识接受部门的吸收意愿通常会受"非本地发明"综合征的影响。"非本地发明"综合征是指管理者不愿意接受外地或外来观点及方案。地方主义、对异地来源可信度的怀疑，对未知事物的怀疑以及对变革的抵制都可能导致组织单位拒绝接受外部的建议。

4. 知识接受部门的知识吸收能力

"吸收能力"的概念是由库恩和勒温提出的。他们认为，吸收能力是指认识新信息的价值，并将新信息吸收进而运用于商业目的能力。缺乏吸收能力将会阻碍知识的有效流动。影响优秀实践经验在组织内部转移的最重要的障碍因素就是接受方缺乏吸收能力。

评价一个组织的吸收能力可以从如下两个方面进行考察：其一，组织原有知识存量与外部新知识的相关程度。因为，组织先前的学习为它开展新的学习打下了基础。知识接受者的学习能力是由其拥有的先期经验决定的。知识接受者对新知识的内容和情境越熟悉，就越容易发生知识转移。也就是说，组织需要具有相关的知识才能消化并应用新知识。当原有知识与新知识发生联系时，组织就更容易掌握新知识，知识转移的障碍就越低。其二，组织与新知识拥有者之间的同质性。如果知识接受部门与知识传递部门在组织文化、价值观念以及人员的教育程度、社会地位和思维方式等方面都十分相似，那么发生在两者之间的个人交流和沟通将会非常密切和有效，这也为知识转移减轻了障碍。因此，与知识传递部门之间的

"同质性"越高，知识接受部门吸收能力就越强。

（二）知识转移的客体因素

1. 知识的默会性

知识的默会性是指人们能够知道的总是多于能够表达的。知识的默会性是隐性知识的最重要特征。默会性知识是高度个性化的，并且深深地根植于个体的行动与特殊背景之中，因此是难以轻易沟通与分享的。它与显性知识的根本区别在于，默会性知识是难以通过系统的、正式的语言和文字明确表达出来的，而是根植于个人头脑和组织记忆当中的，必须通过"干中学"等实践活动方能获得的，当被移转的知识越是具有默会性时，越是不容易透过具体的文字和语言来清楚明白的表达，知识接受部门就很难了解和吸收这项知识，知识转移也就越难以成功。

2. 知识的复杂性

知识的复杂性是指与某种知识或资产紧密联系的人员、路径、技术、资源的数量和范围。政府组织所拥有的某种知识可能不仅涉及某一个人员或部门，而是多个人员和部门共同合作的成果，这种知识就具有复杂性的特征。复杂性是指一种包括不同类型能力的内在差异，越是复杂的知识包含越多不同种类且差异越大的能力。因此，越是具有复杂性的知识就越涉及更多领域，也越难找到能够全盘了解知识的人员，而必须通过较多具有不同背景的专业人员来教授或学习这项知识，这些人员彼此间的互动、沟通也就更复杂。所以，不论是对知识的传授者还是知识的接受者而言，知识的复杂性越高，就越不容易被传授或吸收，知识转移的阻碍越大。由于复杂性的知识分布于不同的人员和部门之中，因此难以在整体上对其加以理解和掌握，进而影响到它在政府部门间的转移水平。

3. 知识的专用性

知识的专用性源于交易成本经济学中的"资产专用性"。专用性知识是指那些专门针对某种特定工作流程而投入的知识或者专门为某个特定的群体服务的知识。知识的专用性水平越高，该项知识与某一公共部门的业务流程、员工技能、管理系统等镶嵌程度越紧密，转移时难以单独进行，必须与其所镶嵌的系统共同转移，因而越具有难以共享和分割的特性。

（三）知识转移策略

在全球经济一体化与信息化的推动下，政府改革的脚步越来越快。这场改革的主要目标是提高政府自身运作和服务社会的效率，克服行政官僚体制带来的诸多弊端，比如政府规模不断扩大、冗官冗员、部门间沟通不当引起信息失真等。由此"服务型政府"、"重塑政府"、"阳光政府"、"政府再造"、"学习型政府"、"知识型政府"等概念被相继提出，而尤为符合时代发展趋势的知识型政府日益受到人们的广泛关注。伴随着知识经济时代的到来，使知识和信息成为政府管理的重要因素，使知识在不同载体间的合理、有序流动成为提升政府效率与效能的重要手段和职能。所以说要想实现知识的转移，就要努力构建知识型政府。

1. 知识型政府的概念及职能

（1）知识型政府概念。知识型政府，是一个以知识的吸收、开发、应用、创新、评估、整合为基础，通过对个人知识、政府知识、社会知识的创新与重塑来实现公共利益最大化的国家政权体系中依法享有行政权力，是为适应知识经济的发展，对政府知识进行管理，从而带动政府的创新服务，提升执政能力、行政效能和政府竞争力的组织体系。知识型政府内涵广泛，从中不难看出知识型政府是在一个开放、动态的知识系统运行下，依靠民主和法制，坚持提升公共服务和工作绩效，充满活力和弹性的一种新型的政府治理模式。

知识型政府是一种全新的政府治理形式，其核心价值在于对知识的运用。它把政府看成是一个知识系统，通过与外界的知识交流与沟通获取知识，同时对知识进行管理，并将知识有序地向外扩散，实现共享，借以达到知识和谐的信息传递体系，从而引导社会向健康、高效、持续、稳定的方向发展。因此，知识型政府的本质就是知识转移的主体，而且，当这个主体具有行政权力时，知识的收集与流转有时能更具有效力和空间。

（2）知识型政府职能。一是情报收集与分发，是指政府运用自身所具有的公共权力，对各类经济、政治、法律情报进行收集，通过整理对社会公众进行分发，为其实现最大的社会效益提供必要的知识保障。此时，政府与社会公众的关系为情报提供者与消费者的关系。政府作为实行公共管理的政策性组织，其价值是通过政府与国家、政府与社会、政府与公民的相互运动来实现，是一种综合效用关系的体现，正是这种效用关系的存在为政府情报的收集提供了条件。

二是社会公众信息对接的知识中介。知识型政府作为知识中介所起到的沟通作用。一般来说，社会同类属性的实体间都存在着竞争关系，如处在完全竞争市场的企业之间，鉴于企业的利益最大化要求和所具有的"经济人"特性，使得市场上信息流通不完全，以致出现市场失灵现象，造成资源浪费。因此，知识型政府不仅有助于弥补竞争所带来信息耗损，更有助于弥补市场失灵所带来的资源浪费。

三是知识共享。政府知识共享是指知识在政府、社会和公众间的自由流动，既包括政府通过恰当的合作方式，有效地从社会和公众那里获取知识，实现社会资源的有效利用；也包括政府内部不同职能部门之间的"横向"知识共享和政府内部不同层级之间的"纵向"知识共享；还包括政府把自身掌握的知识通过政务公开、政策咨询、业务指导的方式公布的外部共享。通过政府职能部门不同层级间"纵向"的知识共享，则可以使得政府部门内部有效的经验知识得到广泛的传播，实现部门整体能力的提升。通过不同职能部门之间的"横向"知识共享，可以有效地弥补部门之间的信息鸿沟，有利于从更全面、更高的角度来看待和解决遇到的社会和经济等问题，使社会公共问题得到合理解决。

2. 知识型政府组织模式

知识型政府要有相应的组织模式，这就要求对传统的政府组织模式进行变革，构造最适于政府实施知识管理的组织模式。但是作为公共管理领域的一个崭新概念和一种全新的政府治理模式，知识型政府的构建没有现成的模式可供参考，因此在对政府进行知识管理时要以政府的情报收集与分发、社会公众信息对接的知识中介、知识共享这三个主要职能为依托，只有拥有客观实体的支撑，知识型政府组织模式的构建才更具有方向性、针对性和操作价值。因此，为了使知识的转移在政府的指导下达到有序、和谐的状态，知识型政府的组织模式可有多种选择。

（1）推介模式。在推介模式中，政府作为情报收集、分发的平台，可以有效调配市场，通过各社会公众间有效资源的流通，从而实现知识效能的最大化。政府在行政机关管理或服务过程中依法产生、采集、整合的信息，将通过政府角色的调整与转变，使政府成为知识和信息的传播者与发言人，让外界从中获取有益信息，从而较快地对环境变化做出反应和相应的决策，为自身发展创造有利条件。

在知识型政府的推介模式中，政府角色的调整与转变是提高知识转移效率的关键。首先，对于信息与知识的获取，政府将彻底摒弃其作为"守夜人"的保守职能的工作方式，取而代之的是"监管者"的主动态度，政府通过行使公共权力从外部信息源获得情报，同时通过其相应的职能机构和政府内部各级部门的有效沟通获取内部知识，运用网络平台进行汇总，从而易于分发。其次，政府作为推介模式的神经中枢，最重要的是将收集的情报反映给相应的社会公众，即通过借鉴企业的运作模式，使其公共服务导向转变为将社会公众视为顾客的消费者导向，以投其所需，达到知识与信息的优化、合理配置，避免社会公众间因消息的闭塞而导致机遇的错失。最后，政府将作为指导者、知识的传播者、信息发言人等多重角色对情报进行分发，而作为发散的网络平台可以采取多种方式，如设立政府的专用网站、政府知识管理中心、政府知识库等多种传播途径。

（2）中介模式。知识型政府组织的中介模式是指政府作为知识和信息中转站，对知识和信息的提供者和使用者（可以是双方或多方）进行良好的沟通与协调，形成共赢的局面。在此模式中，知识转移效率的关键是政府信用。因为政府信用是政府一种重要的资源，是政府在长期管理过程中所积累和沉淀地为社会公众信任的财富。而同政府一样，社会公众也是理性的，他们在长期与政府博弈的过程中，由于政府信息的失真和社会公众自身所具有的"经济人"等诸多因素，造成对政府信任度的降低；尤其是伴随着时间的推移，公众民主意识、自觉意识的增强，使政府信用的流失更加明显，因此要建立和增强政府信用是知识型政府中介模式发挥效用的必要条件。

社会公众的合作方式是灵活而充满弹性的。政府作为社会公众信息对接的知识中介，使政府处于整个知识转移过程中心，也是因为有了政府的恰当沟通，使各社会公众依照各自意愿自主合作，以产生最佳的经济效益和社会效益。其中社会公众的合作可以是两个或两个以上的社会公众，而合作范围大小是指社会公众所需信息的广度和深度。例如，现有社会公众AE通过政府知识交换，但是现有合作无法满足 A 的自身发展时，A 就会通过政府为其所需的知识寻找新的供应商 B，如此形成的知识交换或互补关系。当然，在知识转移过程中会发生知识重叠和交错等多种现象，这样就会出现 CDEF 的合作现象，甚者还会有更多社会公众的合作出现，产生更为复杂的网络关系。但是，一切合作基础都有赖于政府在其中的沟通和疏导，脱离作为知识转移中介的政府，社会公众都是独立的。因此，要充分发扬政府的中介作用，加强社会公众的联系程度，加强彼此间的沟通交流，促进知识与信息的和谐流动，从而带动知识型政府的稳步发展和不断进步。

（3）桥接模式。知识型政府的桥接模式是以知识共享为基础实现的，它是政府、企业、社会间进行知识转移的连接与桥梁，是知识型政府开放、互动等外在特征的体现。因为知识共享过程就是知识所有者与他人分享自己的知识，是知识从个体拥有向群体拥有的转变过程。它不仅可以实现政府内部和社会公众的知识结合，使知识有效跨越鸿沟，促进知识在各层次的合理流动，指导政府和社会的管理实践；同时可以促进政府内部各个部门间的沟通和互动，实现政府内部的和谐。

桥接模式下的政府不仅要及时、准确、全面公开必要合作的政务信息，不断提高政府工作流程的透明度，扩大各合作类非政府公共管理主体的知情权，而且要积极探寻公共政策制定和执行的参与途径与参与方式，充分调动各类政策合作参与主体的积极性和主动性，不断扩大社会公众政策参与的合作内容和范围，以便实现政府与企业之间、政府与社会组织合作之间、政府与社会公众之间、政府内部工作人员之间，以及合作上级政府和下级政府之间的交流与合作，最终实现知识和谐。在桥接模式下，政府、社会公众和知识处于循环状态下的动态因素，三者之间没有固定的连接方式，但是彼此依存，不可分割。它们通过知识在政府与社会公众间的交流、交换、创新，实现合作和共赢。

3. 知识型政府组织模式的协调与转化

知识型政府组织的推介模式、中介模式和桥接模式，都是以知识转移为核心，以服务为出发点，以需求为导向，稳步发展，务求实效，通过政府在知识转移过程中角色与功能的调整实现各种组织模式之间的切换与转化。当政府作为知识转移主体，企业只是作为接受主体出现时，即为推介模式；当企业作为知识转移主体，政府在知识转移过程中处于信息的对接中心时，即为中介模式；当政府在知识转移过程中与企业及社会公众处于互动状态时，即为桥接模式。这三种组织模式在知识型政府进行管理的具体案例中可以同时运用，也可以根据实际情况进行组合，具体情况需要依据以上陈述的三种条件进行主辅划分，以明确政府的角色及职能。

4. 知识型政府组织模式的构建策略

（1）着力打造政府知识平台，提高知识的"推介"效率。在知识型政府推介模式中，需要获取全面、准确、有效、及时的信息，并准确地将信息转移给相应有需要的企业及社会公众，这是提高政府知识转移效率的关键。但是目前我国政府信息共享仍然受政府部门条块分割的限制，政府各级部门缺乏业务沟通，彼此分割、相互独立，各自为政，各行其是，极大降低了政府知识获取和分发的效率。因此政府必须全力建造一个足以支撑知识型政府有效运行的知识平台，具体项目如下四点：第一，建立政府门户网站向企业或其他组织及社会公众发布政府信息、提供公共服务及政策咨询；第二，建立政府内部专用网站为政府层级之间、部门之间互通政策信息、传达行政指令、协调行政活动创造条件；第三，建立政府知识管理中心，对知识进行专门的挖掘、发现、应用、创新和保护，同时对从外界获得的信息进行真实性的调查，保证信息的可信度，着力打造现代知识型政府的信息中心；第四，建立政府知识反馈平台，借鉴企业售后服务的理念，充分聆听外界意见，检验知识转移的效率。

通过政府知识平台的构建，不仅拓宽了政府信息过程的对象，优化了信息过程目标，更加强调知识挖掘、知识管理、知识沟通和知识传递，突出对社会公众战略决策和创新的信息服务，使信息管理机制有的放矢。

（2）加强政府信用建设，实现政府"中介"信用无风险。在知识型政府中介模式中，政府信用成为衡量政府在信息对接企业间沟通能力的关键，是影响政府知识转移效率的重要因素。因此，要加强政府信用建设，提高政府在企业与社会公众间的影响力，实现政府"中介"的信用无风险。首先，积极推行和完善政务公开制度，规范行政行为，同时实行政府工作的网上监督、舆论监督、企业监督、公众监督的全面监督机制；其次，建立健全政府信用档案，完善政府信用的记录、警示、公示制度，建立行政行为失信惩戒机制、责任追究和赔偿制度，并把政府机关及其公务员的信用档案及奖惩记录作为选拔任用干部的重要依据；最后，加快知识型人才培养，打造高素质行政队伍，增加企业及社会公众对政府的信心。因为高素质、高学历的知识型人才是政府组织的核心竞争力，所以政府不仅要为公务员的学习深造搭建良好的服务平台，更要培养公务员有意识学习的习惯，扩展公务员学习的广度、深度以及对知识和信息的敏感性，使政府工作人员不仅掌握更多的技能和知识，而且对其他领域的信息有所涉猎，从而在工作中进行分析和利用，并把它转化为自身工作的力量，让知识真正成为政府的重要资源并得以开发和利用。

（3）深化政府组织机构改革，积极推进桥接模式下的业务流程重组。在知识型政府的桥接模式中，政府作为知识转移过程的直接参与者与合作者，其行政效能成为影响知识转移效率的关键。首先是组织机构改革，传统的政府组织结构是金字塔式的，中间环节众多，导致机构臃肿、重叠，信息流、资金流、物流等流动缓慢，增加了信息失真度。因此，知识型政府要求政府组织形式扁平化，即增大组织管理幅度，减少中间管理层，把垂直管理变为水平管理，加强决策层与执行者的对话。其次是推进业务流程重组，在桥接模式中，政府、社会公众、企业的相互协调与分工合作是实现知识转移的重要前提，而传统的业务流程无法适应其需要，因此，知识型政府必须按照知识管理的新观念新模式进行政府业务流程重组。主要是要细分原有业务流程，把流程划分为基本的业务，剔除不必要的业务，增加服务功能、知识管理和 IT 环境相适应的新业务，根据服务功能与知识管理定位和 IT 环境的需要，来实现业务流程的重新划分与组合，满足桥接模式下政府行政效能的提升。

第二节　政府知识转移动因

一　政府知识转移的重要性

知识的价值在于流动和传播，如果不同部门相互利用各自的经验和知识，将会产生巨大的效益，因此知识的传播对于知识发挥能量是十分重要的。这个规律适用于任何组织或个人。由于知识发展迅速，知识数量急剧扩大，更新迅速，个人和组织只有通过不断学习、探索、更新，才能拥有最新、最有用的知识。

在知识管理中，如果从政府对知识的管理范围看，它涉及知识的内部管理和外部管理。实施内部知识管理，应鼓励政府公务员在交流和共享的氛围中应用知识。外部知识管理要求政府与其他组织或部门之间建立广泛的交流与合作，从而使自身吸收积累更多知识并获得更大收益。

在科技高度发达的今天，政府必须学会使用最新的信息和知识处理工具，把握世界范围的新知识、新信息和新动向，利用全人类的知识宝库加快自身发展。从知识管理的形式来看，知识管理包括对显性知识的管理和对隐性知识的管理。目前对于显性知识进行管理的技术和方法已经有很多。由于隐性知识存在于人们的头脑中，不能明确地观察到，因此如何对其进行管理是知识管理中一个较为困难的问题。因此必须有效地调整管理机制，形成激励政府成员彼此合作创新、共享知识的氛围，才有可能使它们的隐性知识显性化并流动起来，转化为政府的强大竞争力。

与其他资产不同，知识不具有独有性，即把一个人的知识传送给其他人后，他还拥有这种知识，甚至通过互动，他的知识还会增加。此外，知识还带有主观色彩，即对一个人毫无价值的东西，对另一个人可能很宝贵。对于任何一个组织来说，通过知识的传播与共享，就可以使组织的知识增值。

信息技术的发展为知识的传播和共享开创了一条简单快捷的通道，这不仅扩大了知识共享的范围，而且极大地降低了知识传播的成本。例如，通过通信链路、传输设备和网络技术，可以将空间上分散而功能上独立的多个计算机或终端设备相互连接起来，形成资源共享的计算机集合。互联网的建立是网上拥有一种前所未有的"电脑空间"，这既是一种信息和文化的空间，又是社会和政治的新天地。

二　政府知识转移的必要性

知识经济的兴起，使知识上升到社会发展的基础地位。在知识经济中，知识作为最重要的资源，把人创造知识和运用知识的能力看作是最重要的经济发展因素，其主要特点是信息化、网络化、智能化，因此它极大地推动经济可持续发展，同时也导致政府的生存和发展环境发生变化，使得现有政府组织机构重叠、学习水平较低，创新能力欠缺等弊端凸显出来，极大地制约了社会经济发展。而在这种环境下，实施政府知识管理无疑是转变政府职能的有效途径，通过知识管理，有利于政府有效地管理、利用现有和潜在的知识资源，促进政府人员学习、沟通与合作，最终在实现知识增值的基础上优化政府内部管理和政府执政能力的提高。

三　政府知识转移的可行性

(一) 原理可行性

知识本身作为无形资源具有共享性、反复应用性、累积性、渗透性等特点，它需要以人为载体进行某种程度的转化，以实现知识管理的效能。从知识管理的定义方面看，它是为组织实现显性知识和隐性知识共享所提供的新途径，是通过利用集体的智慧来提高组织的应变和创新能力的管理方法。在我国，政府是社会管理的核心主体、国家创新活动的促进主体和协调主体，它不仅拥有着丰富的物质及人力资源，同时掌握着近80%的社会信息，同时借鉴企业知识管理的成功经验，使政府职能嵌入知识管理功能，提高政府的行政效率。总的来说，知识管理就是以知识为核心的管理。

（二）技术可行性

电子政务的出现及发展使政府可以通过信息通信技术手段的密集性和战略性，使用信息技术（比如万维网、互联网和移动计算）及组织公共管理方式，从而提高政府知识传递效率、充分实现知识共享、增强政府透明度、改进公共政策质量和决策科学性，建立政府之间、政府与社会、社区以及政府与公民之间的良好关系，提高公共服务的质量。同时通过电子政务的推行和实施，可以利用信息技术改造政府业务流程，提高政府对信息资源的管理和开发能力，为在政府中实现知识管理奠定坚强的基础。

第三节　政府知识转移的障碍及解决措施

一　政府知识转移的障碍

由知识转移理论可以看出，知识转移内涵就在于显性知识和隐性知识的互相转化。但是现实中由于知识的复杂性与不稳定性，使得知识在转化的过程中存在着一些其转化的障碍，大致可以分为两种：显性知识转化的障碍和隐性知识转化的障碍。

虽然说显性知识是可见的、可编码的、易于储存并提取的知识，但是其在转化的过程中也会有很多的障碍。例如对于知识管理的不重视、知识管理系统不健全、知识学习交流设备不完善等。政府需要根据各种障碍的特点，设计相应的制度和工具，使政府的知识更有效地流动。

相对于显性知识而言，隐性知识是模糊的、不可编码的、不易被捕捉的知识，所以隐性知识的转移才是整个知识转移的重中之重。隐性知识存在于知识所有者的潜在素质中，因此隐性知识转移受到人们价值观念、心理和文化的多重影响。在隐性知识转移中存在障碍主要表现在：

（一）知识提供方对于隐性知识的垄断性

隐性知识的价值体现在个人身上，能够改进个人的工作效率，增加相同投入下的产出，提高个人的工作绩效，对于组织成员来说，共享之后的知识就不会再被他个人独有。

隐性知识拥有者出于对所有权、特权地位、优势地位等的考虑，不会主动传播知识，特别是当他的知识来之不易，而又能给他带来经济或社会收益的时候更是如此。因此，人们往往不情愿将自己的知识与他人分享，或者不愿意提供时间与资源以支持知识的传播。为了保护个人利益，人们往往限制知识进入公共传播领域，或控制知识的传播与共享。

（二）知识接受方的情绪抵触性

知识接受者出于自身的保护而不情愿接纳来自外部的知识。在接受新知识的过程中，由于缺乏激励将导致接受者故意拖延、被动应付、虚假接受、暗地破坏或公然反抗等行为发生。知识接受者不能充分、有效地利用外部知识，这是因为他们缺乏一种知识吸收能力，而这种吸收能力与他们的知识存量和知识结构有关。缺乏相应的知识吸收能力将制约政府内各部门对相关知识的吸收，知识转移初始困难将会成为中止知识转移与共享的借口，并使组织返回到原先的状态中去。

（三）知识提供方与接受方之间缺乏信用性

根据达文波特的看法，"信用"一词指的是"相信"或者"信任"。信用体系缺乏也是隐性知识共享困难的原因之一。相互信任是任何交易的灵魂，知识转移的基础就是信用，而不是金钱。知识共享的困难，原因在于信息一般是客观事实，而知识则强调联系或关系，是主观的。每一个成员的经验、对事物的认识及世界观、价值观都是不同的，对知识的意义、价值和使用进行评价，得出的看法也是不一样的。

（四）隐性知识转移的组织体制制约性

隐性知识只能意会，不能言传，它的传播范围非常有限，并且往往很难从书本上直接得到，只有在实际工作的直接接触中才能得到。但在传统的机构设置下，工作人员之间相应接触和交流的机会较少，无法实现面对面的互动式交流。政府的一些传统制度越深刻，工作人员的工作就越机械化、越细化，长期被旧制度约束的成员，其工作能力和思维方式被禁锢在一个小圈子里，不能超越。每个人的工作被组织限定在狭窄的范围里，按照管理者的安排进行工作，无法突破岗位对个人的约束。这对于隐性知识的转移造成很大障碍。

二　促进政府隐性知识转化的措施

（一）建立有利于隐性知识转化的政府公务员管理机制

培训是一种从内部提升知识学习、吸收、共享能力的办法。为了使公务员能与政府工作需求同步成长，很多政府组织已经有了一些有效的培训计划。一方面，灵活运用政府召开的公开研讨会；另一方面，选定重点主题，在政府内部针对领导者甚至全体公务员进行培训。通过课堂学习与互动，增进知识存量，完善知识结构，增强公务员知识吸纳能力，促进知识共享。

个人价值的体现是存在于个人头脑中的隐性知识，而且这些知识与其在政府中的地位和待遇紧密联结在一起。适当的物质鼓励可以在创造知识积极性方面起到很大作用，但如果这种措施使用不当，也可能适得其反。因此，政府不应该局限于考核个人业绩，而是确保让激励措施来维持一系列目标的平衡。这些目标中应包括公务员在直接所属部门之外的其他部门取得业绩的情况，当公务员的利益受到政府其他部门业绩的影响时，政府实际上是鼓励他们抛弃"掌握知识就是掌握了权力"的思维定式，鼓励他们知识转移与共享。

（二）建立有利于隐性知识转化的政府组织结构

传统政府的组织结构是按照科层制的刚性管理的要求设计实施的，政府内部的沟通有着很难跨越的层级鸿沟，这种组织模式阻断了政府成员之间的交流，给隐性知识的转化和共享设置了障碍。而"学习型政府"是激励他们通过组织的学习，不断获得知识资源，更新知识和创造知识的组织结构，它提倡的是政府部门之间的学习和交流，充分发挥知识团队的高效率。这样的组织结构，为挖掘、交流和共享隐性知识创造了条件，它使政府的各层次成员在组织学习中面对面地相互交流，通过这种交流，把属于个人拥有或未被认识的隐性知识发掘出来，并在组织中传递和转移，从而达到隐性知识共享的目的。

项目团队在新决策制定中担当着核心角色，它为政府公务员提供了一个隐性知识转移和共享的环境，使他们能够相互交流、不断对话、促进反思。项目团队由为完成某项任务而集合起来的不同工作领域的成员组成。团队成员通过对话和讨论激发新的观点，将各自的信息存储在一起，并从不同的角度进行审视，最后将不同的见解统一起来，形成新的集体智慧。

（三）建立有利于隐性知识转化的政府文化

1. 创建以人为本的政府文化

隐性知识以政府人员个人为基础，所以应从人本角度出发，建立有利于知识共享的政府文化氛围，由文化驱动知识的转移、共享和创新。例如，通过不定期召开小范围的公务员交流会；鼓励不固定的公务员协作关系；鼓励公务员非工作接触关系等具体方法，来创立开放、灵活、共享的环境，使人们在非常轻松的环境中解决问题和共享知识。

2. 建立相互信任的政府文化

信任原则并不意味着需要百分之百的信任和完全的忠诚，但是只要信任成为政府组织文化的基础，就能建立一种"良性循环"，这种良性循环会朝着隐性知识转化和共享的方向而螺旋上升。否则就会形成"恶性循环"，这种恶性循环朝着知识保护的方向而螺旋下降。

3. 建立限制知识垄断的机制

通过政府内部的行政命令，打破政府公务员的知识垄断，形成共享模式。应该由政府来负责知识研究的投资，公务员只是该项知识研究雇员，公务员的收入与知识研究行为脱钩，知识的个人拥有并不能够使拥有者获得利益，由此，知识的垄断就失去了意义，可以使得隐性知识的外部化和共享成为可能。

4. 政府隐性知识编码化

政府内部知识编码就是将隐性知识转化为可以交流和共享的显性知识的过程。将政府内部的隐性知识最大限度地可视化，包括工作流程文件、工作指南文件、工作记录文件等，使隐性知识尽可能多地转变为易于进行传播和共享的显性知识。

第五章　政府知识的共享

第一节　政府知识共享的内涵与驱动力

一　政府知识共享的内涵及原因

（一）政府知识共享的内涵

知识共享是指组织的员工或内外部团队在组织内部或跨组织之间，彼此通过各种渠道进行交换和讨论知识，其目的在于通过知识交流扩大知识的利用价值并产生知识的效应。它也是打破不同知识所有者之间的壁垒，实现知识在一定范围内的自由流动和自由使用。知识共享要解决如何建立和谐的知识共享文化和灵活有效的激励机制，促进不同知识在不同群体之间充分流动，减少知识生产的重复性投入问题，以最大限度地节约知识获取成本，并有利于知识的应用和创新。

政府知识共享是指知识在政府、企业及其他组织、社会公众中自由流动。面对以综合国力为代表的全球竞争，政府如何引导本国政治经济和社会各方面不断进步，寻求可持续发展途径已成为政府的首要责任。在日益增多的管理和服务问题面前，政府必须努力提高自身的行政能力，而知识则是当今政府最具战略重要性的资源之一。为保持政府行政能力的提高，通过学习方式进行知识管理已成为最为迫切的一种手段和资源，而知识共享则是进行知识管理的重要保障。唯有致力于知识共享，才能把分散的知识资源整合成强大的知识力量，把政府知识转化成能够对服务社会、制定政策有价值的知识资产，从而提高政府行政能力。

（二）政府知识共享的原因

1. 政府知识的本质

知识与一般资产不同，越是共享就越能发挥其价值。知识的共享越充分价值越高，并不像一般物质资产使用长久，而出现报酬效益递减的现象。知识是边际效益递增的资产，它不会因多人共享而磨损或产生折旧，不会降低其原有的价值。

知识共享能产生效应。不同的知识交流能碰撞出新的知识，异质性越高的知识就越可能开创出新的知识。政府知识包含知识的所有特性，但它也有独特的一面。政府面对的客户是整个社会，接触面广。而且它并不是以营利为目的，而是要服务于社会，使整个社会有条不紊地、持续地发展，政府知识的共享能让其绩效呈指数地增长。政府组织知识存量的多少取决于政府组织内部成员本身拥有技能和知识的程度，以及外界给予的建议和意见；整个政府组织内存储的信息和知识的丰富度；政府组织内支持知识创造、存储、传递的信息技术结构品质的优良程度；成员之间的信息与知识是否利于信息技术达到共享的极大化程度。

通过共享可以将个人隐性知识外化为政府知识。野中郁次郎认为，通过互动讨论，个人会在共享中将隐性知识过滤、分析、整合和外化，然后概念化为可转移的知识，这样产生知识比独自闭门造车更加丰富和明确。

2. 政府组织的绩效

因官僚制的负面影响，政府机构人员过于冗杂，工作流程过于机械化，致使多数工作人员闲置，而真正有能力的人也因为工作机械化，不能真正地发挥出他们才能，使宝贵的知识被浪费。而政府的行政绩效也因为复杂、缓慢的工作程序，得不到一个令人满意的结果。很多优秀的绩效都是政府基层的工作人员做出来的，但是很多领导干部却常常有"拿来主义"，没有赏罚，不顾下属的感受，认为这是应该的。这样不但会产生上下级分裂，影响以后的工作，也会打击基层人员的工作与学习的积极性。

知识得不到共享会造成重复开发的浪费。由于政府内没有常态性地对已经发生且已取得的知识和经验进行传递与共享，所以当另一部门发生类似问题的时候，就可能浪费这些宝贵资源而重复地开发相同的知识。如果政府组织内如不共享教训学习，那么当另一个部门遇到相同难题时，很可能由于没有预先获知其他部门的教训经验而重蹈覆辙，产生不必要的损失。所以政府知识共享是提高政府执政水平、增加政府工作绩效的一种必要的手段。

3. 外部环境的需求

在知识成为重要资源的时期，政府也必须采用知识管理方式。而在闭塞环境中，知识不流通，知识管理不可能发展起来。因此，强迫政府组织打破以往传统的政府组织结构，提高政府内部之间的知识共享，增强政府的行政管理能力。

随着经济全球化和知识化，政府面临着从未有过的压力。知识已成为当今各个组织最具战略重要性的资源之一，为了保证组织的核心竞争力，实施知识管理已经势在必行。对于知识资源相对短缺的竞争中获得竞争优势，不但要把外部知识源转移到组织内部，而且更重要的是要把组织内部已经拥有的知识实现内部共享，从而使这些外部和内部的知识便于组织成员吸收并且创新。

知识创新和知识共享是知识管理研究的两个基本方向。知识资源作为一种特殊资源，只有在政府的最多数人员中得以最大限度地获取和应用后，才能发挥其经济价值，而且知识共享的过程本身即为创造新知识的过程，因此，知识共享在组织的知识管理中具有极大的学术意义和实践价值。知识共享就是打破不同知识所有者之间的壁垒，实现知识在一定范围内的自由流动和自由使用。知识共享要解决如何建立和谐的知识共享文化和灵活有效的激励机制，促进不同的知识在政府不同部门之间充分流动，减少知识生产的重复性投入，以最大限度节约知识获取成本，从而有利于知识的应用和创新。

二　政府知识共享的驱动力

虽然很多政府组织都认识到知识资源的重要性，但是想要在政府内部实施知识共享仍旧存在困难，这就需要力量来驱使其完成。那么对于一个想要实施知识共享的政府来说，首先，具备一个良好的驱动知识共享的环境是必不可少的，具体来说，就是要有知识共享的文化，有知识网络的环境和个体共享理念的导入。其次，政府组织要有一个完善的制度来保障知识共享的实施过程。有了这样的制度，就要考虑到政府中个体进行知识共享的激励和约束，其中包括物质激励、精神激励和考核约束，这些都是驱动政府成员进行知识共享最直接、最有效的手段。

（一）知识共享中个体角度的驱动

1. 环境驱动

在当今现有的政府组织中的个体绝大部分都不愿意共享出自己的知识，这是因为在组织内部缺少一种氛围和环境，那么环境激励的导入是驱动知识共享的关键。它包括文化、环境和理念三个因素。

（1）文化是首要因素。在这种情况下，政府组织的领导层首先要提倡和建立鼓励知识共享和创新的文化，形成自上而下的文化渗透，通过领导人行为，行政命令、利益诱导、引入培训的形式，必须依赖文化制度的配合，通过改组领导体制、组织机构和管理制度，使政府成员形成自愿共享的观念。建立一个知识共享的组织文化需要漫长的过程，政府管理层应该从自身做起，加强与组织内部成员的交流，循序渐进地形成一个有利于知识共享的文化氛围。

（2）建立并完善政府内部的知识网络，营造一个有利于知识共享的环境。知识共享网络应该能够使组织成员轻松地进入知识库，自由地利用电子知识库中一切内容，从而获取与政府活动相关的有价值信息，及时提供组织成员的想法和经验体会，并与组织其他人员自由交流。知识共享需要组织拥有完整的信息管理系统，定期公布政府内大量信息、定时召开公布会、建立政府系统知识平台等。网络技术可以不是最好的，但一定是要最实用的，其知识质量是最重要的。

（3）培养新观念和价值取向，形成自然而然的知识共享行为。传统认为共享是一种损己利人的事情，实际上共享是可以实现交流者之间的"双赢"。人是具有创造知识的无穷能力，而知识资产不同于传统的资产，它只有在共享的同时，才会不断地增长，知识被越多人共享，知识的能量才会被无穷地放大和创新。知识的拥有者就能获得越大的收益。在知识的交流中，如果每个人为了保证自己在组织中的地位而隐瞒知识，或者政府为了保密而设置各种安全措施给知识共享造成障碍，那么对政府的发展和执政能力提高都是极为不利的。

政府知识共享观念的形成不是一朝一夕能完成的。由于受传统政府组织结构的负面影响，为了争夺更高的权力而保护自己的知识能力和个人经验，将个人掌握的知识看作个人资本。这种长期以来形成的观念不是一下子就能改变的，所以文化的变革需要循序渐进。

2. 激励驱动

有效而持久的知识共享不会在政府中自发的形成，政府成员在环境驱动下，可能会有部分成员接受知识的共享，但还会有人出于经济利益的考虑，或者出于地位受到威胁考虑，而不愿意参与共享。那么这个时候就应该采取物质激励和精神激励的办法，一套外在的、完善的激励机制是推动知识共享的保证和动力。

物质激励可以用工资奖金、晋升等方式来实现。精神激励则可以为他们带来的知识在网络平台上署名，这样别人在共享知识的时候就会清楚看到哪些知识出自哪个人，或者对于那些有着较大知识成果，对于物质激励不敏感，同时还想进一步深造的人员，可以采用知识培训方式来激励。他们在接受深造后，头脑中更容易产生出新的知识，从而形成一种知识成果的良性循环。

3. 考核驱动

有了激励制度就要有考核制度。将知识共享纳入到考核中，让每一个政府成员既受到考核的约束，也得到相应的激励，这是知识共享驱动机制中的一个重要驱动力。将知识共享融入绩效考核制度里，与政府绩效和政府的核心价值一致的行为是影响每个政府成员行为强有力的因素。

知识共享的考核体系，就是通过对知识共享态度、过程、成果等进行评价，并以此为依据，与个体奖金挂钩，与个体在政府组织中的发展相关联，与实际工作绩效相联系，真正起到督促个体积极共享知识的目的。

(二) 知识共享中知识角度的驱动

1. 打破知识排他性采取的补偿措施

个体头脑中的隐性知识是个人价值的体现，而这些与其在政府组织中的地位和待遇紧密地联结在一起。通常政府成员用自己所掌握而别人尚未掌握的知识来体现自身价值，不愿意与其他人共享知识，如果把知识传授给他人，就会影响到他们工作的稳定性和个人利益。同时，隐性知识的形成，是个人的经验、对事物的感悟和深层次的理解等方面的长期积累和创造，需要投入巨大的成本。为了保障知识拥有者的利益，政府就应该制定相应的补偿制度，用利益来驱动知识共享。

2. 推动隐性知识共享的对策

隐性知识的共享一直是知识管理中的一个难题，基于培训和会议交流是目前比较有效的方法，网络和信息技术的发展，为组织提供了知识交流、隐性知识显性化的平台。但是，隐性知识管理目前还没有操作性很强的解决方案，对隐性知识进行管理的支撑工具还缺乏较为深入的研究。

野中郁次郎教授发现，组织成员工作中会用隐性知识加工信息，产生显性知识并传授给同事，和同事一起把显性知识汇总并在产品和服务中体现出来。在政府中也同样拥有这样的情况，很多政府会议的过程中，在进行交流的同时，人们就会把自身的隐性知识加工成为显性知识并分享给其他人，最后经过讨论研究最终形成了政府组织的显性知识并在政策的制定上、提供的公共服务上体现出来。

隐性知识显性化的关键，是为隐性知识的流动、转化、创新和应用提供和创建良好机制、体制、文化氛围等各种有利环境和技术条件。

（1）促进隐性知识流动、转化、创新的高效机制的建立。隐性知识的挖掘、流动、转化、共享和创新等管理问题并不是简单的技术问题，建立完善的激励机制和文化氛围极为重要，建立"按知识贡献分配"的激励制度，用物质利益来驱动，同时以精神激励满足人们的成就感和尊重欲，对推动组织成员隐性知识交流与共享十分重要。

（2）管理机构和组织体制的改革与创新。政府知识管理系统的主要职责之一是使隐性知识显性化，但我国大多数政府组织对隐性知识的重要性和复杂性认识不够，所以管理机构的改革势在必行。可根据自身的具体情况，设立知识主管、知识分析师等专职人员，组建知识管理系统。

（3）现代信息技术手段的充分利用。政府在建立自己的知识库、内部网络的时候要充分考虑怎样便利于隐性知识的共享。组织成员在做完每一个任务后，可以写下自己的感受、经验和最佳实践方案，存储到讨论数据库中，以利于大家的交流和共享，同时对每一个任务都要进行编码，便于查阅。

把隐性知识转化为显性知识的过程中，需要采用恰当的表达方法和工具，隐喻性文字、象征性语言、演绎、推论、模型和交流会议等是用来表达人们经验、技巧、直觉和灵感等的有力工具，图片、影响、多媒体等也是隐含性知识表达的重要工具和手段。对部分可显性化的隐含性知识应尽力模块化。

隐含性知识显性化绝对不是简单的技术问题，关键是营造一个以人为本，鼓励知识交流、共享和创新的知识主导型政府文化。建立一种自觉的交流、共享的价值观，促进人们主动交流、共享与创新知识，在组织内创造一种信任、合作和深度会谈的精神，对于这种组织文化的形成至关重要。

（三）知识共享过程中的制度保障驱动

1. 分类化与标准化

知识型政府中，受空间、时间、经费等资源限制，组织和个体都必须强调"适时、适当学习"，也就是说，要围绕自己的业务进行学习。为了使政府组织的知识更好地共享与应用，组织应该建立知识分类制度与知识标准化制度。组织知识的分类既要根据岗位、专业分类，更要按照局部知识和全局知识、常规知识和特殊知识等进行分类。局部知识指的是在政府一个部门应共享的知识，而全局知识则是指政府所有部门都应该共享的知识。常规知识指的是经过实践的检验已经很成熟的知识，可以进行编码进行标准化处理，建成知识库以利于计算机处理的知识。将常规知识标准化，有利于计算机处理和成员共享。特殊知识指那些因突发情况出现而需要运用到的知识，对于这种知识的归纳整理，也有助于政府扩大自己的知识范围和组织内部的知识交流。

2. 文档积累与更新

政府组织文档的积累与更新是普遍现象，然而大多数的政府都没有将其制度化和规范化。只有少数政府组织编制年鉴或年度汇总材料，一般都比较厚，这都是因为没有将组织的文档积累与更新形成制度。建立文档积累制度，就必须有具体的知识管理人员将组织的业务知识、最佳实践整理成文字材料，将组织的自身发展战略和优秀的办事方法与技术整理成材料，予以分类存档，以便供组织成员共享。这一点在知识型政府尤为重要，因为知识型政府的知识存量本身就相当大，如果没有相应的积累和更新，那就是知识拥有者不知道将自己的知识输入到哪，知识需求者不知道去哪想要的知识。在这方面，汉密顿咨询公司通过由自己专家组，专门对组织中新进的知识进行梳理，对过去的知识进行更新，永远保持知识库的精练性。基于这一点，在政府中同样可以效仿。

3. 外部知识内部化

政府组织如何将外部专家和学者的知识转化为组织内部的知识？从经济学角度考虑，将所有的人才集中于组织肯定是不经济、不现实的。所以，建立外部知识内化机制，制订长期、中期乃至短期规划，按照计划定期请专家讲解，培训最新的业务技术、管理技术和治理思想，并且将外部专家所传授的知识加以整理成规范的文档，定期更新，成为组织内部可共享的知识，这样，组织获得外部知识就会既有规划，又能以一次投入，永久受益、全员受益。

4. 宽松的知识交流机制

知识运行机制很重要的一点就是要建立知识宽松交流的机制和环境。相比环境而言，建立机制对于政府更为迫切，并且机制是建立良好的共享文化环境的必要前提。将知识交流制度化，并且给一个宽松的情境，就会取得较好的效果。

5. 失败宽容机制

知识共享鼓励创新，而创新是有风险的，不可能每一次创新都成功。创新成功了有奖励，创新失败了则需要一个比较好的处理机制。然而，要将创新作为政府组织竞争力来源的一个重要因素，就必须建立起鼓励创新的激励机制，要建立创新的激励机制，除有创新成功奖励机制外，还应该建立起创新失败宽容机制。

建立创新失败宽容机制，要对各个岗位和职位予以定级，根据不同级别规定允许失败的项目数、时间和经费规模。在上述范围内允许失败，超出范围的失败是不受支持的或者是要受到惩罚的。这样，由于在一定范围内的失败可以被宽容，组织成员创新的积极性就会高涨，创新意识就会非常强，自然创新成果也会随之增多。除限定宽容的范围之外，创新失败宽容机制还要求失败者将失败的原因进行分析，整理成相应的材料，供其他人参考。这样，就将主观上不愿意看到的失败客观上规范起来，纳入有效管理的范畴，同时找寻失败的原因，为后续的成功奠定基础。

第二节　政府知识共享的主要方式

一　政府知识共享意义及分类

根据知识共享范围，知识共享方式可分为组织内部知识共享和外部知识共享。内部知识共享，是指在不泄露知识秘密和保证国家安全前提下，政府希望所有工作人员能够最大限度地掌握、最深刻地理解这些知识，需要实现知识有效地在政府组织内部进行共享。外部知识共享，是指政府与其他组织之间为了共同的目标，实现"双赢"的基础上，通过合同、信用方式，使原本属于自己的部分知识有条件地交换和转移给对方。

知识在传播和共享中体现其价值的，对于一个组织来说，唯有致力于知识的共享，才能把分散的知识资源整合成强大的知识力量，把组织知识转化成能创造价值的知识资产，从而提高政府的行政能力和对知识的创新能力，形成政府组织有价值的、稀有的、不可模仿的、难以替代的核心优势。政府知识共享机制的建立，旨在避免重复性的知识创新投入和知识资源的浪费，使知识创新在更高起点上进行，从而提高组织知识创新的效率。

对知识共享应从知识共享对象、知识内容（显性知识与隐性知识）、知识共享手段（知识网络、会议和团队学习）和知识共享主体（个人、团队和组织）予以认识，也可以从以下四个角度理解知识共享：

第一，知识转移视角。知识共享是指知识所有者与他人共享自己的知识，是知识从个体拥有向群体拥有的转变过程。

第二，知识学习视角。知识共享是指某一团队向另一团队学习的过程。

第三，知识交易视角。知识共享是指不同知识拥有者之间交易的过程。

第四，知识系统视角。知识系统建立的目标就是促进知识共享。

二　政府知识共享的正式机制

（一）构建基于知识管理的电子政务专网平台

正式的知识网络是组织通过管理系统由上而下传递、指示，或由下而上汇总、呈送与工作、任务相关的正式信息和知识。

知识网络对政府组织学习交流既有直接影响，又有间接影响。通过影响环境因素，如信息基础设施和环境，能间接影响政府组织学习与交流。通过实现政策的制定和提高信息的可用性，知识网络在组织学习过程中也可以发挥直接的作用。它可以通过知识获得、信息分配、信息解释、组织记忆、内容组织技术等方式影响组织学习。拥有一个正式的内部知识网络有很多好处，它能够更快、更好地检索信息，方便的信息利用和流通，提高工作绩效。

要建立具有统一标准和规范的信息交换中心平台，作为本级政府和上下级政府、各政府部门间及本级政府各部门之间交换电子信息的枢纽。它是上级政府机构或政府工作部门获取下级政府或下级相应政府部门信息的子节点，也是本级政府部门向下级政府部门或相应政府工作部门传递信息的根节点。

构建电子政务专网平台的主要目的是提高政府办公绩效。为此，需要提高协同办公能力，实现政府事务的协同办理。因此，电子政务专网平台必须能够跨越地域，实现网络协同办公，解决互相协作频繁、决策过程分散的问题及对业务活动详细程度的需求日益提高的问题，实现机关之间互连互通、资源共享。

电子政务中，对各种来源信息的采集、挖掘、汇总、加工、检索、利用是基础性需求。通过将这些功能独立包装，一方面为支撑电子政务应用带来结构和效率上的优化，更重要的是为实现一个开放的、可工作与异构、分布环境下的电子政务系统提供了底层技术平台。

基于知识管理的电子政务专网平台对电子政务起到几个关键作用：通过流程管理规范政府部门的业务处理流程，打破行政垄断，提高工作效率，减轻工作强度，增强透明度；通过信息的分解、加工、存储，实现部门内部与相关部门的信息共享和交流，提高信息使用效率；通过分布式信息抽取技术，整合信息资源，为数据统计和决策提供支持；通过中间平台，推动政务系统的开放互联，建立面向公众的全方位服务。

（二）加强政府门户网站建设

政府门户网站功能应该立足于沟通交流、加速政府对社会公众需要的响应，使公众可以在网络上更方便快捷地了解政府，并通过网络接受政府提供的各项服务。政府门户网站，是指在各政府部门的信息化建设基础之上，建立起跨部门、综合的业务应用系统，使公民、企业与政府工作人员都能快速便捷地获得所有相关部门的业务应用、信息，并获得个性化服务，使合适的人能够在恰当的时间获得恰当的服务。其具体功能主要包括信息服务、网站导航、网上办事、公众监督及个性化服务。

1. 信息服务

服务是政府的宗旨和目标，是政府工作的核心。信息服务是门户网站的基本功能，它以树立政府形象、公开政务为重点，以政务信息服务为核心。政府信息包含两个方面：一是政府的形象宣传，包括政府机构的领导介绍、机构设置、政府公告、政务新闻、政策法规、经济信息等；二是便民服务，包括办事指南、各种信息发布等。

2. 网站导航

在政府的门户网站中应该提供相关政府网站和机构网站的权威链接和便于获得的入口，相关政府网站链接可以使政府机关最终通过网络实现无纸化办公，不同政府机关之间可以通过网络交换信息、传达文件和指示，实现政府机构的网上电子办公。根据国家各部门、全国各省市的链接，可以在纵向上和横向上扩展政府的公众服务范围，形成一个相互支持的功能齐全的强大的政府网站信息系统，向公众提供更加完善的公共信息服务。

3. 网上办事

信息服务只是公众单向的从政府接受信息，却无法向政府提出要求。因此，需要在信息服务基础上，增加动态咨询服务，实现网上办公，达到政府与企业及公众之间的双向沟通，使公众可以更加及时、有效地同政府进行交流。

4. 公众监督

要成为服务于社会的政府，就有需要公开政府的政务信息。公开政府有关政务信息后，还要采取一些措施，以便可以直接得到社会公众的反馈信息，如直接进行网上投诉或者通过政府提供的电子信箱发表意见，实现民主与监督，提高政务的公众性和透明性。公众监督可采取反映、咨询、建议、投诉、举报方式进行监督。

5. 个性化服务

政府根据社会公众不同情况提供定制服务，将社会公众的各种数据集中到数据库，采用数据挖掘技术从大量数据中提取一些企业和公众的知识，增进政府对公众的了解，培养政府与公众之间个性化关系，从而提供一对一的政府服务。

(三) 构建政府知识地图和知识库

组织通过知识外部化的过程，将有价值的文件、蓝图、案例、经验和教训等知识通过分类整理后存储在某一特定点上，有利于政府工作人员获取及利用。据统计，政府是信息资源的最大拥有者，80%以上的重要信息资源掌握在政府手中，如何利用信息技术使已有的政府数据实现有效共享并转变为知识和财富，已经成为政府成功与否的关键因素之一。

知识地图是为了更科学地组织分散的、孤立的、无序的知识，给政府人员提供更简单、更全面的反映知识以及知识环境的系统化的知识阅览和知识导航工具，为政府高层人员提供决策和管理依据，是管理人员的好助理。它是知识管理的有力工具，它反映组织内部知识的关联，体现组织中各类知识的分布情况以及与组织的发展相关的内外部知识线索，标明组织内部知识的流动和转移的方向，显示组织内部知识的存量和流量。因此，知识地图是政府知识管理的重要组成部分，对组织内部知识资源的有序化、利于管理和利用等方面发挥着应有的作用。构建政府的知识地图，首先要了解政府内部知识的类型以及各类知识之间的相互联系情况，掌握组织内部知识的传播方式和方法，详细摸清知识流动情况，这样才能真实地反映政府内外知识的详细线索，为共享知识提供便利。

政府知识库以某个知识为主题，将归属于各数据库的文档在逻辑上组织和联系起来，引导和有效地学习。它通过知识管理工作来集成过程学习中获取的显性知识，储存于知识库中，供组织成员进行各种类型的学习，提高其学习效率。

（四）建立知识组织

建立知识展览会和知识论坛等各类知识组织，知识展览会和知识论坛是指由政府主导，在特定的时间与场所，对于领域的重要知识召集相关知识团队和与之相关的需求单位共同聚在一起，自由交流共享知识，这是较为结构化的知识交流场合。

（五）利用知识外包

政府主要为社会提供服务和制定政策，与企业、第三方组织、社会公民接触十分频繁，从外界获取的知识量更多、更广。这就需要政府管理层充分认识到这一点，并且能够充分利用起来，从而提升知识库的存储量，为组织成员提供更丰富更有价值的信息。

三　政府知识共享的非正式机制

（一）建立非正式网络

非正式网络是指组织成员之间通过私下关系，例如，沟通网络、咨询网络和信任网络，通过非正式的职权关系进行自由、非正式的沟通讨论并共享知识。

（二）构建实践社群

实践社群指组织内由那些兴趣、专长相同的员工自行组成的以知识共享为目的的实践社群，成员们经常自动地通过 Intranet 讨论共享某一特定领域的专长知识。同时也允许公民参加讨论，实现内外互动，充分地进行政府知识的交流和补充。

（三）设置便于交流的休息场所

设置便于交流的休息场所是产生知识交流和共享的一种方式。茶水间、休息室或者谈话室等休息场所，有利于组织成员进行交流。组织人员在工作休息之余，可以通过在休息场所进行不期而遇的对话。

部分日本企业实施知识管理中就有一个"休整区"。在这个"休整区"中，有吸烟室、自动售货机、阅报角等主要用于休息放松的者所场。当然，它还有一个十分重要的功能，可以用于一些有不同背景的雇员之间进行一些非正式交流和谈论。这对于知识共享创造了一个优良的环境，同时也推动了整个企业内部知识共享的进程。虽然说这是一个企业知识共享的例子，但是这些在政府中同样适用。很多政府机关现在都设有诸如此类的休息区，比如活动室、阅读室、吸烟室等，人们可以在工作休息的时间里到这里放松休息，同时这也是推动知识交流与共享的最佳场所。

在政府组织学习的过程中，人们通过交谈、讨论或者一同实践，在个人获得知识的同时，也进行了知识的交流。因此经过组织学习，组织成员从内部或外部获得了同样的知识，可以说是对获得的知识达到了共享的目的。

这样达到共享的知识，主要来自语言或者文字的传递，因此都属于显性知识，而显性知识的共享可以被认为是狭义的知识共享。组织学习是知识共享的一种形式和过程，通过信息网络和从知识库中查找都是共享的很有效的方式。虽然组织成员接收到有关知识，但并不能完全掌握这些知识。因为它需要被理解了之后才能成为他自己真正的知识，如果只有单纯的背诵与复述，那只能说明他掌握的是信息而非知识。他的理解过程不但需要他业已具备的显性知识作为基础，同时还需要隐性知识一同发挥作用，因为两个人的背景知识不同，在接收到同样的外界知识后，理解可能会不同。

知识共享对于知识管理来说是重点，那么隐性知识共享则是重中之重。而共识的前提之一是先有同感，这就需要能够达到隐性知识共享。而隐性知识共享需要隐性知识交流，这只能通过在一起工作并经常交流才能达到。面对面的讨论可激发很多灵感，这不是任何网络知识库和网络讨论能达到的功能。人们之所以重视非正式学习组织，正是因为他们具有经常接触、可以畅所欲言的环境，使得隐性知识的交流成为可能。

第三节 政府知识共享的障碍及解决措施

一 政府知识共享的障碍

(一) 组织障碍

知识共享对于政府的行政管理能力有利无弊，为什么在政府中的知识共享进程和效果却不明显呢？据统计，无论是企业还是政府，一般的知识只掌握在少数人手里，共享状况极不普遍，且有大于50%的知识资产或者政策建议都因为没有充分共享而被荒废，没有产生应有的价值。在目前现有的政府组织中，都是按照传统的科层制和官僚制理论建立起来的一种呈"金字塔"形状的组织。这种组织结构中间管理阶层十分庞大且权力高度集中，管理层次多，管理幅度过大，行政条块分割严重，政府机构膨胀臃肿。政府组织纵向实行严格的等级权力划分，部门与部门之间、部门分割相当严重，造成沟通协调困难。在传统官僚制政府组织的管理模式下，组织倾向于其成员从事简单化和专业化的工作，这种组织结构的等级性、封闭性和非人性严重挫伤了政府组织成员学习的主动性、积极性和创造性，而且知识的利用类型和流动方向正发生重大改变，知识专门化，知识配置与共享的多极化，给科层制组织结构带来巨大的冲击。如果继续采用科层结构，知识将在传递过程中消耗大量的时间和资源，部门壁垒分明将使知识难以得到有效的共享和利用。

隐性知识在人的头脑中占有非常大的比重，如果能够挖掘出这些隐藏于头脑中的知识，并且有效共享，对于提高政府组织能力有着重要的意义。由于这种庞大又僵化的组织机构，忽略了对政府成员隐性知识的共享。这样的组织与新式学习格格不入，无法突破已有的框架，无法从身边工作中总结经验，无法从组织内部和外部吸取知识和能量，无法把已获得的知识分享给其他人，使得组织失去了学习的动能，这成为政府在实施知识共享的主要障碍。

（二）观念障碍

观念障碍即意识形态障碍，对于政府组织来说，表现为思想僵化、墨守成规、缺乏实践的教条主义和经验主义，为政府体制改革和机制优化方案的创新人为地设置了许多禁区，使得知识共享、共同学习的理念得不到认同和实施。

研究表明，人们之所以不愿意共享他们的知识，除了职业安全因素外，还有其他一些方面，比如缺乏信任感、对组织和同事的信用存在担心。习惯原始的工作状态和工作环境，不愿意接受新的、外来的观念及制度。惧怕丧失自己的专有技术所有权，组织缺乏成员愿意接受的知识共享所需的必要硬件设施等。

这些因素在政府组织中同样存在着。由于受到科层制和官僚制的影响，在政府组织成员中等级制度根深蒂固。很多政府组织成员认为，知识牵涉自身工作绩效的好坏，自身的知识与能力是升职的必要条件。因此有人把拥有知识视为至宝，以为拥有知识，便稳操胜券。由于知识主要存储在人脑，人在组织中天生的竞争性，势必导致知识垄断，从而阻碍组织的知识共享，使组织和个人学习受到影响。另外，人的天生"搭便车"现象，导致人总有不劳而获的思想，使得组织和个人学习受到影响，组织变得僵化、落后，组织目标难以实现。他们认为，一旦共享了自己的知识，那么其他人就会学到自身独有的技能，从而威胁到自己在政府组织中的地位。但是知识是一种资产，它一样会过时，对于这种"留一手"的人，是为了避免别人学会了成长比自己快，这还不算最下策，至少还有用出来的。但是，对于那些把绝活放在保险箱中的人，如同金银一样也会贬值，将面临知识折旧、淘汰等现象。

（三）机制障碍

政府组织对于知识共享没有一个系统的、完整的运行机制，以保证知识共享的实施。政府机构之间、政府与外界之间都存在壁垒，政府的运作各自为政，这些都不利于知识的传播与共享。到目前为止，还没有一个国家建立起真正的政府知识共享机制，也就没有可借鉴的理论和经验。通常都是运用企业知识共享的方法，虽然在企业中得到了很好的效果，但是在政府中还是第一次。因此，具体操作中会出现许多与企业不同的问题，这就需要根据实际的情况采取不同的措施，否则便达不到预期的效果。

（四）文化障碍

组织文化是决定知识管理项目成功与否的重要因素。一个成功的知识管理的实施是需要组织能够拥有尊重知识的文化，高度认识到学习的价值，并且重视经验、专业技术和创新。而为了更好地提高政府管理水平，就必须要培育有利于知识共享的组织文化。但现在很多地方政府认识不到这一点，只认为这是企业当中才要具备的，而政府机构不需要，而在政府内部要形成知识共享文化也不是一件容易的事，它还会受到传统文化观念的冲击。在竞争激烈的时代，人们习惯于隐藏自己积累下来的知识与经验，而不愿与其他人分享。这样的后果只能导致政府工作人员涣散、对工作不上心、工作没有条理等，很大程度上阻碍了政府的发展与创新。缺少了组织文化，就没有了共同愿景。这样的政府组织内部缺少了凝聚力，缺少了交流、讨论与学习，严重地阻碍了知识共享的进程。一个缺少共同目标、价值观与使命感的政府组织不可能会了解到知识共享的重要性，也不可能服务好社会。

二 基于政府知识共享障碍的解决措施

知识共享是知识管理的一个重点，在政府内部只有实现知识共享，才能实现知识创新和知识应用，增强政府的核心竞争力。之所以在知识管理中要强调共享原则，是因为分享知识并不是人们自然而然的行为；相反，隐藏自己的知识并疑惑地看待来自他人的知识，才是大多数人的天性。要实现政府组织内部的知识共享，一方面要建立完善的知识共享的激励机制，但更重要的是要有为知识共享提供的良好的平台和学习环境。

（一）建设学习型政府，激发行政人员获取、交流和运用知识的热情

构建学习型政府首先要求再造政府的组织结构，使之与政府组织的学习行为相匹配、相协调。传统的金字塔式组织结构不利于各类信息上传下达，影响了政府的学习效率和行政能力的发挥。

学习型组织是以信息和知识为基础的组织，其特点之一就是组织扁平化，学习型政府要求的管理层次比传统结构少得多。扁平型的政府组织能够提高政府的学习能力及认识水平，能减少信息传递的失真，增强决策的时效性，能大大减少政府机构和政府人员，提高行政效率，实现"小政府，大社会"的行政管理体制。

扁平型的学习型结构最重要的是减少中间层级，使上下级由从属关系转变为工作伙伴关系。同时，还要分解和细化政府组织，即将原有无所不包的大部门分解成具有相对独立性的若干执行部门，这些执行部门以执行某种公共服务为己任，使学习的范围和目标更为具体、集中而又高效。

建设学习型政府必须创造一个良好的学习环境，使崇尚学习成为组织的一种文化。首先，要解决好工作和学习的矛盾，把学习与工作系统、持续地结合起来，使行政人员在学习中工作、在工作中学习，保证组织成员有充足的学习时间。其次，要鼓励行政人员积极学习，将知识的拥有量和知识对组织的贡献与职务升迁、职称评聘、工资待遇、奖惩等紧密挂钩，形成培训、考核、使用、晋升一体化的激励约束机制。再次，是要加大人才培养力度，增加必要的投资，要用发展的眼光看待人才的培养。最后，学习与实际相结合，善于结合实际将单位的日常工作、学习及相关程序引入创建学习型政府的轨道与程序中。

很显然，知识共享是一个渐进过程，必须依托于组织内员工对于其的认同，这有赖于长期潜移默化的过程，知识共享与公务员的态度、行为是

交互作用的，知识共享会影响公务员的态度与行为，激发其合作意识，优化政府人际关系，同时公务员的积极态度与行为又会反过来促进知识共享。

政府知识共享机制中的组织建构不应该倡导进行剧烈的组织变革和重构，而要渐进地共享解决方案，即对原有组织结构按照知识共享的要求进行适当的调整，建立知识共享的职能部门，培育有利于知识共享的软环境基础，最终建立全面支持知识共享的学习型政府。

（二）加强电子政务建设，强化政府知识管理效能

加强对政府信息资源整合及开发利用，促进信息交换、互联、沟通和共享。实施电子政务的主要目标是集中政府和社会的信息资源，为政府行政和"一站式"服务的实现提供强有力支持。因此，应在统一规划的基础上，按照"一个平台，四个资源整合"（建立数字化、网络化、信息化的技术集成平台，以及政府资源整合、企业资源整合、社会资源整合及社会服务整合）构建电子政务系统，尽快建立起一种能满足电子政务需要的信息资源模式，规范各种信息资源，以满足公众和社会对信息资源的迫切需求。同时，根据办公自动化、领导决策、对外发布、内部交流、公众使用及企业经营等不同的需要，对信息资源进行分类、加工和整理，按照统一、规范的文件格式，建立行业或部门的专项业务数据库，更好地为政府机关和社会提供信息咨询服务。此外，电子政务应以"信息资源管理为支撑"，将各个政府部门信息资源进行后台集中和统一管理，即通过统一的接口与标准，将数据统一集中和统一管理，使之达到共享，实现信息资源的有效利用。政务服务与管理业务流程要保证绝对信息的畅通，以达到高质量的数据分析结果和数据响应速度。

以知识共享、团队精神和创新精神为特征的行政文化是电子政务中知识管理的基石，电子政务系统能帮助知识工作者建立虚拟团队相互沟通和激励，充分发表意见和共享知识，使之成为知识的创造者和共享者。随着电子政务的推进，政府管理流程再造及组织扁平化等管理思想的引入，服务管理型政府组织的着重点已不是部门或个体能力的凸显，而是越来越依靠政府部门间的协作和部门间的学习、交流和沟通，而这种部门间的学习不仅包括日常的信息发布、共享和讲座等静态的相互学习，同时也包括电子政务中动态的相互支持和相互协作。

电子政务系统具有强大的信息收集和处理能力，它可以支持政府机构

快速有效地获取所需信息，同时它较强的信息共享功能，可以促进政府之间、政企之间、政社之间以及政府公务员内部知识的交流与共享。政府门户网、政府信箱、网上民选等政府业务的电子化，能够促进政府扩大信息公开和政务公开，能够保证政府及时准确地了解社情民意、获取信息、快速决策，能够加速政府在工作中整合、利用知识资源，促进政府成长为知识型政府。

（三）完善激励机制，为政府知识管理提供动力机制和制度平台

在知识共享中，利他主义是真实存在的。达文波特指出，许多知识共享者出于对课题的喜好以及对于帮助他人的喜好，可以产生较为彻底的利他主义倾向。但是，一个彻底有效的知识共享机制，并不能完全依赖利他主义。知识共享不能提倡泛道德主义，要依赖于知识市场化形成动力机制，通过知识交易各方的成本与利益均衡，对积极贡献知识的行为给予补偿和奖励，使得知识共享具有合理的巩固的内在驱动力。从这个层面来说，激励效用远比相互信任体制具有更大的实现度。

知识共享机制中的激励只是手段，而不是最终目的。如果能够通过知识共享机制的合理建构，调动和激发成员参与知识共享活动，对激励机制的需求将会减少。而激励机制带来的组织行为、文化的正面变化，也会逐渐减少对激励机制的需要。由此可见，物质激励现阶段有较大的可行性，但不是唯一有效的手段。

通过公平竞争的激励机制，使公务员从内心渴望学习、渴望提高，使学习成为他们的自觉行为。政府制定各种目标，政府组织成员考察自身知识技能与实现目标的差距，从而增强学习动力。个人学习是团体学习的基础，团体学习是个人学习的升华，个人和团体在竞争的环境中，激发潜能和活力，不断提高素质，超越自我。深化干部人事制度改革，用工制度改革，完善工作绩效考核制度等都是政府应该健全的竞争激励制度。发挥好榜样的示范效应。建立学习考核评估机制，把学习与绩效联系起来，科学考察工作效能。

运用激励机制，建立物质、精神奖励制度和职务晋升制度。完善激励机制可以从几个方面入手：一是提高公务员工资待遇，发挥货币的多重激励功能。二是实施柔性管理，给予公务员相对充分的授权、宽松的工作环境、灵活的工作方式和弹性的工作时间。三是制订职业生涯计划，确保公务员在充分发挥自身才能、满足业务成就感的同时实现个人发展和对组织

贡献的有机融合。四是针对个体的不同需要制订的个性化激励方案。五是在制度面前人人平等，依靠合理的激励制度化解激励方案个性化的矛盾。此外，如何把握好组织内部知识化和非知识化行政人员激励政策的一致性和差异性的度，也是管理者必须认真对待的问题。

（四）构建政府组织文化，为政府知识共享创造出良好的氛围和环境

组织文化是组织的一种价值观，是指组织在长期的实践活动中形成的并且为组织成员普遍认可和遵循的具有本组织特色的价值观念、团体意识、行为规范和思维模式的总和。它主要是通过共同的愿景、价值观、道德、行为准则等，来凝聚人心，共同营造一种积极的、先进的组织氛围。

政府组织首先要拥有一个共同的愿景，将分散状态的个人愿景，整合为共同愿景。用共同目标为指导，从自身日常工作中去发现问题，将问题加以分类，再提供给其他成员进行学习、分析和研究。鼓励政府成员在共同目标下参与管理，激励政府人员参加团队学习，形成一种风气。同时，共同的目标还能帮助政府培养所属成员主动而真诚的奉献和投入精神，从而取代成员对改革的抱怨以及对领导者个人理想目标的被动服从。

在学习型政府组织中，团队是最基本的学习单位，也是最具创造力的单位。政府组织由多个团队构成，其所有目标都是直接或间接地通过团队共同努力来实现，学习能力也是由这些团队整合而成。团队学习通过集体思考、讨论，集合组织成员的智慧，能使学习的效果大大超过个体学习。

在政府知识分享过程中会遇到的最大问题，可能来自政府成员的疑虑和他们之间的不信任感。而构建学习型政府的重要前提是成员之间要彼此信任、互相宽容、互敬互重、合作共事，只有大家彼此分享自己的独占知识，一个组织才可能比它的竞争者成长得更快，组织成员也会因此受益。为此，强化团队学习与共享、培养团队精神，形成一种信任和开放的组织文化，鼓励政府成员对现有的公共管理模式提出质疑和挑战，并倡导他们积极寻求改善途径，使组织中知识的共享实现良性循环。

（五）成立知识管理中心

应将知识主管作为固定人选列入部门领导机构，充分利用知识管理中心团队的智慧来提高政府的应变能力、决策能力及政府效率。政府知识管理中心应由以下成员组成：

1. 知识主管

设立一个知识主管，在我国各级政府中几乎空白。知识主管的设立不

仅仅是设立一个领导职位，更重要的是建立起一个有效运作的知识规划、传递、管理和共享的机制。其职责在于决定知识管理整体策略和方向，最终核定知识管理相关制度，规划整体知识管理策略和方向。知识主管应该既是知识管理的鼓动者，又是知识管理战略的制定者和实施的组织者，还是知识管理系统正常可靠运行的保障者。

2. 知识分析和开发人员

知识分析和开发人员的职责首先在于通过对客户（企业及公众或其他组织）的背景信息（主要来源于客户登记单）和客户访问日志记录信息的分析，确定客户的信息与知识需求及其行为表现。其次，通过对网络内容的挖掘（主要对文本内容的挖掘）有效地组织网站信息。如采用自动归类技术实现网站信息的层次性组织，并从单个政府网站及各个站点之间网络资源中发现普遍的模式，拓展网站的知识来源，对政府门户网站和电子政务专网平台上的知识予以分类、组织和存储，制订出具体的工作计划。最后，要及时地与知识主管沟通，向其通报最新动态。

3. 知识管理系统维护人员

知识管理系统维护人员的职责是：从技术上协作推行、设计和维护知识管理系统，熟悉该系统的运行环境、技术软件和运作情况，保持知识管理系统界面的更新，提供知识管理软件的技术支持，开发知识管理系统的多媒体应用，以及知识的载入、更新和使用。

知识经济已经渗透到政府管理和职能变革等各领域，极大改变了传统的政府行为方式。具体而言，知识经济主要凸显了知识在生产要素构成中的核心地位与作用。因此，它要求政府在高新产业领域、高新技术企业的创办扶植、技术创新等方面承担更大的责任，并予以更多的制度保障和支持，以提高国家竞争力与技术创新能力。目前，经济全球化已成为一股不可逆转的潮流和趋势，在全球化的背景下，经济资源在追求效用最大化动力的驱使下具有快速流动的特征，有可能和政府滞后的计划指令式的资源配置机制发生冲突，直接导致政府管理经济事务的难度不断提高，增加问题处理的复杂性，从而对政府传统的管理制度和职能提出严峻挑战。在全球化的冲击下，各级政府必须合理调整自己的职能，努力打造应变能力和竞争优势，全面提高改善政府经济行为运作的水平与方式，才能适应国际经济结构和世界市场的重大变化，促进经济和社会和谐稳定的发展。

第六章 政府知识管理的实施

第一节 政府知识管理实施的可行性

一 政府知识管理的可行性分析

（一）知识经济的时代背景是政府知识管理的前提

20 世纪下半叶兴起的技术革命浪潮，将人类社会推向知识经济时代。知识成为经济社会发展的首要资源，拥有更多知识的人拥有更多的财富，拥有更多知识的企业成为市场竞争的赢家，拥有更多知识的国家有着更强的综合国力。与此同时，信息技术在政治、经济、文化等社会生活各领域的全面扩大和应用，使人们可以用最短的时间获取最及时有用的信息，可以使人们足不出户就能获得娱乐资讯、指挥生产、实施管理。

信息技术尤其是计算机网络的普及和发展，为政府行政管理带来前所未有的便利和高效率。建立国家统一的政府信息网络系统，可以打破政府之间和政府内部信息流动的障碍，更好地管理跨部门、机构的复杂行政事务。信息技术的发展也缩短了公民与政府之间的距离：对居民而言，登录政府网站可以使他们及时了解政府信息和政策，申请和接受政府福利，获得充分的就业机会，甚至进行行政监督；对于政府而言，可以了解社情民意和获取政策反馈，从而提高决策水平，改善服务质量。

（二）政府机构改革是政府知识管理的动力

现行政府管理体制是以马克斯·韦伯的科层制理论为基础建立起的科层制政府。其核心特征之一是遵从机器大生产的组织原则，强调组织内部的分工，包括横向部门分工、纵向层级分工、权力分工、职能分工、岗位分工和程序分工等。缺点是分工超过了一定界限，就会出现条块分割、部门主义、职能交叉或不清、权力冲突、职责模糊、程序复杂、机构臃肿、人员膨胀等消极现象，进而影响政府的工作效率和服务质量。

随着市场经济发展，我国政府职能发生了重大转变，政府角色从被动的社会公共服务提供者向主动的经济和社会发展推动者转变，公众和企业对政府的要求越来越高，传统的政府组织和业务模式逐渐不适应新形势发展。构建一个网状、透明、高效、低成本、消除管理层级的新型政府已经成为时代的呼唤。在知识经济飞速发展的今天，各级政府通过提高行政人员的素质、优化组织结构等多种方式进行政府知识化管理，无疑是突破传统科层制"瓶颈"的首选。

（三）行政人员素质的提高和角色的转换是政府知识管理的保障

改革开放以来，我国在提高国民文化水平、推广应用科技成果、宣传科学思想等方面取得了巨大成就。与此相适应，我国公务员队伍受教育水平逐年提高。在知识更新迅速、高科技办公手段不断普及的知识经济社会，一支高文化水平的公务员队伍为我国政府知识管理提供了智力支持。

由于具有较高的文化水平和专业修养，知识型政府行政人员在价值观、心理需求、工作方式等方面表现出了新的转变。比如，见多识广，知识、经验、阅历比较丰富，比较注重生活、工作的质量，有较强的社会尊重、自我实现等精神需要，不盲目崇拜权威，追求自由平等。现代行政人员的特点决定了他们在管理需求上具备更高的期望和要求，向政府领导管理人员在如何激励下属、使其保持工作热情和创造力等方面提出了新的挑战。

二　政府知识管理实施的五大障碍

（一）组织障碍

目前我国政府组织结构是较为典型的科层制组织结构，从中央到地方设置了4—6级：中央、省、（地区）、县、（区公所）乡镇，而每一个基本的管理单位一般设置有5个管理层（处、副处、科、副科、科员），这种组织结构当然不符合知识型政府的要求。因此，知识型政府建设时应尽可能按"地方为主"原则改革组织——尽可能减少管理层次，尽可能将决策权向组织机构的下层移动，让下层单位拥有充分的自决权，而组织理论表明，"地方为主"的扁平式组织虽然有利于充分发挥所有人的积极性、有利于创新，但它恰恰不利于控制。从这个意义上说，知识型政府机构不可能真正建成"地方为主"的扁平式组织。政府的特殊性使得它不可能真正按"地方为主"扁平式要求改革，政府组织也许根本就不可能建设"地方为主"的扁平式的知识型组织结构。高耸形与扁平形组织区别，如图6-1所示。

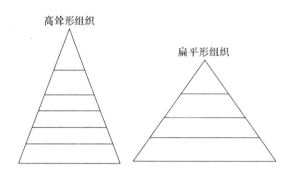

图6-1 高耸形与扁平形组织

（二）体制障碍

建设知识型政府所以必要的原因之一是已进入知识经济时代，快速多变是它的基本特征。知识型政府建设的目的之一，即在于要使组织能迅速认识变化并找到应对变化的方法。圣吉在"温水煮青蛙"的故事里提醒组织"要学习看出缓慢、渐进的过程，并特别注意那些细微以及不太寻常的变化"，但故事所要表达的意思是组织应该对一切变化都必须有充分的敏感并能迅速反应，只是特别提醒不能只关注剧烈的变化而忽视了细微而缓慢的变化。

面对变化，要有完善的应变机制，才能保证面对变化时能迅速反应并提出正确的应变措施，而完善的应变机制是核心。

（三）学习障碍

学习智障是指组织的设计和管理方式、人们定义工作的方式、员工被教育与互动的方式，它涉及的是特定组织内人们思考问题、安排事务时表现出来的思维方式、影响组织学习良好开展的智力因素。局限思考是彼得·圣吉论及的第一种学习智障，指的是"固守本职"观念，即人们不愿或不能以系统方式思考问题。系统思考是圣吉学习型组织五项修炼的核心，政府组织局限思考基本表现之一，为以"固守本职"为特征的上下级政府之间、不同区域政府之间、一级政府各机构之间、政府管理者之间各自为政而导致的思维局限。条块分割、各自为政一直是我国政府管理中最严重的问题，它包括几种基本形式。其一，是上下级政府博弈，即"上有政策，下有对策"，直接反映了全局思维与局部思维间的对立；其二，不同地方政府之间由于区域利益竞争而出现的"地方保护主义"是典型的"局限思考"的表现；其三，一级政府不同部门之间由于职能划分而导致"各自打算"；其四，政府管理者之间由于利益矛盾而导致"面和心不和"甚至有意对立等。

政府局限思考另一个表现是由"个人服从组织、局部服务整体"政治原则而导致的思维局限。从表面上看，这一原则体现了整体思考特征，但实际上是一种局限思维。

（四）工作障碍

政府组织机构数量多、结构复杂，人员同样多且层次差异巨大，再加上地区经济、文化等方面的差距，使得它是内部差异最大、组织文化最为庞杂的组织。要在这样一个组织内培养起"唯一"的共同愿景，从一定意义上来说基本上不可能。我国最基本的社会文化传统是人治，是"官本位"，是对权力的"崇拜"，在这种文化下，人们追求的是"父母官"，"清官大老爷"，政府官员高高在上。这种传统观念在我国根深蒂固，将会在相当长的时间内成为建设"为人民服务"共同愿景的障碍。

（五）条件障碍

政府组织人员素质低成为政府管理和建设的重要障碍。长期以来的人事制度决定了我国政府人员在知识素质上的先天不足。

管理层的管理能力也不能适应现代管理的要求，他们绝大多数没有受过专门的管理教育，管理知识欠缺，管理理论素养不足，虽然是一个"领导"，但并不是合格的"管理者"，更谈不上是"管理专家"。新公共管理要求"让管理专家来管理"，如果按这种要求来衡量，我国政府管理在此方面的不足更明显。

第二节　政府知识管理实施规划

一　政府知识管理实施目标

第一，直接目标。以管理信息系统为支撑，充分利用信息技术和通信技术，构建先进的电子政务系统，构造良好的政府文化和组织形式，发掘政府内部的固有知识，引导知识创新，实现知识共享，并通过对共享知识进行有效应用，最终提高政府的竞争力；提高政府工作效率，提高决策的科学性，提高政府对公众的服务能力和公众对政府的满意度。

第二，最终目标。适应知识经济时代要求，提高政府管理的科学性，促进社会全面进步。

二 政府知识管理实施内容

实施政府知识管理大致包括以下内容：第一，知识管理的基础设施。包括知识管理规划组织、知识管理政策制定、网络与知识库等基础设施建设，构建人与人之间的各种交流渠道。第二，知识管理与政务流程的融合。重组工作流程，使政府内部形成流畅的知识链，使国家公务人员有效地获取知识，并贡献自己的知识、经验与专长。第三，知识管理技术与系统的开发、运作、维护等。包括文件管理系统、信息管理系统软件、搜索和索引系统、通信和协作系统、专家系统和无形资产评估系统等。第四，政府知识识别和存储。知识需求分析、知识资源调研、知识资源收集、知识资源聚类、知识结构分析、知识内容分析、知识存储等。第五，知识的获取和检索。多策略、多模式、多方法、多层次地检索和获取知识。第六，知识的传播和共享。知识成果传播、知识成果吸收、建立有利于知识共享的行政文化、设立专职的知识管理负责人员、建立知识管理的规章制度和鼓励制度。第七，知识管理评测，包括知识管理成果评价和知识网络系统评价等。

三 政府知识管理原则

政府知识管理原则是对管理活动的整体要求，贯穿于知识管理全过程，制定和实施知识管理制度都应以知识管理原则为指导。因此，在知识管理中，必须遵循一定的原则，保证知识管理的明确的方向。

（一）政治原则

维护国家主权和国家利益，保守秘密。一方面，政府知识管理要求知识充分交流和共享，另一方面，这一过程涉及个人隐私、商业秘密、国家秘密。因此，应当坚持政治性原则，在知识共享时，应坚持保守国家秘密，维护国家安全。

（二）人、知识和技术结合原则

在政府知识管理中，国家公务人员是核心，知识是基础，技术是手段，三个因素都是基本点，只有达到三者有效统一，形成融为一体的知识管理环境，才能通过知识网络将各个要素联系起来，才能消除政府内部知识交流的障碍，使其成为一个不断更新的知识网络。在实践中贯彻这项原则，应注意知识基础设施建设、人员的知识结构和知识更新等方面的先进性和适应性。

（三）知识管理无止境原则

知识管理是在知识经济背景下，为了解决复杂多变的环境带来的问题而产生的一种新的管理思想和模式，政府内外环境的迅速变化和新的问题不断出现是这一新的环境的重要特征。坚持这一原则可以使政府知识管理不间断地产生危机感、紧迫感，永远保持不懈的创新追求。无论是政府机关还是公务人员都要树立这一观念，在实践中贯彻落实这一原则。为此，政府机关必须经常审视知识管理观念、战略、组织结构和政府服务等，公务人员必须不断对知识水平和知识结构等提出新的要求，并达到这种新要求。

（四）学习原则

环境不断变化，知识管理永无止境，要求国家公务人员不断学习，不断创新。学习原则不仅指人的学习，也包括建立一整套运用现代信息技术和理论的学习管理机制，使他们快捷、充分和有效地学习，并获得良好的学习、利用和创造知识的途径和方法，使"知识管理网络系统"成为"知识学习系统"。同时还要建立反应灵敏的知识管理的命令传输系统和管理保障体系，使管理人员更好地学习知识。

（五）全员原则

知识管理的基本思想是"以人为本"，重视知识，尊重人才，注重发挥成员的积极性、主动性和创造性。政府机关的每一个公务人员都应认识知识管理的功能与作用，认识知识管理不是某一个人、某一部分人或某一机关和某一部门的事，而是整个国家机关、整个组织内部的统一活动。所以，每个国家机关都要支持国家宏观知识战略，每个公务人员都要支持政府机关知识管理的系统建设，都要参与知识管理活动，既分享知识，也贡献知识。

（六）动态原则

动态性原则是指知识管理既要主动适应政府内外环境的变化，适应技术的变化，尤其是适应知识需求环境和管理技术环境的变化，重视知识管理各要素发展的关联性以及其与外部因素之间的关系，又要科学规划知识管理的内涵和方式，有效调整知识管理的具体目标。

（七）创新原则

知识可以被划分为隐性知识和显性知识。显性知识是指可以用语言文字表达出来的知识，表现为书籍、报告、表格和手册等。由于具有一定的表达形式，显性知识可以方便、快捷地传递和交流，人们经常看到或听到的就是这类知识。与之相对应的是隐性知识，它是指隐含于人的大脑之中，没有直接表现出来的知识。日本一桥大学教授、著名管理学家野中几次郎和竹内广孝提出了知识转换的四种模式，即隐性知识转化为隐性知识（社会化）、显性知识转化为显性知识（综合）、显性知识转化为隐性知识（内化）和隐性知识转化为显性知识（外化）。在以上四种模式中，最有意义是知识的外化过程，即从隐性知识到显性知识，它不仅是知识创新的动因，为知识创新提供了可能性，而且增加了显性知识量，扩大了隐性知识应用范围，使其在组织内部广泛传播。知识基础设施建设、知识交流和共享等都是以知识的外化和知识创新为重点。

（八）按知识分配原则

传统的经济理论认为，价值的创造有两个基本要素，即资本和劳动力，由此形成了两种基本的分配方式，即按劳分配和按资分配。但在知识经济时代背景下，这两种分配方式都有失合理与公平。在政府知识管理中，应遵循按知识分配原则，按国家公务人员的知识和能力进行相关利益的分配，将对知识管理的贡献作为晋升、报酬和考核的必要条件，实现知识权力化，知识报酬化，使知识真正体现自身的作用和功能。这一原则使知识与权力明确地结合起来，展示出"知识使人获得权力，权力使人获得知识"的全新理念。

第三节　政府知识管理实施环境与层次

一　政府知识管理实施环境

在知识管理中，技术为知识管理提供了技术保障，但它并不是决定一切的因素。如果没有一个良好的实施环境，知识管理不仅毫无意义，有时反而还会有害。影响知识管理实施的关键因素还包括组织文化、领导能力、激励机制和战略结盟。组织文化被普遍认为是知识管理最重要的成功因素。甚至有观点认为应该把 60% 以上的知识管理努力放在促使组织文化与知识管理协调一致上，因此，知识管理成功的关键因素是鼓励员工共享信息和知识，而不是把知识隐藏起来。一个组织怎样才能实现这一点？措施就是鼓励和支持知识创建、共享和学习，把知识共享作为业绩评估、提升及表扬计划的标准之一。高层领导人的领导能力和激励机制在帮助创建知识管理文化方面起着重要的作用。知识管理实施的环境包括内部环境和外部环境。外部环境即知识管理实施的社会背景，其中包括知识经济时代的到来、技术的飞速发展和经济全球化等；知识管理实施的内部环境是从组织内部来考虑的，包括组织的结构体系、文化和基础设施等。要成功地实施知识管理，必须构建有利于知识管理的组织体系和组织文化，为知识管理的实施搭建技术平台。

（一）政府知识管理的观念

组织知识观念是组织对知识的整体理解和运用，包括组织的基本理念、文化和定位等。整体知识观念是把知识寓于组织管理和运营的整个过程，用知识指导管理，通过管理获得知识，促进知识与组织的融合，主要包括以下几个方面：

第一，创新观念。创新是知识的源泉，知识社会的文化首先要强调创新精神，面向知识管理的组织文化重建的首要步骤是创造一种促进各类主体不断学习和开拓创新的文化氛围。

第二，共享观念。由于知识创新已经发展成为一种日益复杂的社会协作行为，现代组织中的知识创新不再是组织成员的知识创新，而是组织的知识创新。创建知识共享的组织文化是知识创新的必要条件，也是知识管理的关键环节。

第三，协同观念。创建知识共享的组织文化的目的在于使不同主体得到协同发展。知识社会是一个高度分工又高度协作的社会，知识管理文化的最高境界是建构一种共生和协同发展的组织文化。共生和协同发展的文化理念是实现人与人、人与组织、人与社会和自然的协同发展。显然，只有在协同发展的文化氛围中，知识社会才能成为一个可持续发展的组织社会。构建共生和协同发展的组织文化的主要途径是合作和对话，其目标是实现文化整合。在组织内部，仅靠内部市场配置权利和责任是不够的，还必须建构协同合作的文化环境。在知识社会中，大多数知识工作者以组织成员的角色运用他们的知识。

（二）政府知识管理的激励机制

激励组织全体员工的创新能力是知识管理的首要任务，创新是组织在激烈的市场竞争中求生存和求发展的必然选择。一个缺乏创新能力的组织将失去存在的基础。而政府创新的主体是政府的全体员工，创新的核心是员工的创新能力，尤其是那些隐藏于政府员工头脑之中的创新能力。一般来讲，人都是有理性的，其思想与行为受外部环境的影响。外部环境良好，人的潜在能力就可以得到充分有效的发挥；反之，外部环境不好，人的潜能会隐藏在其头脑中，造成人力资源的极大浪费。其解决的方法就是建立一种激励机制，使人的潜能得到有效的释放。而知识管理的实施就在于建立激励员工参与知识共享的机制，使组织员工的创造力能够最大限度地发挥出来，并形成一种集体的创造力和创新能力。

（三）政府的组织学习惯性

组织学习，又称机构学习，组织学习可分为外部显性知识学习、过程学习和隐性知识学习三个部分。政府的组织学习惯性，可以为政府知识管理的实施提供较好的实施环境。学习可以使产品、服务得到改进，员工责任感增强，组织绩效提高。在以知识为主导的知识经济和知识密集型的现代组织中，学习能力已经成为组织核心能力最为关键的组成部分，是组织取得竞争优势的最终源泉。组织管理者的任务是通过创建学习型组织和培育学习型人才，提高组织创新能力和核心竞争力。因此，知识管理需要组织员工对外部知识和内部知识的学习，提高组织适应外部环境的变化和解决问题能力。知识管理是组织在知识经济时代有效正确决策的基础。如果组织的知识管理薄弱，当组织决策者需要某类知识时，可能得不到或无法及时得到，就会影响组织的发展和效率，无法适应外部环境的快速变化。

创建学习型组织和培育学习型人才，最核心的问题是学习。学习是为了更好地工作，学习是工作的一部分，要做好工作就必须不断学习。需要注意的是，学习并不只限于培训，也不仅仅限于知识，还包括新的目标、意识、研究开发、顾客需求、最佳的工作方法和理念的转变等。

（四）政府的组织文化状况

成功的知识管理需要组织有尊重知识的文化，组织员工通过知识共享与交流而达到相互信任，每个员工都通过学习为组织的知识库做贡献，都有义务推进组织知识库机制的良好运转，享受传播、获取、创造、应用新知识得到的快乐。因此，组织要发挥知识的作用，就必须培育适合其要求的新型组织文化。

人是知识创造与传播的决定性因素，但在知识管理的组织学习中，人的群体作用是组织文化体现的。在这个意义上，把个体"人"升华到组织文化层面作为知识管理的重要维度。组织文化在知识集约过程和知识交流过程中起着十分重要的作用。知识管理有效运行首先取决于一种鼓励知识共享及持续学习的组织文化。信任、交流、学习和分享是知识管理成功的前提，而其中"信任"因素至关重要。"信任"是知识交易、知识共享的必备条件和组织文化的基础，没有"信任"，知识的运转都会归于失败，不管其在技术和言论上受到何种支持，甚至不管机构的再生是如何依赖知识的转移。有了组织内外成员之间的信任，才能形成公开交流、相互学习、实现分享的良性循环。在一个开放而又信任的合作环境以及业绩评价激励机制下，使每个成员都体验了知识的互惠性，才能建立知识共享进而创造性地沟通群体，不断朝着知识交流和共享的方向螺旋式上升。

二　政府知识管理的实施层次

政府实施知识管理一般来讲需要从三个层面组织：组织成员的个体层面、组织整体的行为层面和组织间的行为层面。但是各种项目一般是在政府组织之下开展工作，项目过程是知识的创造过程，也是对政府知识的应用过程。知识管理通常仅涉及员工个体和组织两个层面的管理。

（一）政府中个体层面的知识管理

1. 个体层面知识管理的提出

政府知识管理如何开始？加尔布雷思（J. Galbreath，2000）认为，知识管理应首先由个体开始，次为组织的个别单位、跨领域或跨单位、全域实施，最后才扩展到与其他机构的合作。在知识管理的发展过程中，至少有两个因素促使知识工作者去实践个体层面的知识管理。第一，世界向新型知识经济的快速转变，催生了新型的工作者。与旧经济相比，这些工作者更趋向于自主性（或者独立工作），他们的决策几乎都基于知识，他们的工作任务不是程式化的，并且对组织的忠诚更少。克内尔（Knell）把这个新的群体称为"自由工作者"。第二，为了保证组织知识管理获得成功，个体知识性工作者在管理个体知识方面所具有的竞争力也越来越重要。但是理论上，目前有很多文章描述组织中的信息技术和知识管理系统，但仍然缺乏对个体知识管理的概念性系统研究。实践中，个体知识管理是当前知识密集型组织被实施知识管理计划的一大盲点。

2. 个体知识管理的内涵

个体知识管理包括三层含义：其一，对个体已经获得的知识进行管理；其二，通过各种途径学习新知识，吸取和借鉴别人的经验、优点和长处，弥补自身思维和知识缺陷，不断建构自己的知识特色；其三，利用自己所掌握的知识及长期以来形成的观点和思想，再加上别人的思想精华，去伪存真，实现隐含知识的显性化，激发创新出新知识。对于个体知识管理通常采用多西与弗兰德的论述："个体知识管理应该被看作既有逻辑概念层面又有实际操作层面的一套解决问题的技巧与方法。"

3. 个体知识管理内容

个体知识管理的内容主要包括以下几个方面：

（1）个体知识需求分析。知识需求可以转化为信息需求。信息是知识的最重要的来源，因此知识需求和信息需求一样具有多样性、复杂性和"马太效应"。个体的职业知识需求可能是其主要的知识需求，同时个体的兴趣爱好、社会经历、人际关系对个体的知识需求有巨大的影响。个体可以根据自身应用的特点，对知识需求进行分析。首先，要明确自己对知识的定位；其次，要明确这种知识的现实作用；最后，要明确学习的代价。个体可以综合各方面情况，随时调整和修改自己的知识需求体系。知识需求是知识管理的基础，没有详细明确的知识需求，则知识管理如空中楼阁。

（2）个体知识采集与组织。知识具有不同的来源，如人际交流、报刊、广播电视、计算机网络等。报刊和计算机网络成为人们获取信息的主要来源。分析信息源的知识含量及其分布和变迁规律，可以保证持续的知识获得渠道和途径。信息检索是获取信息和知识的重要途径，信息收集要求详细分析各种信息渠道，掌握各种检索技术，如采用扩展和缩小概念进行有效检索，充分利用布尔检索、概念组配检索等高级检索技术。信息的收集是知识收集的基础，初级的信息向高级的知识转化道路漫长，信息的收集是信息的选择过程，是根据个体的知识体系构建的需求从已知的信息源中连续地选择、提取和积累信息的过程。信息收集的过程也是信息处理和评价的过程。

知识的收集过程远比信息收集过程复杂。首先，过滤不必要的冗余信息，对信息的相关性、有效性和真实性进行快速判断，丢弃无关信息。其次，根据信息的重要性进行排序，按照先进先出的顺序进行处理。最后，结合相关知识，归纳总结出新的知识，并把它纳入个体知识体系。

知识采集后，需要对自己拥有的显性知识进行整理，使其条理化、有序化，即知识组织。知识组织就是依照知识之间的统一性、包容性、交叉性和排他性使知识有序化，便于存储和使用知识。知识组织目前没有公认的组织方法和体系，个体根据自身的实际情况建立知识文件系统或个体知识网站。为了长期有序地进行知识管理，必须建立一定的标准来规范和协调知识内容的更新、修改和共享。这些标准可以是操作原则、时间安排和分类标准等，要保证个体知识管理工作的有效进行，保证个体知识体系推动自身发展，必须有章可循。

（3）个体知识评估。对自己的知识结构随时进行自我评估，开展建构性学习。现代教育理论认为，学习是自我建构的过程，个体在社会文化环境下，在与他人的互动中主动建构自己的信息知识体系。正如社会学大师马克斯·韦伯所说：人类是生活在自己编织的知识网中的动物，信息社会的学习是充分发挥个体主动性和弥补个体思维缺陷的过程，人们都拥有难以测量的多种潜能，人的求知方法也有多种多样的风格，要珍视所有求知方法，并尽可能地借助他人的力量，围绕研究领域专题学习新知识、新技能。这就要求个体要从外界环境中摄取准确、及时、有效的信息，包括查阅最新出版的相关书刊资料和互联网上发布的最新消息等。然后，把所得到的初级信息加以筛选、梳理使之系统化、有序化，再结合自己在这方面已拥有的知识和经验做进一步的分析，使新旧知识自然地连在一起，如此这般地续接整合自己的知识宝库，经过不断地积累，知识终究会在量变的基础上发生质的飞跃。

（4）个体知识创新与运用。将已拥有的知识积极主动地与外界沟通交流，以求在此过程中获得灵感激发个体知识，从而有所创新。隐性知识的管理是一个价值创造的过程，在这个过程中个体的知识不断更新，在特定的环境里，不断释放、外显，作用于外部环境，从而使个体知识社会化。

知识交流是知识管理的环节之一。个体的知识在交流中得到升华并实现共享，也可以为个体的发展提供条件。个体应该转变观念，不要把个体的知识看作私人财富，主动把自身的知识表达出来共享。个体可以营造个体的知识交流空间，与不同的人对不同的知识进行讨论，比如可以参加课堂讨论、会议及网上的新闻组。当然，也可以用书信或电子邮件的方式进行个体对个体的讨论。另外，可以把获得的新知识以报告、文章、书籍等方式发布。知识交流的过程也可以说是知识创造的过程。在知识交流的过程中，获得的信息与原有知识的结合就是创造的过程，知识交流就是提出自己的观点，得到反馈，然后修正自己的观点、理论，反复这个过程，新的知识就创造出来了。

知识的应用就是把知识与实际相结合的过程。知识具有一定的效力或应用空间。在应用空间中，个体应用知识就是对知识的验证。很多时候，现实世界和知识空间只具有相似性，如果照搬知识理论，必然不可能完成实践任务，这样个体就必须修正知识，创造适合新环境空间的新知识，新环境中包含了新信息，新的信息与已有的知识体系进行碰撞形成新的理论，通过实践，如果得到验证，就形成新的知识，如果不成功可以继续重复这一过程。

（二）政府中组织层面的知识管理

1. 知识管理和政府组织竞争力

21世纪政府成功的关键在于保持创新和可持续发展能力，政府组织为提升竞争力以创造或保持竞争优势，知识管理的规划及管理是迫切需要解决的课题。建立知识管理系统最重要的是对组织进行通盘的考虑，分析组织使用上的需要，软件硬件的需求与兼容性，专业的训练，使用的便利等。唯有面面俱到的知识管理系统才能符合组织的需求，提高组织的竞争能力。

政府组织竞争力发挥关键作用的因素在社会发展不同时期是不同的。从生命周期理论来看，服务、技术、政府或某种事业，都有一个从产生到消亡的周期，包括培育期、成长期、成熟期和衰退期四个阶段。每个阶段的长短会因政府不同而不同。追求可持续成长和长久的组织竞争力，是每一个组织永恒追求的目标。可持续发展就是要不断开拓创新，勇于探索，突破传统的制约，使组织获得更佳、更广阔的生存空间。组织的这种成长和突破过程，是同组织的知识积累和创新密切相关的。从组织知识的积聚过程曲线分析，它是一种由知识量的积累到质的突破相结合的过程，也是一个从持续学习到知识创新的过程。

组织的每一个成长期都是基于该时期的组织知识，在每个成长期，组织知识存量不断增加，但同时组织沿着这条路径的成长历史可能会限制政府的选择，组织需要在内部实现知识创新，或从外部学习到"额外"知识，形成新的知识基础，可使组织进入新的成长阶段，实现可持续发展。同时，在每个成长时期，知识的积聚对组织的可持续成长都至关重要，它能够使政府经营优化、成长速度加快，从而获得更大的提升空间。

从政府组织的竞争优势来看，在组织发展的各个阶段中，尽管形成组织竞争优势有诸多因素，但是，知识已经成为竞争优势的主要来源。而测度政府组织竞争优势的四个基本尺度，即创新能力、难以模仿性、可持续性以及学习能力，也都依赖知识。因而，组织竞争力的强弱，将很大程度上取决于对知识的管理。

2. 政府组织层面知识管理实施中的问题

对于组织来讲，在实施知识管理进程中，还存在以下问题：

（1）分散在组织各处的知识无法整合。虽然各个组织内部都有自己收集和整理知识的方法，但是，很大部分知识只在组织的下属部门内部流通，因而，组织无法确切得知其他部门有什么样的知识，而有些知识甚至是对组织的发展镇定自起核心作用，在组织参与竞争中意义重大。对于没有系统化管理的组织，知识可能存在于员工头脑中，这部分信息会随时间的推移或人员的流动而流失。

（2）由于组织内部的知识没有集中管理，因此很难进行统一有效的咨询服务。在组织内部知识的获得完全依靠人力咨询的组织中，在询问过程中会因提问者的文化素养、人际关系、各部门处理信息的认知等，影响信息的收集和获得，甚至环境因素也会干扰咨询的结果，其最终会影响组织提供的服务或决策，使组织在市场竞争中处于被动局面。

（3）无论是数据、信息还是知识，如果不进行科学归类，就会显得头绪繁多、杂乱无章。对数据、信息和知识进行准确、标准的分类是专门的学问，没有受过专业分类训练的人是不可能建立并进行严谨的分类，况且在没有弄清楚定义之前，不同的人对同一条信息可能有不同的归类，造成数据管理的混乱，更影响资料的搜寻。目前存在的问题是知识分类标准不统一，知识分类人员对知识的理解存在差异，造成一些知识分类错误，导致一些重要的知识被埋没，甚至永远不能发挥作用，造成组织在竞争中的知识"缺损"。

（4）没有采用自动化管理信息的组织需要用人力去整理、储存、维护、搜寻信息，人力的长期配置与训练，甚至如果信息分散到各单位，人力的重复，都将增加组织的运行成本。

（5）互联网的环境及应用日趋成熟，如果组织的知识与经验不能通过网络迅速传送获得，将会使组织在激烈的市场竞争中错失许多良好的机遇，大大削弱组织的市场竞争力。

3. 政府组织层面知识管理实施的意义

组织通过充分发现和挖掘内外部的知识资源，建立合理有效的知识管理机制和框架，知识管理系统就能够为组织带来显著的效益和优势。

（1）创造组织新的竞争优势。结合知识管理定义和内涵，促使员工在遇到困难和新问题时主动学习，探求解决问题的路子，充分利用知识仓库的知识开创新的知识，创造新的价值，提升员工自身和组织对外竞争的筹码，成为市场的领导者。

（2）增加组织利润。知识管理的重点之一就是带给组织实质的反馈——利润的增加，而且利用知识管理创造新的知识，其价值等于两倍甚至更多倍的产品价值，其利润和投资是相辅相成的。

（3）降低组织运行成本。利用知识员工创造出数倍的经济效益，这不仅能降低组织的人事成本，同时也降低组织的研发成本。

（4）提高组织效率。组织的知识管理架构一旦形成，有助于组织内部承上启下，新员工上手不需要花长时间阅读大量烦琐的交接资料，只需要在组织的知识管理系统中有针对性地选择，即可一目了然，提升组织形象和效率，降低人事负担。

（5）建立知识共享新文化。知识共享是组织运用知识管理的初衷之一，让员工了解知识共享的重要性不亚于建立一个好的系统。能够充分利用组织知识管理系统的知识资源，实现完全意义上的知识共享，是每一个组织必须努力解决的课题。

（三）政府中个体层面和组织层面知识管理的关系

个体知识同时来源于正规教育和非正规教育，有时非正规教育作用更大，个体知识可以存在于各种媒介、实物和人的大脑中。一些可以被表示出来成为显性知识，还有一些则是不易表达的隐性知识。个体知识管理就是要促进显性知识和隐性知识的相互转化，把自身的隐性知识表达出来成为显性知识，同时吸收外界的显性知识进入自己的潜在的知识体系。如未经整理的信息无助于知识的累积，不但要耗费大量时间在信息的搜集上，也无法传承宝贵经验与教训。

1. 组织层面的知识管理建立在个体层面知识管理基础上

通常情况下，任何组织层面上知识管理的成功都有依赖个体、过程和技术三个基本因素。其中，个体及相关文化因素是决定组织（政府）知识管理系统能否被采纳和是否具有持久性的关键因素，无论是否涉及技术问题。因此，个体的知识管理对组织的成功具有重要意义。国际数据公司（IDC）研究报告显示，知识工作者做的90%的所谓"创新工作"是重复工作，因为这些知识已经存在（存在于组织内部或组织外部）。事实上，知识工作者都有这样一个感受：大部分东西重新起草比寻找这已存在的东西还省力气。

造成个体工作效率低下的原因是没有对个体的知识进行有效的管理。当今世界，信息的数量十分庞大，工作中需要的知识也很广泛，作为知识工作者，大部分工作是要去做那些创新性的工作而不应该去日复一日地重复某项已经做过的活动或操作。个体学习、工作和生活都会用到各种知识，对知识的数量和质量要求有越来越大、越来越高的趋势，如果对这些众多的知识无法进行有效的管理，最后必然造成工作的低效率。知识管理是个体的事情，也是组织的事情。因为组织的各项任务都需要个体去完成，更为重要的是，组织的知识管理和知识创新是建立在富有创造的个体知识管理（Personal Knowledge Management，PKM）的基础上。并非每个个体都能决定组织的知识管理实施，即便组织实施知识管理，最终成功与否还在于个体的参与程度和个体知识管理水平，但是，组织内所有员工的知识管理水平却能影响到组织的知识管理的成败。个体知识管理是每个知识工作者提高自己应对复杂环境、赢得更多机会的有效手段，对自己的知识进行有效管理有利于自己在职场上游刃有余，从而最终提高自己。另外，个体知识管理还是个体学习的重要保障，有效的个体知识管理可以梳理个体的知识结构，提高学习的效率，是打造自身核心竞争力的必然要求。

在新经济中，"自由工作者"无疑对社会非常有价值。但是，很少有组织能吸引和留住这些人才。据统计，美国硅谷的技术公司每流失一名员工大约会损失12.5万美元。比尔·盖茨也曾表示，如果微软流失20名核心人员，该公司就将面临破产。克内尔（Knell）的调查显示，仅有1/4的执行主管表示公司对人才很有吸引力，仅有16%的主管相信公司知道业绩突出者在哪儿，仅有10%的主管相信他们能够留住公司的业绩突出者。这些数据表明，个体知识工作者正在比大多数组织更熟练、更迅速地适应新经济。

组织知识管理建立在个体知识管理基础上，但是组织知识管理和个体知识管理又有其不同之处。知识管理的主要目标在于提升知识的使用效率和再利用价值，而组织知识管理的目的在于创造组织的效率和效能，在政府部门方面，最重要的在于激发员工的知识，管理组织知识以创造政府的利润。对国家来说，则以开创知识经济发展国家资本为最终目标。组织更多的是要求知识的分享，使整个组织的竞争合力达到最高；而个体的知识管理可以以个体兴趣或工作需要为出发点，个体是组织的基本单位，强化个体知识管理是发展组织知识管理的基础，虽然其目的、技术、设备等或有不同的应用途径，但在以知识管理的观念为基础架构上，个体知识管理与组织知识管理的应用和运作是相互作用的。个体知识管理可以专心提高自己的竞争力而不用过多地考虑共享的问题。但这些因素并不能表明组织知识管理和个体知识管理有必然冲突，因为对自己实施知识管理的个体要比没有实施个体知识管理的个体更明白共享的意义。个体知识管理中很重要的一块就是个体必须充分利用各种渠道，包括人际圈子、组织提供的信息平台、报纸杂志，而个体要想在自己的人际圈子得到他想要的知识，他必须能给别人提供价值并得到别人的认可，即他必须能分享自己已有的知识，因此在这个过程中知识共享将成为个体的一种习惯。组织知识管理和个体知识管理在各方面的比较，如表6-1所示。

表6-1　　　　　　　　**组织知识管理与个人知识管理比较**

比较项目	组织知识管理	个人知识管理
目的	提升效率、效能、利润	兴趣、工作
工作人员	每个过程专人专责	全部过程由个人完成
技术	技术性高，过程缜密	基本的计算机操作能力
硬件	专属数据库服务器	个人计算机
软件	专用软件费用高昂	Access应用软件
操作系统	UNIX、Windows. NET等级较高操作系统	Windows系列的PC操作系统
作业安排	固定的、实时的、预排的	随兴的、不定时的
维护更新	有一定的作业程序	依自己的需求
应用界面	程序控制	不需要编写程序
资料	全部数字化	接纳各种数据形式

2. 组织决策需要个体知识和组织知识的互动

组织知识管理和个体知识管理并不冲突，个体知识管理可以对组织知识管理有所裨益，而组织知识管理则可以对个体知识管理提供帮助。如果政府中的员工 PKM（个体知识管理）做得好，自然学习的目的性更强，对知识的理解和吸纳更加到位，提供的知识也更加有价值。PKM 与 KM（知识管理）是相辅相成的关系，那些忽视 PKM 单纯强调 KM 的论调，是一种不尊重知识提供者的意识。

员工的创新能力是政府的一种特殊资源，政府应该针对其在知识开发中的独特性，实行有效的、有针对性的人力资源管理。有人根据员工在知识链中的作用把政府内部的人才资源分成五类，分别是知识生产者、知识商品化的倡导者、知识商品化的领导者、知识分析者和幕后保护人。在知识"内容"的平衡方面，对于不同性质的知识，需要实现由隐性知识到隐性知识的知识社会化管理，由隐性知识到显性知识的知识明晰化管理，由显性知识到显性知识的知识关联化管理，以及由显性知识转换为隐性知识的知识内省化管理。对于个体和组织知识来说，要实现两者之间的互动平衡。在政府的具体决策行为中，个体知识和组织知识的互动是经常发生的，如服务或决策项目设计小组、诊断专家小组等。假设一个决策群体中有 3 个决策者甲、乙、丙，各自具有的知识为 A、B、C，知识间具有一定的交叉，如图 6-2 所示。

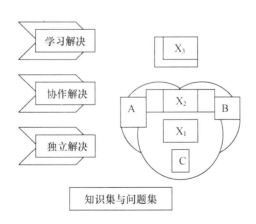

图 6-2　个体知识和组织知识的互动

该决策群体要解决的问题大致有以下几种类型：一是问题 X_1，其处于知识域 A、B、C 的共同集合中，这种情况下，甲、乙、丙都具有解决问题的能力，但并不等于一定能解决好问题，因为可能会发生"三个和尚没水喝"的情形，这需要解决 A、B、C 间的协调问题；二是问题 X_2，这种情况下，甲、乙、丙单个体都不具有解决问题的能力，此时需要甲、乙、丙的协作能力，由个体智商形成组织智商，群策群力，共同解决问题；三是问题 X_3，这种情况下，X_3 超出了 A、B、C 三者的知识范围，属于新问题，此时需要强调通过学习和创造性活动来解决问题。另外，也可以借助外脑来解决问题，这就涉及政府内部知识和外部知识的平衡问题。

第七章　政府知识管理的技术与工具

第一节　政府知识管理基本技术

一　知识管理技术概述与分类

（一）知识管理技术概述

知识管理技术是一个广泛的概念，它所包含的内容远远超过某个软件或工具。针对知识管理的目标所采用的各种技术均可称为知识管理技术，其含义包括知识管理的信息技术、知识管理的工具和知识管理的软件。知识管理技术的作用是与人性化的知识管理方法综合，产生应用于知识管理的解决方案。

信息技术出现以后，知识管理的自动化、智能化才真正得到落实，因而大部分知识管理技术主要是辅助知识管理实施的 IT 技术。这里所述的知识管理技术就是知识管理技术的狭义概念，仅指基于计算机的现代信息技术，但并不是将知识管理技术等同于信息技术。它强调知识管理技术是在数据管理技术和信息管理技术的基础上，针对知识的特性而开发的一些具有特殊功能的、能够协助知识管理人员和知识工作者进行知识生产、存储、提炼和传递的技术。知识管理技术的作用是减轻知识管理人员和知识工作者从事上述工作时的负担，提高知识管理和知识型工作的效率。知识管理技术是能够协助人们生产、分享、应用以及创新知识的基于计算机的现代信息技术。

从系统观点看，知识管理技术并不是一项技术，而是一种技术体系，包括的内容异常繁多，覆盖了知识生产、分享、应用以及创新的各个环节。它同时又是多种信息技术的集成，这些技术结合起来形成了整体的知识管理系统，为组织提供知识管理服务。从具体的观点看，知识管理技术表现为各种知识管理工具，是一种工具体系。

从国外发展看，知识管理的发展早期更多专注于知识管理的信息技术方面，许多企业在所谓的知识管理系统上投入巨资，或者采购许多基于先进的知识管理技术的软件产品，但员工很少使用这些系统和技术。知识管理要求人、业务处理必须结合，而人是其中最重要的因素。

从知识管理的成功经验和失败的教训中，可以看到知识管理技术是知识管理的基本要素之一，但这一要素必须与其他要素，如人、组织、管理对象和管理目标有机结合才能取得实效。仅仅依赖于技术或信息技术必将导致知识管理项目的失败。对知识管理技术概念的认识应当是多元化的，应当提倡广义的知识管理技术观，这对构建集成的知识管理服务系统，成功地实施知识管理对优化实践极为重要。

知识管理技术把各种现有的技术与各种重大的知识管理改进方案结合起来，技术在管理显性知识方面将发挥巨大作用，在管理隐性知识方面将促进面对面的知识传递。另外，技术将承担日常工作任务，使人们腾出更多时间致力于需要人类理解力和洞察力的知识密集活动。由于目前国际上对于知识管理并没有形成一个标准的定义，信息技术也在日新月异地向前发展，知识管理所涉及的技术还在不断得到更新和补充。

（二）知识管理技术的分类

从知识管理实施的角度讲，知识管理技术是指能够协助人们促进显性知识和隐性知识的转化过程，提高知识的获取、整理、审核、发布、利用、更新与淘汰的效率的技术手段。知识管理技术并不是一项技术，而是一种技术体系，同时又是多种信息技术的集成，在这些技术的支持下形成了知识管理系统。对知识管理技术的分类有多种方法，下面分别予以简要介绍。

第一，按管理知识的类别所需的技术进行划分。知识管理的技术可以按管理知识的类别分为管理显性知识的技术和管理隐性知识的技术两类。前者包括显性知识的编码和组织、数据库管理、文档管理系统、检索信息技术、互联网、检索引擎、内部网、工作流技术、使用和应用知识的技术、决策支持系统、业务支持系统、数据挖掘、数据仓库；后者包括电子邮件、电视会议、协作的电子工作平台。

第二，按知识来源的不同认识所需的技术进行划分。根据对知识来源的不同认识，即知识是从信息系统中转换得来的还是独立生成的，又可将知识管理的技术分为转换模型技术和独立模型技术。转换模型解决方案的基础是该机构现存的信息系统，需要建立在现有的技术之上，应对辨识数据、检测数据的准确性、排除数据的冗余、数据标准化、数据集合以及合成之类的问题，通常要采用数据仓库、数据挖掘、数据库、数据发现、地理信息系统、数据可视化技术、在线分析处理引擎等技术。独立模型解决方案则不需要以现有的信息系统和技术为基础，通常综合地采用文件管理技术、搜索技术、合作技术和知识库技术的集合体。

第三，按知识的生命期及处理过程所需技术工具划分。知识管理的技术可以是指一种广义的技术概念，与知识的处理过程相对应的技术的集合，即知识管理工具。知识管理工具能促进或实现知识的产生、编码化和转移；其目的是通过自动化和提高速度减轻人们的负担，并使资源有效地应用到适合它们的工作中去。知识管理的工具与数据和信息管理工具的本质区别在于它能为使用者提供理解信息的语境以及各种信息之间的相互关系。从知识的生命期来看，知识的处理可以分为知识的生成、知识的编码和知识的转移。相应的知识管理工具可以分为知识生成、知识编码和知识转移工具三类。

知识生成的工具是指能够实现知识获取、综合和创造的工具。知识获取的工具有 Internet、KDD 和 Grape VINE，知识综合的工具有 Idea Fisher 和 Inspiration，知识创造的工具有 Idea Generator Mind link 等；知识编码化的工具主要有知识库、知识仓库、知识地图、组织词表/词典等；知识转移工具主要有模拟器、关系地图；降低时间距离的工具，如电子邮件；缩短空间距离的工具，如网络会议；缩短社会距离的工具，如学习地图等。

第四，按知识管理的软件技术的作用和功能进行分类。知识管理的技术可以按知识管理软件在知识管理中的作用和功能进行划分。主要的软件类型有：文档管理（Document Management，DM）、网络内容管理（Web Content Management，WCM）、信息门户（Information Portal，IP）、信息检索（Information Retrieval，IR）工作流管理（Work Flow，WF）、协作系统（Collaboration）、电子学习系统（E – Learning）。

文档管理系统主要功能是对不同来源、不同格式的文档进行有效管理，文档管理系统负责组织文档、检索文档、文档版本管理，文档的元数据管理、存储管理和归档管理等工作。WEB 内容管理的主要功能是负责 WEB 文档的发布流程管理、文档之间的超文本链接管理以及不同设备的访问显示控制等。信息门户的主要功能是提供一个个性化的基于 WEB 的用户界面。它使从外联网和内联网不同来源的信息都综合在一个屏幕上，为知识员工提供一个获取相关信息的单一入口。信息检索是指搜索引擎，其功能是为用户提供多种检索功能和导航功能。信息检索技术包括搜索代理、用户特定义、自动化文档分类、信息可视化等应用技术。工作流管理系统的功能是在商业流程中捕获知识，负责将文档按照预定流程在恰当时间发到相关人员手里。协作系统在知识管理中有重要的作用，讨论区、共享工作空间、交流室、视频会议等都属于协作系统的范围。电子学习系统是知识管理的一个重要方面。学习管理系统、内容分发、内容创建以及内容管理等内容都属于电子学习系统的范围。

第五，按知识管理的支撑技术进行划分。商业智能：由数据、文本挖掘技术，联机分析处理技术（OLAP）以及数据仓库技术组成。协作技术：包括实时协作技术和异步协作技术；知识传播：包括基于计算机的培训技术（CBT）；分布式学习技术包括实施电子课堂、电子研讨会和讨论会技术；知识发现：包括检索技术、内容分类技术以及数据导航（知识地图）和文档管理技术等；专家定位：包括专家网络、可视通信、密切度度量以及其他帮助迅速定位目标人群的技术。

知识管理技术种类的划分是人为的，它反映人们对知识管理技术概念认识的差异及其在服务于不同的知识管理需求中的功能与用途。

二　政府知识管理的主要技术工具

（一）从信息和数据中获取有用的知识——知识发现技术

当今先进的数据挖掘工具都提供了许多种可供选择的数据挖掘算法。这是因为每一种算法不可能完成所有不同类型的数据挖掘任务。进行数据挖掘时可以采用不同的算法。知识发现与数据挖掘技术常见的方法有聚类分析方法、神经网络方法、决策树方法、粗集技术、遗传算法和关联规则挖掘等，以下分别予以介绍：

第一，聚类分析方法，主要是按一定的规则和事物的特征对其进行聚类或分类，使每一类具有较高的相似度。它是数据挖掘中一个很活跃的研究领域，用来帮助分析数据的分布、了解各数据类的特征、确定所感兴趣的数据类，以便作进一步分析。

第二，神经网络方法，即利用大量的简单计算单元（即神经元）连成网络来使系统具有分布存储、联想记忆、大规模并行处理、自组织、自学习、自适应等功能。所连接的系统是通过极为完善的连接构成的自适应非线性动态系统。神经网络具有直观性、并行性和抗噪声性等优点。

第三，决策树方法，即根据不同的特征，以树型结构表示分类或决策集合，产生规则和发展规律。决策树方法起源于概念学习系统（Concept Learning System，CLS），该分类算法是数据挖掘研究中的一个以样本数据集为基础的归纳学习方法，它着眼于从一组无次序、无规则的样本数据集中推理出决策树表示形式的分类规则，提取描述样本数据集的数据模型。

第四，粗集技术，作为不确定性计算的一个重要分支，它的特点是不需要预先给定某些特征或属性的数量描述，而是直接从给定问题出发，根据数据不可分辨关系和不可分辨类别，对数据进行分析推理，确定问题的近似域，从而找出该问题中的内在规律。

第五，遗传算法，是基于进化论优胜劣汰、适者生存的物种遗传思想的搜索算法。遗传算法模拟生物进化过程将个体的集合——群体作为处理对象，利用遗传操作——交换和突变，使群体不断"进化"，直到成为满足要求的最优解。即首先对求解的问题进行编码，产生初始群体，然后计算个体的适应度，再进行染色体的复制、交换、突变等操作，优胜劣汰，适者生存，直到最佳方案出现为止。

第六，关联规则挖掘。关联规则是数据挖掘研究的主要模式之一，侧重于确定数据中不同领域之间的关系，找出满足给定条件下的多个域间的依赖关系，其挖掘对象一般是大型数据库，同时还有基于图形学、科学可视化和信息可视化的可视化方法。它包括基于图标技术、基于图表技术、面向像素的技术、层次技术、几何投射技术以及混合技术。

（二）显性知识和隐性知识的集装箱——知识库技术

1. 知识库定义

面向知识管理的知识库是一个广义的概念，组织可以通过建立知识库，积累和保存信息和知识资产，加快内部信息和知识的流通，实现组织内部知识的共享。知识库是某种结构化的、全面性的、有序组织的知识集群，是针对某一领域问题求解的需要，采用某种（或若干）知识表示方式，在计算机存储器中存储、组织、管理和使用，是互相联系的知识片集合。这些知识片包括与该领域相关的理论知识、事实数据（数据库）、由专家经验得到的启发式知识（如某领域内有关的定义、定理和运算法则以及常识性知识）等。政府的知识库就是运用科学的方法对不同来源、不同层次、不同结构、不同内容的知识进行综合和集成，实施再构建，使单一知识、零散知识、新旧知识、显性知识和隐性知识经过整合提升形成的知识体系。

知识库形成知识域。该知识域中包含非精确推理、归纳和演绎方法，面向约束的推理，逻辑查询语言，语义查询优化和自然语言访问等。自然语言访问包括问题求解对话，扩展响应序列，协同行为，解释和确证等部分。正如知识不同于信息、数据一样，知识库也不等同于数据库。数据库属于知识库的一部分，但知识库内容要广泛得多。具体表现在以下几个方面：第一，知识库更富有创造性。数据库中的信息是历史的，而知识库中的信息则既有过去的又有现在的。第二，常规数据库依赖诸如数据通信等其他子系统，但知识库却包含了通信的智能接口、知识门径、有知识的用户代理器等。第三，知识库中的知识必须由少量的专用名词来表示，一般来说，这些名词允许灵活使用信息，而不像在数据库中那样仅消极地保留信息。

2. 知识库的结构

知识库的构建需要围绕知识显化、知识传播、知识中介和知识认知过程四个方面。

第一，知识显化。显化是从组织内外部广阔的知识来源中捕获对本组织有用的知识，发现组织内部存在的各种知识，特别是隐性知识，并进行集成、电子化、文本化，通过编码予以规范。知识显化，首先，要拥有一个强大的搜索、过滤与集成工具，从组织的外部知识与内部知识中捕获对现在运营和未来发展有用的各种知识。其次，要建立一个外部储藏库，把搜索工具搜索到的知识，根据分类框架化标准进行组织和存储。最后，要建立一个文件管理系统，对储存的知识进行分类并能识别出各信息源之间的相似之处。总之，显化的作用是通过内化或中介使知识寻求者能够得到所捕获、收集到的知识。组织针对知识进行的显化工作，应当先成立工作小组，小组成员包括来自组织内部各职能部门的专家，负责整体协调工作。然后对知识的来源进行搜索。知识的来源包括专业杂志、会议文献、遗忘的经验和成果等。下一步工作是过滤，要对收集到的知识进行分类、评价，存优去劣，总结出具有典型意义的知识，对其内容和类别、特性等进行分析、总结并进行编码，将其输入文件管理系统。文件管理系统以文本文件和电子文件两种形式来构造组织的知识库。

第二，知识传播。传播是在组织知识库中设法发现与特定工作人员需求相关的知识，并且以最便捷的途径传递给该员工。它主要通过传播过程中的过滤来实现。在组织中，电子文件形式的知识库知识可用最适合的方式来进行重新布局或传播，并通过一个方便的搜索引擎系统，使知识需求者能够方便地得到全面的信息。文本形式的知识库可以依据知识的技术类进行布局，并以一系列图表等方式呈现出来，以此来节约知识在使用者的时间，提高使用知识的效率。知识的传播一方面需要建立一个功能强大的文件管理系统，另一方面也要求建立合适的知识传播组织形式。组织知识传播的组织形式应该包括培训和考核两种形式。培训是指聘请资深专家对相关人员进行特定技术知识的培训，介绍知识库中相关领域的内容。考核可以采取多种形式，比如定期抽查组织工作人员掌握知识库的情况，然后根据考核的结果进行一定的奖惩。同时，建设尊重知识和主动学习的组织文化也是很有必要的。

第三，知识中介。传播过程强调明确、固定的知识传送，而中介针对的则是无法编码存储于组织知识库中的知识和没有编入组织数据库中的知识，它将知识寻求者和最佳知识源相匹配。对于不在数据库中的一些外部知识，组织可以建立强大的搜索引擎，与外部数据库连接起来。当工作人员需要查询该类数据的时候，就能很方便地链接到相关网站上来。对于隐性知识来说，由于其无法编码，因此要针对不同员工的特长和经验，建立相应检索中介，使知识需求者能及时、准确地找到最佳知识源。

第四，知识认知过程。认知是由前三个功能交换所获知识的运用，是知识管理的终极目标。现有技术很少能实现认知过程的自动化，通常采用专家系统或者人工智能技术，并据此做出决策。认知系统比较可行的方案是：对于工作中紧急事情的处理可以由员工根据自身掌握知识和有关规章制度来直接判断；对于工作中重要却不紧迫的事情的处理采取专家技术会议的形式，如调度员或其他知识需求者在应用知识库中的知识进行决策时遇到困难，可以召集专家小组会议，向相关人员进行咨询，共同做出决策；对于工作中其他困难的处理可以借助组织内部有形或无形的网络。

3. 电子政务中知识库的建设

电子政务是一种新的公共行政管理方法，需要政府部门挖掘网络社会中公共管理的战略知识，并优化这些知识，使之成为政府创新行政管理的"知本"，使最恰当的知识在最恰当时间传递给最合适的公务员，以实现最佳的行政决策。

电子政务的知识库具有如下特点：知识量大、领域众多、内容丰富，彼此间存在松散联系；知识在不断更新；具体知识的背景、前提等比较复杂，不能完全照搬；需多人参与建设；知识库的建立呈分布化；确定性知识和不确定性知识并存，过程性知识和陈述性知识混杂；表达能力强；便于控制，有利于提高搜索和匹配的效率；结构一致，易于知识库的扩充、修改和一致性检查等。

电子政务知识库建设的目标：电子政务知识库建设以方便用户使用为目标，既可供行政人员安装在服务器上运行，也可以供公众用户安装在客户端使用。电子政务知识库使知识管理主体可快速而方便地访问到所需要的信息和知识，使最恰当的知识在最恰当的时间传递给最合适的行政人员和公众，以实现最佳的效益。

电子政务知识库的建立：第一，电子政务知识库的设计目标。电子政务知识库的设计要与电子政务的特点紧密结合，根据不同领域的电子政务设计特点有效、准确地表达和存储特定领域中的各种知识，应保证知识库的相对独立性，使今后知识库内知识的变动不会引起知识处理机制的改动。另外，知识的组织还要方便所选择的推理策略的实施。便于知识库内容一致性和完整性的检查和维护，使其功能或性能易于改进。第二，电子政务知识库的建立方式。电子政务知识库的建立主要采用开放式的、自组织的方式建立电子政务知识库。首先建立一个吸引人的、有丰富内容的网站雏形，其次通过正反馈机制发展知识库。第三，电子政务知识库的建立阶段。电子政务知识库的建立可分两个阶段：一个是初始阶段，另一个是正反馈的发展阶段。在初始阶段要求网站内容要丰富充实，可组织行政人员参加到电子政务知识库的建设中来，收集和输入一定数量的有价值的知识。在正反馈发展阶段，主要是根据公众的需求更新补充内容，由公众提供一些内容，再由工作人员进行筛选，最后纳入知识库内。第四，电子政务知识库的建立方案。在知识库开发过程中，面对大量数据，应采用数据库技术将各种数据和信息系统化、规范化，建立知识库，随着经验的丰富可以不断地扩充知识库。对于知识的表达，主要采用产生式规则的形式，基于关系数据库技术表示产生式规则，充分利用了关系数据库系统良好的数据管理、用户权限设置和数据共享功能，方便地实现了知识库管理功能。采用关系数据库，分别建立前提表、结论表和规则表。对知识数据的描述，应使用当前国际上通用的数据描述规范，以利于知识共享和知识创新。

知识库的建设是不断更新、不断产生、不断发现的，具有很强的动态性。所以应注重目标机构和相关专业人员，与之保持广泛交流，把握相关知识点的时效性，使知识库收集的数据始终具有实用性、真实性、新颖性。同时，行政工作人员应该把建设有自己特色的知识型数据库作为一项体现自身服务意识和服务水平的重要工作来抓，培养知识处理人才，配备专职人员进行知识库的建设与研究。

（三）在恰当的位置获得知识——知识地图

1. 知识地图概念

知识地图技术是用于帮助人们知道在哪儿能找到知识的知识管理技术。与组织现在面临的信息过量一样，组织将来同样也会面临知识过量问题。即使为使用者提供高效率的搜索引擎，也不能使使用者摆脱寻找知识过程中的混乱状态，需要有一个指引使用者找到需要的知识的技术，这个技术就是知识地图。知识地图的形态可以多种多样，但是有一点是相同的，即无论知识地图的最终指向是人、地点或时间，它都必须描述出在何处人们能够找到所需的知识。不同于知识仓库的是，知识地图并不描述知识的具体内容，而是描述知识的载体信息。

情报学理论中，布鲁克斯的"知识地图"是对文献中的逻辑内容进行分析，找到人们创造与思想的相互影响及联系结合点，为用户提供知识之间的关系。布鲁克斯的"知识地图"定义主要是基于情报学理论，强调知识的创造以及人的思想，它是一种理想状态的知识地图的定义，但是他的理论还没有真正地在计算机上得到实现。实际上，知识地图是知识在认知状态中的内部结构，这种结构形成人的知识框架和思维格局。布鲁克斯的愿望是，按知识的逻辑结构找出人们思维的相互影响的连接点，把它们像地图一样标示出来，展示知识的有机结构。布鲁克斯认为，知识组织就是对文献中的逻辑内容进行分析，找到互相关联、互相影响，能够引起人们创造和思考的知识点，使这些知识节点联系在一起，就形成知识地图。通过知识地图来揭示知识的有机结构，这种结构应该是多维立体结构，通过每个连接点都能找到所需知识和相关知识。

布鲁克斯提出知识地图概念以后，其他一些专家和学者也从不同的角度提出了知识地图的概念。这些概念虽然从字面上来看都各不相同，但是究其本质，却不外乎是从两个方面来进行定义：一是知识地图所包含的内容；二是知识地图的功能。从知识地图的内容分析，一份知识地图包括两方面的内容：一是通过知识资源调查所获取的知识资源目录；二是目录内各知识款目之间的关系。从知识地图的功能分析，知识地图首要的和最重要的功能是知识目录和领域专家的导航系统，是一个向导，它指向的是知识源和知识库。知识地图不仅要揭示知识的存储地，而且还要揭示知识之间的关系。知识地图就是让人们清楚地知道他们处在知识海洋的什么位置，并指引他们找到查寻信息的正确路径，是高效准确地获取知识的有效办法。

2. 知识地图类型

知识地图分类方式很多，现有文献通常按照知识地图的呈现方式和功能进行分类。知识地图按照呈现方式进行分类，特定类型的知识地图采取特定的呈现方式，具体方式有：①信息资源分布图，是知识地图的雏形，它侧重于对信息资源与各相关部门或人员关系的揭示，但尚未揭示各信息资源款目之间的关系，且多依靠手工来建设和完成；②阶层式、分类式、语义网络式等呈现方式适用于概念型与职称型的知识地图；③认知流程图、推论引擎、流程图等主要适应流程型的知识地图；④网页形式的知识地图，显示了人员专长以及单位信息、社会网络信息、关系路径等信息。

知识地图按照功能分类有三种类型：①概念型知识地图，即依据主题或概念所组织而成，只包含叙述性知识；②流程型知识地图，即依据活动流程所组织而成，包含叙述性知识与程序性知识；③职称型知识地图，即依据人员与知识间的关系所组织而成，包含叙述性知识与程序性知识。其中，叙述性知识属于静态的 know – what 知识，主要在描述某个事实或概念，程序性知识则属于动态的 know – how 知识，主要在描述某事的处理过程。概念型知识地图的知识来源多为显性知识，流程型知识地图的知识来源包含显性知识、隐性知识以及专家知识，职称型知识地图的知识来源多为专家知识。

确定知识地图所属类别，明确知识地图特征，对知识地图构建过程中不同构建原则方法的选择具有很大的指导作用。

3. 知识地图构建技术

知识地图是一种合理使用组织中知识的工具，在知识管理中占有重要地位。如果把一个组织比作一个人，那么知识地图就好比人的记忆，它不是一个静止不变的实体，而是一个在不断进化和充实的活动的容器。知识地图搜集组织的关键知识并将之进行一定的合成，使组织的员工可以通过知识地图的导航来进行学习，并可以通过发现知识地图中新的知识之间的联系来进行创新。所以，知识地图构建原则如下：

第一，直观信息量尽可能少，减少维护成本。考虑知识地图的动态性和扩充性，尽量减少对结构的控制，将其设计成灵活的分布式输入输出结构，以反映知识的不断增长和更新。

第二，以需求为导向。知识地图包含的信息数量以及链接的建立，应考虑最终用户的使用，不一定求全，但要实用、方便，这是对知识地图工具的基本要求。

第三，确定基础结构。应尽可能预先明确知识地图的设计特性、构成成分、节点关系的定义和链接资料的存储方法等，如概念基模与概念阶层。

第四，有长远维护发展策略。知识地图在使用过程中应不断更新，尽可能从基础用户获取最新、最准确的知识，以保持其时效性和准确性。

第五，协调组织文化。知识地图的风格要与组织文化相匹配。在知识地图绘制工作中，要制定相应的知识款目著录规则及建立各条款目之间关系的规则，这些关系包括互见、参见等。

知识地图的构建过程包括知识识别与组织、知识分级、建立联系和展现知识地图几个步骤。

第一，知识的识别与组织，主要包括知识的识别、组织和审查三种活动。使用形式化的方法，按概念、概念的属性、概念之间的关系来对知识进行识别；按语义联系（主题）来组织知识；审查知识资产及其来源，确定关键知识。在这三种活动中知识审查是重点。

第二，知识分级指将职位知识、用户知识、创造性知识分级，然后对每个人的知识分级。

第三，建立联系主要涉及建立索引、知识配置和个性化三种活动。建立索引指建立知识的索引联结。知识地图是动态的概念，索引源有显性知识，有人员、过程等隐性知识的联结，因此这种联系包括各类知识与人之间、人与人之间、知识与知识之间的联系。

第四，地图展现是用可视化的技术把知识地图展现出来，地图展现既可以选择传统的款目著录等级层次，也可以采用树形结构或者更好的网状结构。

4. 知识地图的应用

从具体方面说，知识地图有以下几方面应用：

第一，知识检索方面的应用。知识地图使得传统的基于关键词的检索，上升到语义检索的高度。其基本思想是：先建立相关领域的知识地图，根据知识地图收集的信息进行标注，用户的检索请求按照知识地图转换成规定的格式，在知识地图的帮助下匹配出符合条件的资料集合，返回给用户。

第二，知识获取方面的应用。借助知识地图能够更加有效地获取知识；在资料挖掘中，基于知识地图的资料挖掘可在高层次进行，产生高层次或多层次的规则，甚至在具有语义意义的规则上产生挖掘结果；在软件工程方面，知识地图能帮助更加准确地获取软件需求信息。

第三，知识管理方面的应用。知识地图不仅可以用于显性知识的管理，还可用于隐性知识的管理。在知识地图中有两种图可以用于隐性知识的管理：一种是可以帮助隐性知识表达出来的图，称为认知地图，亦称方法或过程图；另一种可以帮助隐性知识交流传播，称为专家图，这两种知识地图分别从隐性知识本身和隐性知识载体这两个角度出发，来对隐性知识进行管理。

知识地图作为一种评价知识存量的可视化工具，在现代社会发挥着越来越巨大的作用。它通过数字化和知识化将大量无序信息有序化，为人们提供知识共享的环境，提高其工作效率和创新能力，改善服务质量。并在传播知识、开发知识等方面起到了巨大的作用，如果能及时更新知识并加以推广，其发展前景不可估量。

（四）实现知识的全面交流与共享——知识网格

1. 知识网格概念与基本特征

网格，也称为虚拟计算环境，是近些年兴起的一种重要网络信息技术。网格首先利用计算机网络，把地理上广泛分布的计算资源、网络资源、存储资源、信息资源、软件资源和知识资源等资源连成一个逻辑整体；然后如同一台超级计算机一样为用户提供一体化的信息服务，实现全面地连通、共享互联网上所有资源，消除信息孤岛和资源孤岛。网格的本质就是在多个机构动态形成的虚拟组织中共享资源和协同解决问题，根据其在实现这一任务中所处的等级，可以将它分为计算网格、信息网格和知识网格三个层次。

随着网格、语义网、语义网格的深入研究和研究内容的交会融合，知识网格开始受到多学科的特别关注。网格内涵虽然异常丰富，但其核心要旨是构筑在互联网上的一种新兴的基础设施或是一组新兴的集成技术，凡是能够超越传统的网络技术，完成以往所不能完成的集成互联网资源与服务的技术，都可称为网格技术。

目前，对于知识网格尚无统一认识，但依据国内外研究成果，根据语义网格的逻辑发展以及不断拓展的知识需求，对于知识网格可以从以下方面理解：首先，知识网格不是空中楼阁，它存在于现有的理论、方法和技术之上，是一种高层次的知识组织与共享的理念；其次，知识网格是建构于万维网之上的一种知识互联的智能环境，它不仅提供异构语义资源的共享能力，还具有基于语义资源的知识服务的应用能力。

知识网格有很多特征，具体来说，主要有以下五个不同于其他技术的特征：可以使人们能够通过单一语义入口获取、管理分布于全球的知识，而且不需要知道知识的具体位置；可以智能地聚合分布于全球的相关知识，还可以利用后台推理与解释机制提供智能的知识服务。目前，比较常用的实现这个目标的方法是由知识提供者提供元知识，并且具有统一的资源管理模型，最终实现知识服务的动态聚合；个人或虚拟角色可以在一个单一语义空间映射、重构和抽象的基础上共享及使用推理服务，而且能够在其中相互理解却没有任何障碍。因此，知识网格会使知识共享更加普通、适用；知识网格应该提供条件，使用户能在全球范围检索到解决问题所需的知识。为了达到这个目标，需要建立新的知识组织模型；在知识网格环境中，知识不是静态存储的，它能动态更新。这表明知识网格中的知识服务在使用的过程中可以不断自动演化改进。

2. 知识网格关键技术

知识网格涉及技术也很多，但是，知识网格使用的关键技术主要有以下几种：

第一，网络服务。以网格服务为中心的架构，十分有利于构建知识网格环境。在 OGSA 网格体系结构中，因为网格环境中所有的组件都是虚拟的，用相同的接口实现的不同封装，这样可以提供一组相对统一的核心接口，由于所有的网格服务都是基于核心接口来实现，可以容易实现具有层次结构的、更高级别的服务。

第二，软件代理。多代理系统研究提出的问题空间与知识网格是相一致的，决策、分散、对等、自治的行为，正是构建网格虚拟组织所必需的。基于代理的计算模式也是一种面向服务的模式，代理与面向服务的网格可以建立直接的映射，代理可以是服务的生产者、消费者和代理者。

第三，元数据。元数据是关于数据的数据，是对知识网格上信息描述的一种方式。元数据最基本作用是管理数据，而且通过统一的元数据要求，可以实现信息描述标准化，有利于实现知识查询、交流和共享。

第四，本体。本体是共享概念模型的形式化规范说明，获取、描述和表示相关领域的知识，提供对该领域知识的共同理解，明确该领域内共同认可的词汇，并从不同层次的形式化模式上给出词汇和词汇间相互关系的确切定义。

第五，语义服务。语义服务的目标是通过改善服务的描述，明确服务的能力和任务完成的特性，使得在同一语义空间下的服务更容易整合。

3. 知识网格在知识管理中的作用

知识管理的最终目的就是实现知识创新，为了达到这个目标就要管理资源丰富、形式各样的知识，并且能够在适当时候将适当的知识传递给需要的人，以解决其在实际工作中碰到的问题。知识管理以人为本，重视对知识本身的管理，重视显性知识的传播与应用，重视隐性知识的管理，重视问题的解决方案。对显性知识的管理表现为对客观知识的组织管理，对隐性知识的管理则有些困难。具体来说，知识网格在知识管理中具有以下几方面的作用：

第一，知识网格有利于知识交流。一方面是指知识网格为知识表示的多样化提供了平台，同时也为人们获取知识提供了条件。另一方面知识网格有利于促进知识可视化和创新。

第二，知识网格有利于智能化地进行知识管理。知识网格纵向为用户提供集成一体的方案，从知识存储到用户利用知识。它并不需要程序员进行二次开发，只要管理员做简单的配置，就可以建立服务平台。其层次化的元数据设计思想，为实现用户对资源透明性的访问提供了可能，也为知识管理提供了有利的条件。

第三，知识网格技术为知识管理提供统一的平台。知识网格为用户提供一体化的智能信息平台，创建基于互联网的新一代信息平台和软件基础设施。知识管理根本目的就是管理那些资源丰富、形式各样的知识，在这个平台上，信息处理是分布式、协作和智能化的，用户可以通过单一入口访问所有信息。

第四，知识网格有助于进行有效的组织和提炼知识。知识网格能关联和集成不同级别和不同领域的知识资源，以此支持跨领域的类比推理、问题解决和科学发现。因此利用知识网格可以更好地进行知识挖掘，更有利于进行知识管理。它也会有助于从已有的良好知识、范例和类似文本的知识源中衍生出新知识。

第五，知识网格有利于显性知识向隐性知识转换。知识网格是由知识元组成，也就是知识网格使信息资源管理从文献载体深入到了知识单元层面。知识元的独立性和链接方法是生成新知识的主要途径，知识网格可以将整个科学分类体系立体分布在网格节点上，通过不同的结构链接方法使诸多交叉学科体系由隐性知识转化为显性知识，创造出新的学科研究领域，达到知识创新的目的。因此，从这层意义上来说，知识网格有利于更好地进行知识管理中的隐性知识的管理。

总之，知识网格技术有利于实现知识管理。知识网格可以将分布在不同区域数据库中的知识资源按照统一加工标准进行整合，综合分析，形成新的知识，满足用户实现在更宽广的范围内，在更具专业化与个性化的水准上获取知识的需求。知识网格是一个集人类当前全部知识为一体的、合理组织的网络知识集成系统，利用计算机网格通过信息集成和知识集成来实现知识的合理组织和动态生长，从而实现知识传播和利用的总体最优化，对知识创新有着巨大的作用。

（五）包罗万象的协同工具系统——群件技术

1. 群件的概念及产生基础

群件是以计算机网络为平台提供群体协同工作的软件，是一个描绘支持人与人之间合作的电子技术的包罗万象的词汇。依据国际对群件的定义，它是指以交流、协调、合作及信息共享为目标，支持群体工作需要的应用软件。在这一定义中，交流强调了小组成员之间的互动性。每个成员都要尽可能地发表意见，以头脑风暴的形式集思广益，在相互碰撞中产生思想的火花。协调与合作意思类似，但也有差异。协调更多地强调合作中的竞争、强迫关系，而合作强调小组成员之间的协作性，指群组成员在一起解决问题时，通过对问题的共同理解而完成某个任务。至于信息交流，主要指资源的共同分享。每个成员都将自己所收集的资料分门别类上传到某一个指定的空间。而这正是群件的优势之一，即改变了那种虽然物理上联网，但是信息并未有效传递和交流的状况。值得一提的是，Lotus 公司也为群件给出了一个定义。它认为群件是这样的一类软件，即在功能上必须能满足用户的"3C"要求，即通信（Communication）、合作（Collaboration）和协调（Coordination）要求。通信是指用户个人或组织间的信息传递，合作是指用户工作团队中的信息共享，协调是指用户业务过程的自动化进行和协调地完成。在实践中鉴别一个软件是否属于群件，"3C"是一个的简便而合理的方法。

群件的产生基础在于社会工作模式变革——社会逐渐由个人工作时代迈入协同工作时代，而这种新的工作模式，需要群件支持。比起充分发挥个人才干的理论，小组协同理论更受重视。其优势在于人们共同的责任感，以及"整体大于个体之和"的道理。为了管理方便而划分组织机构的公司往往有相互沟通的问题。而工作组模式采用跨职能工作小组的思想，就是把各类型人员汇集起来组成工作小组，共同负责某项工程任务。基于共同的责任感，小组内部可以较好地协作。在需要多种工作技能、经验，需要共同分析判断才能做出正确决策的复杂问题上，工作小组的效率往往高于同一群不是以小组方式工作的个人。工作小组能快速发挥其集体的综合才能而不是单个人的，从而能达到那些组织松散的群体无法达到的目标，这就是"1 + 1 > 2"。

工作模式的变革是群件产品产生的基础。另外，计算机技术的发展，也促进了工作模式的变革。协同工作的小组模式，需要计算机技术支持。社会和计算机技术，是互相促进、共同发展的。

2. 群件分类

按照群件定义，广义上，电子邮件、电子布告栏、电视会议、工作流管理之类的软件都可以视为群件。按功能进行划分，群件大致有以下几类：

第一，支持信息传递类，以电子邮件为代表，如 Lotus cc：Mail、Microsoft Mail 等。

第二，支持流程自动化类，以工作流以及电子表格为代表，还有公文自动化软件。工作流软件如 IBM Flow mark、Workflow、Floware、Wang Open Workflow 等。

第三，强调增进群体合作的软件，如视频会议，共享、共同编辑文件数据库等类型的软件。

第四，综合性的群件开发平台：这类产品提供多项功能，包括工作流管理、信息传递和集成的数据库功能，拥有集成的用户开发环境，具备高度安全性，代表了群件发展的方向。主要产品有 Lotus Notes、Novell Group Wise 以及 Microsoft Exchange 等。

上述产品，前三类只覆盖群件的某部分功能，只有第四类才全面体现群件的 3CIS 概念。因此，狭义的群件仅指这类综合性群件开发平台。

3. 群件技术在知识管理中的作用

群件技术的特点使它成为知识管理的基础性技术之一。群件是一种为工作团队的协同工作提供支持和服务的软件，同时又是实现知识共享的工具。群件是支撑知识管理的最重要技术之一。由于实现了对非结构化信息的管理和共享，群件对组织工作人员来讲就意味着一种高效的协同工作手段和组织战略级的解决方案，从而称为知识管理的基础技术之一。组织知识管理要求利用群件技术在互联网环境下，将电子邮件、会议、文档管理、工作流、协同工作等方面的功能与网络技术结合起来，实现知识的交流与共享。

群件产品与互联网相结合使得其威力更为强大。移动计算机的功能使它不但支持组织成员之间的协作、信息交流和工作进程协调，而且还能方便地支持成员间的问题设计和知识共享，从而使工作组成员可以真正高效的协同工作，并极大地释放了通信、协作与协调的力量。群件具有灵活的可伸缩性和足够的安全性，可以适应组织规模和管理结构的改变，例如组织增加新部门、原有机构扩容等。另外，群件的文档管理系统对于知识管理也有十分重要的意义。以 Lotus 公司的文档管理系统为例，它的 Domino.doc 提供了一个管理文档的平台，这些文档包括广泛的心理类型，从纯文本和平面图像到 3D、音频和视频元素，它没有强加给用户一个编辑系统，而是让用户选择自己喜爱的工具来编写文档。

（六）知识管理的前沿技术——元数据、RDF 和 XML

1. 元数据

元数据是美国著名电子文件专家戴维·比尔曼首先引进电子文件研究领域的。对其最初定义是：元数据是关于数据的数据。其后又有人对元数据的定义进行了补充。元数据是描述其他数据的数据，或者说是用于提供某种资源的有关信息的结构数据。元数据是描述信息资源或数据等对象的数据，其使用目的在于：识别资源；评价资源；追踪资源在使用过程中的变化；实现简单高效地管理大量网络化数据；实现信息资源的有效发现、查找、一体化组织和对使用资源的有效管理。元数据的基本特点主要有：

第一，元数据一经建立，便可共享。元数据的结构和完整性依赖信息资源的价值和使用环境，元数据的开发与利用环境往往是一个变化的分布式环境，任何一种格式都不可能完全满足不同团体的不同需要；

第二，元数据首先是一种编码体系。元数据是用来描述数字化信息资源，特别是网络信息资源的编码体系，这导致了元数据和传统数据编码体系的根本区别；元数据的最为重要的特征和功能是为数字化信息资源建立一种机器可理解框架。

2. 资源描述框架

资源描述框架（Resource Description on Framework，RDF）。RDF 使用 XML 语法和 RDF Schema（RDFS）来将元数据描述成为数据模型。众所周知，对资源的描述是和领域及应用相关的，比如，对一本书的描述和对一个 WEB 站点的描述是不一样的，即对不同资源的描述需要采取不同的词汇表。因此 RDF 规范并没有定义描述资源所用的词汇表，而是定义了一些规则，这些规则是各领域和应用定义用于描述资源的词汇表时必须遵循的。当然，RDF 也提供了描述资源时具有基础性的词汇表。

通过 RDF 可以使用自己的词汇表描述任何资源，但人们更乐意将它用于描述网络站点和页面，由于使用的是结构化的 XML 数据，搜索引擎可以理解元数据的精确含义，使得搜索变得更为智能和准确，完全可以避免当前搜索引擎经常返回无关数据的情况。当然前提是 RDF 和标准化的 RDF 词汇表在网络上广泛使用，而且搜索引擎需要能够理解使用的词汇表。简单而言，一个 RDF 文件包含多个资源描述，而一个资源描述是由多个语句构成，一个语句是由资源、属性类型和属性值构成的三元组，表示资源具有的一个属性。资源描述中的语句可以对应于自然语言的语句，资源对应于自然语言中的主语，属性类型对应于谓语，属性值对应于宾语，在 RDF 术语中称其分别为主语、谓词、宾语。由于自然语言的语句可以是被动句，因此前面的简单对应仅仅是一个概念上的类比。

资源描述框架（RDF）是一个用于表达关于万维网上资源信息的语言。它专门用于表达关于网络资源的元数据，比如 WEB 页面的标题、作者和修改时间，WEB 文档的版权和许可信息，某个被共享资源的可用计划表等。然而，将"WEB 资源"概念一般化后，RDF 可被用于表达关于任何可在网络上被标识的事物的信息，即使有时它们不能被直接从 WEB 上获取。比如关于一个在线购物机构的某项产品的信息（例如，关于规格、价格和可用性信息），或者是关于一个网络用户在信息递送方面的偏好的描述。

3. 可扩展标记语言

可扩展标记语言（Extensible Markup Language，XML），是（Standard Generalized Markup Language，SGML）标准通用标记语言。XML 是互联网环境中跨平台的依赖内容的技术，是当前处理结构化文档信息的有力工具。扩展标记语言 XML 是一种简单的数据存储语言，使用一系列简单的标记描述数据，而这些标记可以用方便的方式建立，虽然 XML 比二进制数据占用更多的空间，但 XML 极其简单易于掌握和使用。XML 和 AC-CESS、ORACLE 等数据库不同，数据库提供了更强有力的数据储存和分析能力，例如，数据索引、排序、查找、相关一致性等，XML 仅仅是展示数据。事实上，XML 与其他数据表现形式最大的不同是：它极其简单。正是这点使 XML 与众不同。

XML 的简单使其易于在任何应用程序中读写数据，这使 XML 很快成为数据交换的唯一公共语言，虽然不同应用软件也支持其他数据交换格式，但不久之后它们都将支持 XML，这意味着程序可以更容易地与 Windows、LINUX 以及其他平台下产生信息结合，然后可以很容易地将 XML 数据加载到程序中，并以 XML 格式输出结果。

XML 的优点在于将用户接口和结构资料相分离，允许不同来源的资料无缝集成，并可对同一资料进行多种处理，既可满足不同用户的需求，又保证了资料的安全性，基于 XML 的特点，可以将 XML 技术很好地应用于知识管理系统中。

第二节 政府知识管理模型

一 知识管理系统的概念

关于知识管理系统（Knowledge Management System，KMS），目前没有一个公认的定义。达文波特和普鲁萨克认为，知识管理系统是经设计和开发的为组织的决策者或用户提供决策和完成各种任务所需知识的一种系统。彼得·H. 格雷（Peter H. Gray）指出："知识管理系统是一种集中于创造、聚集、组织和传播一个组织知识的信息系统。知识库和知识地图是知识管理系统的两种常见类型。"

我国学者丁蔚认为："知识管理系统是指以人和信息为基础，以整合组织知识学习过程、实现组织竞争力的提升为目的，利用先进的信息技术建立起来的网络系统。"它由内部网、知识资产管理、动态知识管理、数据仓库、协作和工作管理、工作流管理、文本和文档管理七部分组成。知识管理系统是对有价值的信息即知识进行强化管理的系统，它包括对客户、供应商和企业内部职工的知识加以识别、获取、分解、储存、传递、共享、创造、价值评判和保护，并使这些知识资本化和产品化。而张新武认为，企业知识管理系统是将企业整体看作一个知识处理的系统，它包括企业组织、企业文化、个体知识与学习模式、业务规则及其间的交互过程以及由计算机支持的信息系统。

从技术实现角度考虑，知识管理系统是实行知识管理的技术平台，作为实现知识管理的计算机系统，是一个具有知识管理能力和协同工作能力的软件系统，是一种融合管理方法、知识处理、智能处理乃至决策和组织战略发展规划于一身的综合系统。知识管理系统以增加信息含金量、加强信息服务的及时性和准确性为目标，以内部网、群件、数据仓库、专家系统、推送技术和智能搜索等技术为基础，使得组织的知识能更好地为组织所利用。

知识管理系统是组织实现知识管理的平台，是一个以人的智能为主导，以信息技术为手段的人机结合的管理系统，其总体目标是通过将组织中的各种知识资源，包括显性知识和隐性知识，整合为动态的知识体系，以促进知识的创新，通过知识创新能力的不断提高带动员工工作效率的提高，最终提高组织的竞争能力和服务水平。

二 知识管理系统模型

国内外学者已提出多种知识管理系统模型，有些强调用理论来描述知识管理系统进行知识管理的过程及相应的功能，而另一些突出强调了模型中的技术支持。

（一）从理论角度构建知识管理系统模型

从理论角度构建的知识管理系统侧重点不尽一致，主要体现在以下四个方面：

第一，基于知识分享与合作创新的知识管理系统。这一模型突出了知识分享在系统中的核心作用，包括系统管理、规划系统、执行系统、协作系统、绩效系统、邮件系统、问题研讨发布、虚拟会场以及整合系统，各系统之间相互依存、相互协助，都是为了保障知识在组织中的充分共享。

第二，基于知识链的知识管理系统。这一模型从知识利用及创造过程的角度建模，方便考察 KMS 对每个阶段知识的影响，并突出了知识是如何从获取到创造的。如 Rugglces 建立了一种从知识获取→知识编码和存储→知识传递→知识利用→新知识创造的模型；朱晓峰提出的模型由知识生成、知识挖掘、知识重组和知识应用 4 个模块构成，其功能是从特定领域抽取知识，从中发现隐含的、有意义的知识，将其形成特定用户的系统化知识，并具体运用过程相结合，最后用知识解决实际问题并产生新的知识。

第三，基于特性的知识管理系统。从组织领域看，知识管理系统包括知识战略、业务流程与知识流程的结合、知识管理的组织和制度以及组织文化；从系统角度看，知识管理系统包括组织内部过程与外界环境的交互和评估体系。基于知识管理系统特性的模型充分反映知识管理系统的特点，如李艳刚提出的模型包括七个层面，从不同角度体现了知识管理系统的特点，描绘了一个完整的知识管理框架，有利于深刻认识知识管理的本质，寻找知识管理的一般规律和工作方法，从而提升知识管理系统的效率和有效性。

第四，基于构成要素的知识管理系统。这一模型强调知识管理系统建造过程中所需要素，主要包括知识、技术基础、组织基础、人力资源、文化五部分。鲍曼（Bownmn）提出，模型由内、外部信息、资源库与管理工具、知识库、元数据、技术工具和企业应用六大要素组成；DeSanctis 和 Gallupe 提出了基于知识库子系统、用户接口子系统、群组知识转换子系统以及用户/知识发生器子系统四部分要素的模型。这类观点虽然显示了 KMS 建造过程中所需的各类要素及其内部关联，但没有详细说明每种要素在模型中所占的比重以及每种要素的具体功能。其他从理论角度构建的模型还包括层次模型、基于一般系统框架的 KMS 模型、KMS 房屋模型、知识螺旋创造模型（SECI 模型）以及 KMS 灯笼模型。

以上这些模型在理论层面上都可以进行有效的知识管理，但最大的缺陷就是缺乏具体的技术支持，所以模型能否在组织中得以实现尚不明晰。

（二）从技术角度构建知识管理系统模型

技术角度的分析着重突出了知识管理系统所采用的核心技术，具体如下：

第一，基于多主体的知识管理系统。单主体所能完成的任务十分有限，多主体系统模型就是通过多个自治主体间的协作来完成复杂的任务，每个主体在模型中担任不同角色，互相协作，完成不同功能，共同构成一个开放灵活的系统，具有良好的并行性、可维护性、可扩展性和协同性。该模型可以使用 JAVA 作为开发语言，JATLite 为开发工具包。

第二，基于 XML 的知识管理系统。李克旻提出的基于 XML 的模型就具有良好统一的文档格式，更细化的信息搜索，而且支持知识在 WEB 上发布与共享、内容与表现相分离，并且具有很好的兼容性能够支持远程异构系统之间的知识传输。

第三，基于 WEB 存储系统的知识管理系统。该模型的核心是知识库，包括网络存储系统、LotusNote 以及关系数据库系统，通过其超强的信息存储功能借助功能同样强大的知识门户能帮助组织建立全方位的信息沟通渠道，实现实时信息共享与知识交流。

第四，基于数据挖掘的知识管理系统。基于数据挖掘的模型由用户界面、知识库管理、模型库管理和数据管理四部分构成。模型库管理处于模型中心地位，其中数据挖掘模型管理子系统负责提供和维护数据挖掘过程中所需的各种工具，能快速地从外部挖掘有价值的知识，而用户界面、数据管理以及知识库管理负责将创造出来或获取的知识及时地传递给组织的其他部门。

其他从技术角度构建的模型包括基于信息集成的协同交互式知识管理系统模型以及基于 WEB2.0 的知识管理系统模型。基于技术层面构建的模型虽然突出了知识管理系统的可行性，但没有与具体的理论框架相结合，缺乏一定的理论基础，而且大多模型都以单个技术作为支撑，可能导致设计出的系统功能不完善。

三 政府知识管理系统建设思路

在政府知识管理系统的建设过程中，要避免以下几种倾向：一是把知识管理与信息系统完全分割开来；二是过分夸大知识管理系统的作用；三是把知识管理系统等同于传统的信息系统；四是借用知识管理系统之名，夸大信息系统的功能等。同时，在组织知识管理系统的建设中，要注意处理好以下几方面问题：

第一，知识管理系统的实现应该是多样化的。由于各种类型组织的知识资产结构、管理策略、组织文化各不相同，而这些因素对于知识管理系统的体系结构具有很大影响，因此找到一个统一模式是很困难的。根据具体组织的具体情况分析和设计系统，应该是现实的选择。

第二，知识管理系统建设要注意与现有信息系统集成。这是因为知识管理系统与信息系统通常运行在一个网络基础设施上，后者是前者重要的数据来源，前者是后者功能的进一步延伸和拓展。新一代信息系统正朝着解决半结构化、非结构化问题的方向发展。现有的信息系统支撑着组织业务流程。知识管理系统只有与其紧密结合，才能具有生命力。

第三，知识管理系统应该具有可扩展性。新的知识在不断产生，新员工的加入也会带来组织知识地图的变化。在设计阶段就应注意为将来的扩展预留空间。

第四，促进知识共享的同时也要注意对知识的保护。知识共享不是绝对的，因此知识管理系统需要相应的安全机制。

第八章　知识经济背景下政府改革模式

第一节　政府组织的特点、结构与演化

一　政府组织的特点

政府组织不仅是社会组织中规模最大、管理范围最宽的组织类型，还是统治阶级利益的代表者，直接体现国家意志。作为一种独特的社会组织、行政组织，与其他组织相比具有以下特征：

（一）政治性

政府组织所从事的活动具有政治目的和政治意义，并不单纯的是社会管理活动，行政组织的活动体现着统治阶级的意志。国家是统治阶级用来维护本阶级的利益、维护社会统治秩序、调节社会各种关系的工具，国家的意志就是统治阶级的意志。国家职能的核心就是维护统治阶级的利益。行政组织作为国家意志的体现者，作为国家职能的执行机关，其管理活动过程必然会表现出鲜明的政治特性。

（二）合法性

合法性在政治学中通常用来指政府与法律的权威为民众认可的程度。合法性被认为是政府行政的最基本条件。如果一个政府缺乏必要程度的合法性，它将很快崩溃瓦解。合法性必须建立在一个共同认可的基础上，这种认可可以是神秘的或是世俗的力量。对合法性基础的认识最经典的是马克斯·韦伯的概括，他将之分为传统型、法理型和克里斯玛型（魅力型）。其中，传统型认为，合法性来自传统的神圣性和传统受命实施权威的统治者；法理型认为，合法性来自法律制度和统治者指令权力；魅力型认为，合法性来自英雄化的非凡个人以及他所默示和创建的制度的神圣性。韦伯认为，以上类型都是理想类型，历史上的合法性形式都是这三种

类型不同程度的混合。

在当代国家，合法性更依赖政治权力的有效性，这也是近代政治的基本特征之一，包括政府能否有效地对社会事务进行管理，经济能否持续发展，主要取决于政府的财政能力和政策能力。

（三）社会性

社会性是生物作为集体活动的个体，或作为社会一员而活动时所表现出的有利于集体和社会发展的特性。与军事组织、政治组织不同，政府组织不仅仅是为了政治目的或维护统治阶级利益建立的，它还履行着管理社会公共事务的职责。政府组织要从根本上维护统治阶级的利益，维护社会秩序，就必须管理好包括各种经济、文化、科技、卫生、社会福利、社会治安等事项在内的各种社会性事务，维护社会经济文化各方面的发展，使人民安居乐业。政府组织通过对社会公共事务进行组织和管理，为全体国民提供广泛的服务。可见，政府组织在其活动中是具有社会性的。

政府在对社会公共事务进行管理时运用的各种手段，叫作社会性规制，也称"社会管制"。社会性规制是政府为控制（负）外部性和可能会影响人身安全健康的风险而采取的行动和设计的措施。植草益指出，社会性规制是以确保国民生命安全、防止灾害、防止公害和保护环境为目的的规制。包括对制药业、工作安全、产业安全、污染的排放控制、就业机会、教育等的规制，集中表现为外部不经济和内部不经济两种市场失灵的规制上。

社会性规制的特性决定了它的规制方式主要是直接规制，但是也有相对程度的间接规制。政府规制机构往往采用以下方式进行社会性规制：禁止特定行为、对营业活动进行限制、执业资格制度、标准认证制度、信息公开制度、收费补偿制度等。其中前三种制度形式被认为是基本的规制方式，后三种制度形式是前三种制度形式的补充和具体化。

研究社会性规制的内容，可以集中在两大类：研究如何对付外部不经济的市场失灵；研究如何对付内部不经济的市场失灵。其一，外部不经济规制。对外部不经济的规制是在受害者和施害者之间不存在契约关系的条件下，对社会的外部性损害的规制。具体来说，对付外部不经济的社会规制主要有如下内容：产权规制、生态环境保护的规制、自然资源合理利用的规制。其二，内部不经济规制。内部不经济是指已经签订了交易合同而在合同中体现的市场失灵。由于各种原因使已经签署的契约关系并没有保证产品质量和工作场所安全，于是需要对这些由契约规定的产品质量和工作场所安全的隐患问题进行规制。

（四）权威性

政府权威是指政府在社会管理和公共服务过程中形成的、得到人民认同的威望和公信力。它是由国家性质，即国体决定的。政府组织作为国家权力的执行机关，拥有凌驾于整个社会之上的权威，运用各种手段来维持社会的统治秩序、经济秩序和文化生活秩序，政府组织内部各类机关单位、社会的各种团体和国家全体公民，都有义务而且必须服从政府组织的一切合法的规定、命令，服从政府组织的指挥、领导和管理，强制服从是政府组织权威的突出表现。

政府的权威是通过政府及其工作人员的道德形象、依法行政态度、能力和水平，履行职责的效果树立起来的。政府及其工作人员有没有科学决策、依法行政、优化公共服务、完善社会管理，有没有自觉接受监督，与群众保持和谐关系。政府及其工作人员业绩是否出色，是否具有果断办事的能力。政府及其工作人员品行是否端正，人生观、价值观、世界观是否正当等都会影响政府权威。

（五）系统性

政府组织是依法设置的、由若干要素按照一定的目标结构、层次结构、部门结构、权力结构所组成的职责分明、协调有序的有机整体，是一个庞大的政府管理系统。一个国家的行政组织首先形成大系统，然后分成省级次系统和市、县级子级系统。各级政府部门在这一系统中各司其职、各守其位。政府组织是一个集中统一的整体，不同层级的政府机构围绕着共同的目标相互协调，开展行政活动。行政组织的这种系统性使其具有了整体性和对环境反应的灵活性。行政组织可以通对系统的调节以适应外部环境的变化，并使其自身不断地完善。

我国的行政组织是一个体系完整、职能齐全的行政系统。最高权力机关是全国人民代表大会，国务院是在其监督和领导下的最高行政机关。同时，各级人民政府都必须在各级人民代表大会的监督和领导下行使权力，开展政务活动。

我国行政组织从纵向层次看有中央政府、地方政府和基层政府三级。中央政府是指国务院，它管辖全国政治、经济、文化、社会等事务，它所制定的方针、政策、法规、命令、指示、规定、条例各级政府必须贯彻执行，其效力达及每个公民。各部、委、办是国务院职能部门，主管某一专业方面的行政事务。

地方政府是指省政府、自治区、直辖市政府、计划单列市政府、设区的市政府、县政府和县级市政府、自治州政府、盟政府、旗政府等。其管辖权是在其行政管辖区域之内。同时，这些地方政府也有其职能部门，主管某一专业的行政事务，其管辖权在政府行使的行政区划内的有关部门和公民。

基层政府是指乡（镇）政府，其管辖权在一乡或一镇，小的乡（镇）不设职能部门，但有主管各方面业务的办事人员，在大的乡（镇）已设置少量办事机构。

地方政府必须执行中央政府的方针、政策，但也有相对的自主权。在中央方针、政策的指导下，地方政府为了本地区的政治、经济、文化、社会的发展，可自行制定一些政策、规定、法令、条例、办法等。少数民族地区的地方政府的自主权更多些。

我国行政组织从横向分工上看，是依工作性质不同而划分为不同的工作部门。同一层级的各部门是平行关系，有明确的工作范围和适当的权责划分。我国中央政府下设的各部（委）机构、直属机构和办事机构，省级人民政府下设的各个厅（局），县级人民政府下设的科（局），均是按业务性质划分的横向工作部门。

二　政府组织结构

政府组织结构是指构成政府组织各要素之间的排列组合方式，即政府组织内部各构成要素之间分工合作、相互协调的方式，它体现政府组织中各要素间的关系。政府组织内部有一套十分复杂的结构，它既是政府组织的存在形式，又是完成组织任务的肌体，也是政府组织内部分工与合作关系的体现。

结构是组织的基本属性之一，组织的性质不仅取决于它的构成要素，而且也取决于它的结构方式。行政组织结构是指行政组织各要素的排列组合方式，是由法律所确认的各种正式关系的模式。行政职位是行政组织结构的基本元素，是行政组织结构中的支撑点和联络点。行政组织的整体框架是由各种行政职位排列组合而成，即由行政职位组合成一个单位、部门、层级、整个国家政府系统这四个层次的行政组织结构框架。构成这个框架的实质是行政分工，是根据目标、责任和权力进行的个人、单位、部门及层级的行政分工。行政分工是行政组织结构形成的基础。根据行政分工不同，行政组织可分为纵向结构和横向结构两个部分。行政组织结构本身又是一个分工与合作的综合体，任何行政组织都是横向结构和纵向结构的结合，这种结合被称为复式结构，现代国家政府的组织结构均为复式结构。

（一）政府组织结构的特点

与其他社会组织相比，政府组织结构具有以下特点：

第一，稳定性与变革性。政府组织结构在一定时期内总是处于某种状态，政府组织行使国家行政权，稳定性是政府组织结构的必然要求，它强调职位、职责、职权的非人格化和统一，建立固定的组织模式，实现组织的持久稳定。行政组织文化的形成往往要经历很长时间，但一旦形成，就将长期影响甚至支配该组织成员的群体行为，成为该组织的灵魂，不会因为日常细小的外部环境的变化或个别领导和成员岗位的调动而变化。然而，这种稳定性从历史潮流的角度看却又不是绝对的。

第二，层级性。层级性即组织系统中划分管理层级的数量。政府组织为了便于行政管理，采取层级控制体制，纵向分为若干层级。一级管一级，管理范围逐级缩小，下级对上级负责。政府组织的职位和人员经过适当组合，构成一个层次的政府部门；若干政府部门的适当组合，构成一个层次的政府组织。结构层次性的优点在于上下衔接，统一指挥，一致行动，便于管理。

行政分工是政府组织结构建立的基础。在当今高度复杂的行政组织中，高度的分工和专业化程度加深，使得行政组织结构越来越复杂。在通常的政府组织结构中分化表现为两个方面，即垂直分化亦称层级化，水平分化亦称部门化，二者的结合构成行政组织的结构。政府组织结构的层级化是行政组织内部各级政府上下级之间、职能部门的上下级之间的机构、职位、人员的配备和责任、权力、工作程序的等级划分，也称为行政组织的纵向结构。构成各级政府上下级之间的层级化分工是以管辖地域的大小不同为分工内容的。其特点表现为：层级越高，管辖的地域范围越广，但组织数量越少；层级越低，管辖的地域范围越窄，但组织数量越多，即行政组织数量多少与层级的高低成反比例关系；不同层级之间管辖的职能基本相同，但管辖的地域大小不同。低层级的行政组织管辖的区域在高层级的行政组织管辖范围之内，上下之间形成垂直的领导关系，它要求下级必须服从上级，形成层级节制的隶属关系。总之，从各级政府的总体结构上看，它呈现出一个金字塔形的垂直领导关系结构，如省辖市级行政组织、县（县级市）行政组织、乡（镇）行政组织。

构成各级政府职能部门内部层级化分工以其各部门承担的行政工作任务及责权关系不同为内容。其特点表现为，它们之间的分工关系是以职能的隶属关系为根据的。政府组织结构的层级化，建立了组织的层级节制体系，尽管各级政府组织在层级分化的程度上有所不同，但都具有层级节制的特征。行政组织结构层级化的基本问题是确定各层级之间的隶属关系，要确定这一关系，就必须解决管理层次与管理幅度问题。行政组织结构的层级化是行政活动的需要。其优点是权力沿直线分布，权力链清楚，权力集中，利于政令统一；层级节制行动迅速，利于监督、控制，有利于信息的传递与沟通，有利于调动下属和工作人员的积极性。行政组织结构的层级化是提高行政效率的有力保证。

第三，开放性和体系性。开放性是指组织管理社会公共事务，政府组织必须不断和外界进行知识交换，随着环境的变化调整组织的结构。这是政府组织适应环境的前提。体系性是指政府组织行使的国家行政权是不可分割的整体，金字塔形的政府组织结构构成了一个纵横交织、具有隶属和制约关系的权责分配体系。

垂直的分化形成了管理层级，水平的分化界定了政府组织机构的基本部门。政府组织结构的部门化，亦称分部化，是指同级政府部门之间水平分工的构成形式。一级政府部门，按其行政目标、工作性质、权责区分而划分为若干个平行的职能部门，这种划分是对行政职能目标的分解，同时也是一种行政分权。这种分工和部门化管理体现了政府组织的开放性和体系性。

政府组织结构的部门化是行政组织的一种水平扩张，是按一定依据将行政活动类归到一定部门和单位的过程。在部门化的行政组织中，同一层阶的各部门都是平行的，各部门都拥有明确的工作范围和切实适当的权责划分，部门化的主要目的是以横向分工来求得更大的行政组织效益及行政效率。政府组织结构的部门化是行政活动的客观要求。随着社会的发展，科技的进步，国家行政事务越来越多，分工越来越细，专业化程度越来越高，由此造成政府行政部门越来越多。因此，要提高行政效率，就必须依工作性质的不同而进行横向分权，以规范各部门的权责关系及工作范围，加大组织的专门化管理程度，发挥组织成员的专门才能，以实现有效达成行政目标的目的。

现代政府组织结构均为层级化与部门化综合体。层级化构成行政组织的纵向层级，部门化构成行政组织的横向部门，层级化必须与部门化相配合，部门化又必须以层级化为基础，二者相辅相成，既分工又合作，形成有机的统一整体，构成现代行政组织完整结构。

（二）政府组织结构的作用

政府组织结构本身是静态的，但同时也具有动态的功能。结构和功能是相互矛盾、相互作用、相互关联、互为条件的统一体。结构是功能的结构，没有一定的结构就不可能产生相应的功能；功能是结构的功能，是结构在其运动中的外在表现。因此，结构具有功能才有意义，功能离开结构就无法存在。结构产生组织静态的特性，功能产生组织动态的特性。合理的行政组织结构有利于组织目标的实现，有利于稳定工作人员的情绪，调动工作人员的积极性，能使行政组织保持良好的沟通与协调关系，是提高行政效率的前提条件，是实现行政职能、推行行政计划的物质基础。

行政组织目标的根本作用在于向其组织成员提供奋斗方向。这一根本作用又具体表现为：第一，促使组织合理化。行政组织机构的设置与建立、行政权责的分配归根结底取决于行政组织目标。只有行政组织目标设定正确、可行，才能根据目标合理分配工作，推进业务，才能使行政组织有效运行，从而促进行政组织合理化，减少和避免职责不清、机构重叠的现象。第二，提供考核依据。行政组织目标，尤其是具体工作目标，可以作为考核工作部门及工作人员工作的客观标准，从而使考核客观公正，令被考核人员信服。同时有助于克服考核方面的主观臆断、笼统含糊、亲疏不同现象，为组织的稳定和形成公正舆论创造条件。第三，增进组织协调。明确行政组织相互配合的目标系统有助于协调各个行政单位和人员的工作定位，确定相对位置，使每个单位和每个人都知道自己应该干什么和如何去干，这样就有利于提高行政组织的整体协调能力和发挥总体功能。第四，激发工作人员的合作意识。行政组织目标是使不同的人走到一起并合作奋斗的聚合点。合理的、切实可行的工作目标是工作人员自我引导、自我控制的准绳，通过这一目标使全体人员心往一处想，劲往一处使，形成合作意识和团队精神，以促使组织目标更好地实现。

在行政管理活动中，良好的政府组织结构作用非常重要。它是完成政府组织的目标、提高政府工作效率的基础。有利于发挥群体的效能从而提高工作效率。合理的结构不仅有利于发挥个人的作用，而且有利于发挥群体的效能。因此建立科学合理的政府组织，将具有各种不同能力、不同气质和不同性格的人协调地组合成一体，达成共识和强大内聚力，从而产生更强大的合力，群策群力完成组织和任务，提高行政效率。科学合理的组织结构，能有效地克服沟通的障碍，形成良好的上行下达和平行沟通网络。这样，对上的请示汇报，对下的命令、指示，平行的信息沟通都能畅通无阻，迅速反馈。有利于及时纠正决策的失误，减少工作损失。

（三）政府组织的结构类型

组织结构是组织存在的形式，决定着组织整体、部分和人员之间的复杂权责关系。根据权力或职能的分配方式，把政府组织结构分为以下类型。

1. 直线式结构

直线式的政府组织结构是一种垂直领导的结构形式。在这种结构中，职位、职权、职责从组织的最高层到最低层沿直线垂直分布，形成等级系列，通过自上而下的权责关系，将一切权力集中在政府组织的最高层，形成以指挥服从为基本特征的统一的上下级关系。

直线式结构优点：线条清楚，权责明确，隶属关系清晰，政令统一，行动迅速，办事效率高。直线式结构由于缺乏专业化的管理分工，一般适用于规模较小、活动内容简单的政府组织。缺点是：它要求行政负责人通晓多种知识和技能，亲自处理各种业务。这在业务比较复杂、组织规模比较大的情况下，把所有管理职能都集中到最高主管一人身上，显然是难以胜任的。因此，直线制只适用于规模较小、流程较简单的组织，对复杂程度较高的组织并不适宜。

2. 职能式结构

职能式政府组织结构是在行政主管领导下按专业分工设置若干职能部门，各职能部门直接对行政首长负责，并在其业务范围内对下级有指挥、协调、监督的权力。

职能式结构的优点：实行专业分工，减轻行政首长的工作负担，适应了现代行政管理活动复杂化的需要。具有管理工作比较精细的特点；能充分发挥职能机构的专业管理作用，减轻直线领导人员的工作负担。缺点是：易造成多头领导或多重领导，出现令出多门、指示冲突或互相推诿、扯皮现象，不利于统一指挥和协调，容易造成管理的混乱。它妨碍了必要的集中领导和统一指挥，形成了多头领导；不利于建立和健全各级行政负责人和职能科室的责任制，在中间管理层往往会出现有功大家抢，有过大家推的现象；另外，在上级行政领导和职能机构的指导和命令发生矛盾时，下级无所适从，影响工作的正常进行，容易造成纪律松弛，管理秩序混乱。

3. 直线—职能式结构

直线—职能式政府组织结构是以直线式组织结构为主，辅以职能结构形式的一种较为复杂的结构形式，它在行政首长之下设立相应职能部门，将行政首长统一领导和专业化管理相结合，是在直线制和职能制基础上，取长补短，吸取这两种形式的优点建立起来的。

直线—职能式政府组织结构结合了直线式和职能式两种结构的优点，既能统一指挥，又有专业化的分工，有利于行政效率的提高。但各职能部门之间的横向联系较差，容易产生脱节或冲突，使管理工作陷入混乱。由于这种结构优点大于缺点，所以，目前各国政府基本上采用这种结构形式。既保证了管理体系的集中统一，又可以在各级行政负责人的领导下，充分发挥各专业管理机构的作用。其缺点是：职能部门之间的协作和配合性较差，职能部门的许多工作要直接向上层领导报告请示才能处理，这一方面加重了上层领导的工作负担；另一方面也造成办事效率低。为了克服这些缺点，可以设立各种综合委员会，或建立各种会议制度，以协调各方面工作，起到沟通作用，帮助高层领导出谋划策。

4. 矩阵式结构

矩阵式结构是在直线职能结构形式基础上发展起来的一种新的结构形式。它把按职能划分的职能部门和按项目划分的项目小组两个系统组合成一个矩阵，其成员既接受项目负责人指挥，又接受职能部门指挥。矩阵制组织是为了改进直线职能制横向联系差、缺乏弹性的缺点而形成的一种组织形式。

矩阵式结构的优点：加强各职能部门之间的沟通与联系，有利于各种专业人员取长补短，更好地发挥综合优势，提高工作效率。机动、灵活，可随项目的开发与结束进行组织或解散；由于这种结构是根据项目组织的，任务清楚，目的明确，各方面有专长的人都是有备而来。从各方面抽调来的人员有信任感、荣誉感，使他们增加了责任感，激发了工作热情，促进了项目的实现。它还加强了不同部门之间的配合和信息交流，克服了直线职能结构中各部门互相脱节的现象。缺点是：同时接受来自多方面指挥，如果两个上级的意见不一致，会使工作人员左右为难，无所适从。项目负责人的责任大于权力，因为参加项目的人员都来自不同部门，隶属关系仍在原单位，所以项目负责人对他们管理困难，没有足够的激励手段与惩治手段，这种人员上的双重管理是矩阵结构的先天缺陷；由于项目组成人员来自各个职能部门，当任务完成以后，仍要回原单位，因而容易产生临时观念，对工作有一定影响。

三　政府组织的演化

随着全球化和知识经济的发展，组织结构形式朝着更加灵活的方向发展，使得组织能够更加迅速地应对外部环境变化。其中，一个比较重要的变化趋势是组织中纵向的层级减少，横向整合更加强大，组织呈现出扁平化和横向化的特征。另一个比较重要的趋势是组织的内部部门之间以及组织与组织之间的边界变得模糊，呈现出网络化和虚拟化的趋势。

在传统组织结构形式中，无论采取哪种形式，一个组织与另一个组织的界限以及组织内部不同部门之间的界限都是清晰的。每个人、每个部门、每个组织都被明确地划分了自己该做什么，这样的安排非常不灵活，难以适应迅速变化的环境。

第一，无边界组织。组织内外的边界常常是创造性受到制约，浪费时间，降低效率，限制了组织发展的速度。考虑到传统组织结构形式的这种局限性，通用电气（GE）的CEO杰克·韦尔奇（J. Welch）提出了无边界组织概念。在无边界组织中，指挥链减弱了，控制范围减少了，僵化的部门划分让位得到授权的团队。组织中个体的职责也不像原来那么固定不变，而是成为带有流动性，没有清晰界定的角色。在韦尔奇看来，通用电气并没有完全成为无边界组织，但它已经朝着这个方向做出了很多努力。

无边界组织要想有效运作，必须满足一些条件，这些条件与成功的团队运作的条件大体相同，包括彼此之间充分的信任；各方都拥有较高的技能，这样就不需要太多的管理者指导；管理者必须愿意放弃自己的一部分权力等。无边界的概念既包括打破组织内部的边界，也包括打破组织外部的边界。打破组织内部边界主要是在组织内部形成功能团队，代替传统上割裂开的职能块或部门。从打破外部边界的角度来讲，无边界组织的基本表现就是网络化和虚拟化。

第二，网络化组织。组织的网络化是针对某一组织而言，以该组织为核心，由相关组织联合而成的一种组织网络。在组织网络中有主次之分，网络中其他组织可以看作是核心组织边界的扩展，或者看作核心组织边界的模糊。

网络化的一种表现形式就是模块化组织。模块化组织的典型特征是将自己的非核心业务外包给周边其他组织。组织的网络化主要包括稳定的网络、内部网络动态网络三种类型。稳定的网络可以看作传统职能型组织的扩展，它以成品组织为核心，把沿价值链分布的上下游组织联结起来。每个组织是独立的，通过契约与核心组织联结；内部网络是指组织之间创造一种内部市场。它以经纪人组织为核心，把产品或服务价值链上有关组织联结起来。在内部网络结构中，网络成员之间以市场上公开价格购买彼此的产品和服务，通过内部市场机制和经纪人组织进行协调运作。内部网络的目的是通过稀缺资产的效用共享及管理和技术知识的持续发展和交换而获得竞争优势；动态网络是指以经纪人组织为核心，把产品或服务价值链上有关组织联结起来。与内部网络不同的是，各类相关组织不是一个而是多个，可根据需要不断组合，同时可组合多个网络，完成使命后即解体。网络化组织设计有时又叫蛛网或群集组织。

只有实现下列条件，网络设计才能存在：一是独特的能力：通过以新颖方式把资源结合起来进行创新和调整，维持其优越性；二是必须合作来完成其任务的人们对责任的分担；三是在目标设定中，必须制定与一个或多个外部利益相关者的满意相联系的目标；四是内部和外部的开放沟通；五是信息技术使用；六是相互依赖的成员保持合作而非竞争的态度；七是组织文化倾向于有机系统，而非层级系统；八是个别团体、部门不把自己看作"孤岛"，而是与其他个人和单位在高层次目标和报酬上有联系。

第三，虚拟组织。1991 年，普赖斯（Preiss）等向美国国会提交的《二十一世纪的生产企业研究：工业决定未来》报告中，首次提出虚拟组织概念，他们认为，虚拟公司是由独立公司形成的临时性网络。这些公司包括供应商、顾客甚至是以前的竞争对手，他们通过信息技术被连接起来共同分享技能，共同承担成本，共同利用相互的市场。虚拟组织是一种高度灵活化的组织结构形式，由具有共同目标、共享资源的组织形成一个网络，因此虚拟组织也是网络型组织结构。组织的虚拟化是组织的网络化的极端形式，是依赖网络技术革命而实现的组织转型。虚拟化和网络化的区别之一在于它们对网络技术的依赖程度不同。

　　虚拟组织是利用现代信息技术手段而建立和发展起来的一种新型组织结构。现代信息技术使组织与外界联系加强了，利用这一有利条件，组织可以重新考虑自身机构的边界，不断缩小内部生产经营活动范围，相应扩大与外部单位之间的分工协作。虚拟组织只能保留很精干的中心机构，以契约关系的建立和维持为基础，通过一种互惠互利、相互协作、相互信任和支持的机制来进行密切的合作。虚拟组织往往是在某个项目上与另外几个组织合作，暂时性地形成一个新组织，项目结束之后合作就结束了，在其他的项目中可能又与其他组织进行合作。组织的这种网络化结构大大提高了效率。网络型结构使组织可以利用社会上现有的资源使自己快速发展壮大起来，因而成为目前国际上流行的一种新形式的组织设计。

　　组织的虚拟化有两个层次：第一个层次是单体组织虚拟化，即组织从传统运作方式改为以 IT 网络为基础的运作方式；第二个层次是组织之间关系层面的虚拟化，即地域分散的组织捕捉共同的市场机会，在电子空间结合，形成临时合作团体。组织的虚拟化可以分为两种类型：一种是创造虚拟化办公空间，即统一组织的成员置身不同地点，但是通过电子手段使他们如同在同一办公大厦中一样；另一种是虚拟经营，即不同组织的成员通过 IT 网络的连接，使他们暂时如同属于同一组织一样。

　　政府组织的结构就是政府组织各个要素的排列组合方式，包括政府组织的纵向层级结构和横向部门结构。现阶段政府组织的横向部门结构的变革主要有以下两个方面：首先，从行政管理过程来看，行政组织正在由重决策、执行部门，轻监督、咨询、信息等部门发展为更注重咨询、信息、监督部门，使其与决策、执行部门相平衡的趋势。这是社会发展的要求，是政府管理日益科学化、民主化的要求。纵向层级结构的变革并不明显。这是由于纵向组织层级的增减是一项复杂的工作，需要考虑的因素很多。纵向行政层级过多不仅会降低管理效率而且有可能丧失中央对地方的控制，从而可能导致动乱和国家分裂的危险。另外随着政府组织成员素质的提高，交通、通信条件的日益发达便利，组织内部民主化、分权化要求的日益强烈，政府组织的控制幅度必然会扩大。与之相应，也必然使层级缩减。这将有利于提高行政效率。因此，在纵向层级中，整个政府组织结构有着从集权式、尖塔形结构向着分权式、扁平形的结构发展的趋势。

　　政府组织的权力机构与国家的权力机构是一致的，一般分为集权型和分权型两种。随着管理工作业务量的扩大及其复杂性、专业性的提高，参谋部门在组织中已经拥有了一定程度的、相对独立的决策权、控制权和协调权。因此政府组织中的权力体系逐步由单纯的直线型权力关系向直线权力关系和参谋权力关系并存的状态转变。另外，现代政府组织体系中还出现一种纵向分权的趋势，就是让地方政府在中央统一的法制规范下充分享有管理本地社会事务的自主权。此外，组织中的一般成员也越来越多地参加组织管理和决策中来。政府组织作为一个公共的权力组织，是从社会中产生，又逐步凌驾于社会之上而充当管理者角色的。随着社会的发展，政府组织应不断调整自身的角色，将一些权力交还给社会组织，这已经成为时代的一个趋势。在政府组织的管理从集权型走向分权型的同时，在宏观控制上各国又都有一种由分权走向必要集权的趋势。由于社会生产和生活日益高度社会化，使得各项社会事务既相互依存，又相互制约，任何一项事业都无法摆脱社会的影响和作用而孤立地存在和发展。这就要求政府行政组织进行协调和控制，凡涉及宏观发展的各项有关事务必须由政府高度的统一计划、统一命令来进行管理。这与前面的分权趋势是相辅相成、互不矛盾的。因此，政府组织权力结构转变的趋势是既有分权，又有集权。权力的下放不应破坏国家行政权力的统一性、中央对全国宏观事务调控的集中性；而中央宏观调控权的集中，又不能妨碍地方政府对地方事务的自主管理。

　　政府组织改革的目标就是在改革政府组织的结构、职能和权力体系的基础上建立一个现代化的政府组织。具体地说，就是提高政府组织对于外在环境的适应力，加强政府组织自身的稳定性和协调性。政府组织改革就是要适应环境的需要。无论是政府组织的静态结构还是动态过程都要顺应客观环境的现状及其发展变化规律。政府组织结构的组成方式、职责权限、工作程序、工作方法的设定都要立足于环境系统的要求，组织的各项调整和变革都不能与客观环境的发展规律相违背。在适应外部环境的同时，还要影响外部环境，推动社会发展。为此，首先，必须充分利用客观环境变化带来的机会，把握时机，采取各种相应的措施和方法推动客观环境向着好的方向发展。其次，应充分利用客观规律，顺应事务的自然发展过程来实现政府组织的目标。政府组织自身要保持良好的稳定性和协调性。首先，要理顺政府组织自身的工作程序。依照政府组织的整体目标科学地划分各层级、各部门、各单位的职、责、权、利关系，使之形成一个科学的、协调有序的系统。其次，要处理好组织与个人的关系。把组织成员的个人目标纳入组织的目标体系之中，增强组织成员对组织目标的认同和支持程度，加强组织目标对成员的激励、约束作用。组织的变革和组织的稳定性是辩证统一的，有效的政府组织必然是一个稳定性和变革性相结合的动态平衡体。稳定性是变革性基础，没有稳定性就没有变革性。而政府组织的变革又会在新的基础上形成组织的协调和稳定。

第二节　知识管理型政府的内涵、特征和功能

一　政府的内涵

在知识经济时代，政府管理面临诸多挑战，政府为企业和社会服务的职能也日渐凸显，即政府的职能正在从管理型向服务型转变。在知识社会，政府如何通过数字化和网络化积累知识、分享知识、传播知识和应用知识来推动政府的知识管理，对于提高政府工作效率，支持高层领导决策，提升国家综合实力，具有极其重要的意义。推行以管理信息系统为支撑的知识管理，有助于政府胜任知识经济时代的新要求，同时也能带动政府外部的知识管理。通过各种信息流、知识流在政府内部及政府与社会之间高速地交互流动，可以极大地促进政府的宏观协调能力、服务能力与创新能力的提高。因此，创建知识管理型政府已成为当今时代各国政府改革的基本趋势。

早在古希腊城邦社会，人们就开始关注社会的公共性活动，并将城邦视为所有成员组成的共同体。洛克从"自然状态""自然法""自然权利"等概念出发，深刻分析了政府的形成过程，并认为，人类社会本来处于一种自然状态之中，人们依照自然法即人类自身的理性行事，他们作为独立个体享有最大的独立性。"在自然法的范围内，按照他们认为合适的办法，决定他们的行动和处理他们的财产和人身，而无须得到任何人的许可或听命于任何人的意志"。然而，"自然状态"存在三大缺陷：一是缺少一种确定的、公认的法律。有些人由于偏见或者无知，拒绝接受自然法的约束。二是缺乏一个有权按照法律来判决争议的裁判者。三是缺少一个支持正确判决的公共权力。人们为了克服自然状态的缺陷，便相互订立契约，把一部分自然权利交给中间被指定的人，变私权为公权，并使公权

在公共意志之下运行。政府也就由此产生。

二 服务型政府与知识管理型政府的概念

从社会变迁以及行政与社会互动角度看，政府的发展必须符合社会发展的脉络，社会环境的改变势必要求政府通过不断变革来满足社会的需求，那么，何种政府模式能够适应和谐社会提出的新要求呢？纵观人类的行政发展史，其基本线索是由统治型政府、管理型政府向服务型政府过渡的历史。政府的行政模式由"统治行政"向"管理行政"再向"服务行政"的转变，是统治和管理、管理和服务此消彼长的动态变化过程，而政府类型从统治型向管理型再向服务型的转变也就具有明显的规律性发展过程。在知识经济时代，政府不仅起管理和协调的作用，而且为企业和社会服务的职能也日渐凸显，政府职能正从管理型向服务型转变。社会职能，就是对社会管理和为民众服务的各种工作。但这种工作（包括服务工作）却与服务型政府的服务完全不同，其区别表现在以下几个方面：

第一，出发点不同。前者是为了更好地统治而服务，就像封建皇帝认识到"水能载舟，亦能覆舟"道理后，为了让民众更好地"载"而不是"覆"舟对民众做些好事一样；后者却是完全从人民需要出发，以为人民谋幸福为宗旨。

第二，实现过程不同。前者是一种居高临下的"恩赐"过程，民众只有俯首帖耳接受的份，并没有拒绝的余地；后者则是人民与服务者的一种互动的过程，双方可以交流信息，相互协商，达成一致。"被服务是一个享受过程，而不应该是一个在屋檐下低眉俯首的过程"。

第三，行为成立的机制不同。从本质上说，服务的成立，必须以被服务者的同意为基准。这实际上是服务的合法性问题。但前者的服务，往往是服务者单方面意志的行为，而后者则一定是出于被服务者的要求和愿望。"违背被服务者的意愿去推行'服务'，往往会使服务变成强迫；不经被服务者同意而承担服务，哪怕再'全心全意'，也不免使服务渐成压制。"

第四，被服务者的选择权力不同。被服务者是否具有主体身份，决定他能否对服务及服务者进行选择。一般情况下，前者对服务内容、类别、服务机构与人员都没有选择权，而后者则有这种选择权。就是说，他可以在他有所要求时，得到他选择的服务者提供的他期望的服务，也可以在他没有要求时，拒绝任何服务者提供的他不期望的服务。

以上四条，从出发点到实现过程，从成立机制到选择权力，还可进一步归结为强制性问题。服务中有无强制性是管制型政府与服务型政府的根本区别。在管制型政府模式下，一切服务都不排斥强制性（包括出于好心的服务）；而服务型政府模式下，服务的成立条件则是被服务者的要求与自愿。因此，杜绝强制，是服务型政府的服务所实现的根本变革。这是服务的性质问题，而不是服务的内容问题，更不是服务量的多少问题。

服务型政府是在我国政府深化行政体制改革和转变政府职能的背景下提出的。构建服务型政府是时代发展的必然要求。政府是为了满足人们公共裁决、公共服务的需要而产生，为人民服务是政府不可违背的根本宗旨。政府在任何时候都要以人民的利益为重，全心全意为人民服务，实现社会公共利益的最大化。因此"以民为本"、"以社会为本"应该是服务型政府的深层理念。服务型政府则是"在公民本位、社会本位理念指导下，在整个社会民主秩序的框架下，通过法定程序，按照公民意志组建起来的以为公民服务为宗旨并承担着服务责任的政府"，是一种全新的政府行政类型，也是政府行政体制改革的发展趋向。

知识经济时代更多的财富创造来源于知识资本，而不是劳动力、土地或货币资本，政府管理的重心正逐渐转变为对无形知识资产的管理。随着信息技术的迅猛发展，使知识转变为重要的生产要素，管理学大师德鲁克曾说过：知识是唯一的经济资源。

20 世纪 90 年代中期以来，知识管理开始出现并引起人们重视。近年来，西方学术界关于知识管理的研究文献与日俱增，一些跨国大公司纷纷开展知识管理实践，并取得了一定的成效。目前，知识管理已经成为管理者、管理界学者、信息专家所讨论与研究的热门课题。显然，知识管理与政府是相互作用的统一体，政府知识管理就自然进入人们的研究视野。

在政府知识管理方面，知识管理对社会各层面的强烈冲击，明确提出知识管理对政府是一个现实挑战，政府不能置身度外。政府管理职能可分为基本职能、一般职能、主要职能和重点职能，随着知识经济时代到来，政府的重点职能应转变到知识管理。

知识管理是以知识为核心的管理，是对知识进行管理和运用知识进行管理、通过知识共享和运用集体智慧提高应变和创新能力的行为。知识管理既着眼于获得显性知识，更着眼于获得隐性知识，因为显性知识易于整理和进行计算机存储，而隐性知识则难以掌握，它集中存储在组织成员的脑海里，是组织成员所取得经验的体现。因此，与传统管理不同，知识管理将更加重视组织成员的内在需要，知识管理的根本目标就是通过建立激励组织成员参与知识共享的机制，运用集体的智慧提高对环境的应变能力和创新能力，从而最终提高组织创新和集体创造力。

知识管理型政府是指通过实施知识管理来带动政府管理创新、服务创新，提升执政能力、政府效能和竞争力的一种学习型组织，它是一个以知识的收集、组织、共享、运用、创新为基础，通过对个人价值、组织行为、制度创新与再造来实现公共利益最大化的国家政权体系中依法享有行政权力的组织体系，其核心价值在于对知识的利用。政府作为知识系统，通过与外界进行知识交流与沟通获取知识，同时对知识进行管理，并将知识有序向外扩散，从而实现共享。

传统政府管理模式的一个显著特征是严格的等级制度，职位和权威被定格为职位越高权威越大，职位权威在处理分工精细组织的日常工作时非常有效。而随着知识经济时代到来，严格的等级制度被学习型组织替代时，职员个人的知识变得更为重要，拥有知识的人将成为以公众和企业为中心的政府关键人物，拥有的核心知识越多，权威也就越大。

知识管理型政府是一个全新概念，它是对传统政府管理模式和管理方法的重新调整和定位。人们对知识管理以及政府知识管理的认识与探索有一个过程，对于知识管理型政府的概念和内涵更没有一个统一的认识。有的学者提出知识型政府的概念，如刘寅斌、刘杰（2004）认为，知识型政府通过电子政务系统所提供的大容量数据采集、数据分析、知识应用和知识创造，为政府准确、有效地实施决策提供了强大的技术支撑和信息保障，将政府从事务操作型政府转向为知识智能型政府，从根本上提高了政府的决策能力和决策水平。张其春、郗永勤（2005）认为，知识型政府是通过知识管理来带动政府的创新服务、提升执政能力和政府效能与竞争力的政府，是一个以知识的吸收、开发、运用、创新为基础的国家政权体系中依法享有行政权力的组织体系。

对知识来源的管理是政府进行知识管理的第一步。政府的管理职能要求政府必须从系统论出发，立足于全局和长远，尽可能多地掌握有益且相关的知识为其管理服务。而政府的服务职能也要求政府为满足各方面的需求而吸收多方面的知识。总之，政府对知识的吸收要"开源"，要努力培养和建立知识来源的各种渠道。按知识来源的主体不同，可以将政府的知识来源渠道分为"内"、"外"两部分。所谓内部渠道，是指政府机关内部的工作人员是知识来源的主体；所谓外部渠道，是指政府机关外部的其他人员是知识来源的主体。政府要吸取知识，除了采用内部会议、撰写报告等方式吸取内部知识外，更应积极地向外部渠道吸取知识，实现政府"对内求知型"向"对外求知型"的转变。专门的政府智囊团、各类咨询公司以及公众可以成为政府获取知识的外部主要渠道。目前，政府智囊团已经在为政府决策发挥重要作用，但政府对各类咨询公司的利用并没有达到很好的效果。此外，政府必须明确最巨大的知识库存在于公众之中，要调动这部分知识资源，政府要建立可实际操作的知识通道并充分培养公众参政、议政的积极性，以实现知识资源的最大化利用。对知识来源的管理除了对知识渠道进行开拓外，还包括对知识的选择性管理。

完善政府系统内部的知识交流制度，可细分为三个层次。第一个层次是政府内部各职能部门之间的知识交流，这种跨职能部门的知识沟通是十分必要的。例如，经济管理部门和环境管理部门就应有良好的协调和交流。如果经济管理部门在做经济发展规划的同时能考虑到环境因素，那么"先污染，后治理"的现象将会减少，从而实现社会经济和自然环境的"双赢"发展。第二个层次是平级政府之间的知识交流。目前已实施的政府工作经验交流会、政府代表团的实地考察以及跨地区政府工作人员的岗位轮换等方式均是达到这一层次知识沟通的形式。第三个层次是上下级政府间的纵向沟通。下级政府不该只是上级政府的"传话筒"，上级政府也不该只是下级政府的"管家婆"，相互之间的知识理应得到及时的交流和分享。

教育是实现知识分享的最古老，也是最主要的手段，它能通过知识的平面传播来提高受教育者知识水平和素质修养。在我国转变政府职能过程中，产生了大量对更新思想观念、学习现代领导科学、现代管理知识，提高领导素质和科学决策能力的需求；在国家公务员队伍专业化进程中，也产生了大量学习新科技、掌握新技能、提高专业能力的需求，为了满足这些需求，政府应搞好国家公务员的再教育，不断充实和改善知识结构，解决知识老化的问题。事实上，西方许多国家，例如美、德等都把公务员再教育工程纳入政府管理，以完成知识的分享和更新。

三 知识管理型政府的基本特征与功能

知识经济条件下的政府是一个知识密集、信息密集和人才密集的综合体，高学历、高起点的知识型公务员占公务员的绝大多数，其体力劳动因素比例很低，智力因素比例很高。知识管理型政府作为一种全新的管理理念，它既继承了人本管理思想的精髓，又结合知识管理这一新的管理形式的特点予以创新，本身具有不同于以往政府管理的独特之处。

（一）政府组织结构呈现扁平化、一体化特点

在知识经济条件下，政府管理的层次减少，管理的幅度扩大。传统严密的层级分工和高度集权的阶层组织结构向扁平化和一体化发展，更加注重部门之间的协作。政府信息的透明度由低度透明度向高度透明度转化，政府管理由间接化向直接化过渡，体现了政府明确的公共管理服务目的。实施知识管理从本质上要求组织结构的扁平化，即减少中间管理层，把垂直的管理变成水平管理，加强决策层与执行者的对话和交流，确保组织间信息、知识交流顺畅，最大限度地减少失真性。在这种情况下，构筑知识管理型政府就必须对传统严密的层级分工和高度集权的阶层组织结构进行改革，逐步向扁平化和一体化的组织结构发展，同时更加注重部门之间的协作。政府公务人员之间的竞争将更多地被合作所代替，跨学科和跨地点的协作小组将变得相当普遍，逐级汇报的等级制度也将被淘汰。扁平化、一体化的组织结构将成为知识管理型政府得以实现的重要前提。

（二）知识和人才成为经济资源和重要支柱

在知识经济条件下，科技知识和高智力人才成为政府的重要支柱。知识的收集、加工、应用等离不开高素质人才，因此，拥有高素质的人才群体是知识管理型政府得以生存和发展的保证，也是知识管理型政府的主要特征之一。知识的收集、加工、应用等知识管理实践离不开高素质人才，大量的隐性知识更是离不开人作为载体。在知识社会，新财富源于知识，而不是劳动力、土地或货币资本，政府所要管理的主要是无形知识资产。技术的发展，尤其是信息技术的发展，使知识成为重要的生产要素，难怪管理学大师德鲁克说："知识是唯一的经济资源。"政府要有效地管理知识，需要高度重视拥有和培育大量新型知识人才。对于显性知识的取得、分享可以通过计算机的网络化和软件系统实现。对于隐性知识，除了重视发挥政府工作人员自身的潜能以外，政府应重视组织内外专家学者及领导层的知识作用，即人才智力的高效能发挥。

面向 21 世纪的政府管理要求政府工作人员从被动培训向主动学习转变，把自己置于学习的中心地位，不断地获取知识和自学成才，注重创造

知识和应用知识而不仅仅是积累知识，发挥知识团队的整合效应。因此，拥有高素质的人才群体是知识管理型政府得以生存和发展的保证，也是知识管理型政府的主要特征之一。

（三）知识获得权力是政府新的分配运行方式

传统的政府权力分配方式已经不适应知识经济时代对政府职能转变的要求。按照传统的经济理论，价值的创造只有两个基本要素——资本与劳动。由此也只有两种最基本的分配形式——按劳分配和按资分配。显而易见，这两种分配形式在特定的时代背景下是合理的。在知识经济时代，职权的提升依据是知识和能力，只有有了知识和能力的政府工作人员，才会有职权的提升。有了这样一个按知识贡献和能力分配的机制，政府各层级就会形成一个"可变的"核心层和中坚层，一个带领政府前进的强有力的生力军。这样的职权分配就是按"知"分配。知识职权化＋动态分配形成政府独特的干部政策。按"知"分配突破了传统资本主义和传统经济学那种"财富使人获得权力，权力又使人获得财富"的固定模式。分配的依据在这里发生根本性的变革：既不是传统资本主义方式，也不是传统计划经济方式，而是政府工作人员的知识、贡献和归属意识，从而第一次使知识和权力明确地结合起来。它不否定财富的力量，还善于利用财富的力量，同时又创造了"知识使人获得权力，权力又使人获得知识"的全新思维模式。

知识管理型政府就是要改变传统的权力分配方式，依据公务人员的知识存量、共享程度和归属意识，实行按"知"分配。按"知"分配突破了传统资本主义和传统经济学的财富使人获得权力，权力又使人获得财富的固定模式，从而第一次使知识和权力明确地结合起来。知识获得权力不仅不否定财富的力量，而且还善于利用财富的力量，同时又创造了知识使人获得权力，权力又使人获得知识的全新的思维模式。这样既可以激励大量知识型人才加入到政府公务人员的队伍中来，为知识管理型政府的实施储备大量人才，又可以从整体上提升政府管理的知识含量和技术水平。因此，知识管理型政府将努力推行以知识获得权力的新权力分配运行方式。

（四）高度信息化是政府运营与管理的最有效手段

知识管理型政府是一种基于现代信息技术平台、电子政务普及应用、知识发现能力强、信息资源开发和管理水平高的高度信息化和网络化的创新组织。知识管理环境下的政府信息过程，对现代信息技术要求很高。集成化的知识管理系统、电子政务系统、数据仓库、数据挖掘等，都将成为政府信息过程的主要支撑技术。知识管理的目标就是力图能够将恰当的知识在最恰当的时间传递给最恰当的人，以便使他们能够做出最好的决策。所以，作为知识管理型的政府必须营造良好的信息交流环境，既要保证信息和知识的快速传递，更要确保信息和知识的准确、有效。因此，高度信息化成为知识管理型政府的基本特征之一。

（五）创建学习型组织是政府推动社会发展的重要法宝

知识管理型政府是一个学习型组织。知识的收集、开发、应用是一个永不停歇的过程，因而知识管理的任务永无穷尽。政府知识管理机构的目标应该是帮助政府工作人员和外部其他人员对知识进行创造、分配和利用。政府中工作人员之所以重要，并不是因为他们已经掌握了某些秘密知识，而是因为他们拥有不断创新和创造新的知识的能力，即他们是政府创新的主体。因此，如何采用适当的激励机制激发政府工作人员创造能力，在知识经济下的政府工作中就显得异常重要。在知识经济时代，政府管理尤其注重精神激励，不只是那种给予赞赏、表扬或荣誉的传统式精神激励，而是一种新的强有力的导向和精神激励，即赋予政府创新主体更大的权力和责任，使被管理者意识到自己也是管理者的一员，建立起对识别、保持和扩展自身知识以及更新和共享知识资产的责任感，认识到知识对他们担负工作的价值，进而更好地发挥自己的自觉性、能动性和首创性，充分挖掘自己的潜能以实现其自身的价值。这种政府是不断创新的政府，是创造新知识，并迅速扩散知识，将新知识运用于行政管理的政府，是知识政府。政府所需知识类型始终在发生着变化，这就必然要求政府不断改变政策、完善组织机构，提供更多的社会服务。知识管理型政府的主要任务就是要建立一种真正能适应知识发展要求的学习组型组织。学习型组织的建立有利于知识的增值和利用，有利于提高政府组织的弹性和活力，有利于促进政府治理的有效性。与此同时，知识管理型政府要求公务人员在各种学习型组织中不断学习，进一步积累知识、利用知识和创新知识。知识管理只有通过有组织、有目的地学习，才能将知识转化为组织内公务员工作的力量，让知识真正成为政府最重要的资源来发挥作用。因此，政府学习型组织的建立，将成为政府管理上层次、上水平的组织保障和政府推动社会发展的重要法宝。

根据政府对知识不同的作用和处理方式，知识管理型政府的功能可以分为以下三种类型：

第一，以信息和知识为对象，对知识进行生产、加工的知识生产型功能。在当代政府中，此种功能包括法律、法规的制定，政策的制定等。

第二，对知识进行规范、传播，加速知识的流通和扩大知识使用范围的知识传播型功能。此种功能主要涉及政府电子政务，包括政府信息发布、政府政策咨询、政府政策传播等。

第三，信息转变为知识后对知识的执行，并通过对知识的执行来协调各个不同利益主体间矛盾的知识应用型功能。此种功能是知识管理型政府的核心，主要包括政府的法律、法规和方针政策的落实与执行等。

以上三种功能在政府知识运行中构成了完整的政府知识管理链。因此，如何与信息源、知识管理对象或利益调节体之间紧密合作并形成知识管理链的运作，成为知识管理型政府的主要功能。知识管理型政府的这些功能可以通过两条途径实现：一方面是政府内部生产知识、供应知识、传播知识等体系之间的紧密合作。知识管理能够创造出新知识，但这些新知识只有在传播和共享过程中才能实现其本身的价值。知识经济也只能在知识劳动者通过社会协作过程中的操作进行交流与沟通，并在分享彼此的知识和相互构筑彼此思想的基础上才能产生。另一方面是知识管理型政府要为社会提供有效的知识指导，这是政府知识管理链的延伸，体现了政府知识的溢出性。知识管理型政府要充分利用自己所拥有的各种知识资源，以达到为社会服务的目的。实践证明，一个政府在知识经济中的作用发挥得好坏与政府自身的知识管理程度有着非常密切的关系。

第三节　政府改革模式的经验与启示

一　公共管理的理论范畴

公共管理在中国是一个新兴学科，不同学者各有自己对它的理解。公共管理学科回答的是人类社会用什么方法来处理和协调人与人之间、人与群体之间、人与自然之间的矛盾及共同存在、共同发展的大问题。公共管理的理论牵涉社会组织形态和管理方法的有关社会治理的理论。从这一学科特点来看，它是边界宽广或难有边界的大学科。兼容并蓄，博采众长，使用人类所有学科的智慧和成就，来完成人类组织建设文明生存环境的目标是它的学科使命。但它有坚实和合理的内核。这个内核就是它以公共利益为价值观、以组织方法为手段的软硬件组合。

公共管理的软件核心即价值核心是公共利益观，它的硬件结构是政府的组织设计和管理程序。公共管理理论研究的目的是甄别、定义公共利益或公共价值观，并用有效的组织、人事、财政、政治策略、现代科技等手段处理好政府、企业、社会之间的互动关系，高效地实现公共利益或公共价值。它注重的不仅仅是什么是公共利益，更注重如何将其操作化和实践化。它应该帮助界定哪些是政府应该做的、能够做的和如何能够做得好。美国早期公共管理的探索者、后来的美国总统威尔逊说过，公共管理学研究的目的，首先就是要帮助揭示什么事情是政府可以做并且做得好的，再就是寻找能够将这些政府该做的事以最大的效率和最少的经费和精力来做好的方法。学习管理的目的就是将管理从混乱和狭隘经验主义的现状中解救出来，建立在坚实的科学理论基础知识之上。

公共管理的近期操作目标是国家、社会的稳定和经济的发展，长期目标是追求人类平等、博爱、自由、正义、富足和繁荣的崇高理想。从这个意义上来说，公共管理的学科使命是宏大、严肃和庄重的。

市场机制常常被认为是私营企业的管理方法，这是一种片面的理解。亚当·斯密的《国富论》的基本理论就是，在国家制度的框架下（立法、司法、公民监督和警察），国家可以利用人们对私利的追求，用平等交换、互通有无的市场管理机制，促进专业化和社会生产效益，达到国家财富的增值。市场是社会管理机制的一种工具，国家需要精心维护它的有效运转，以达到社会发展的目标。许多年后，林德布罗姆在《公共政策制定》一书中也清楚地指出，私营企业是有重要的公共社会功能的。他们从事社会需要物品的生产，决定社会生产的投资，创造就业，完成或协助完成公共工程，提供部分公共产品。政府部门要帮助他们的发展，给他们必要的生存和发展条件，让他们为社会服务。所以说，如何管理市场，让市场发挥它积极的公共功能，限制市场的负面影响，是现代公共管理学科或现代政府的一个重要课题。

官僚机制传统上被认为是政府管理的主要组织形式；官僚体系的设计、激励、控制等运行管理和改造，包括人事、财政、技术使用及公共工程项目等都是公共管理学科最关注的问题。韦伯认为，现代官僚制度是人类有史以来最高效的大型组织管理形式，这一点，在军队、国家和大型企业的核心结构都无一例外地采用官僚机制的实践中得到了有力的证明。但是，官僚机制也像市场机制一样，有使自己失灵的天敌，如人浮于事、臃肿、繁冗的程序等。这些天敌会负面影响官僚机制的良性运作，需要得到管理和监督。

理念机制主要依靠的是人们的信仰。组织形式往往是多样和自发的，如教会、协会、自由社团等。他们不是官方固定资源支持的组织，稳定性一般不强，功能有限，但机动灵活、运作成本小。近年的政府改革使得很多人开始注重非营利组织或第三部门的研究，观察它们在社会服务和公共产品的提供方面有何优势。

这几种管理机制及它们之间的互动过程是公共管理理论的重点研究对象。在宏观上是社会或国家治理机制问题，在微观上是地方政府和地方公共组织管理问题，包括政府管理体制、社会管理体制、公共人事体系、公共财政体系，专项公共政策等的设计和改革等。

二 中西公共管理改革的比较

20世纪80年代后，随着知识经济时代的到来，西方各国掀起了公共管理改革浪潮。在我国，党和国家为了建立一个办事高效、运转协调、行为规范的行政管理体制进行了持续不断的改革。虽然我国和西方国家政府改革的起始时间差不多，但是在改革的背景、条件、动力、内容等方面却有明显不同。

在改革的社会背景上，西方国家的"新公共管理"运动是在市场机制成熟、经济发达和官僚体制充分发展的背景下进行并取得一定成功的。我国的政府改革则是在经济基础相对薄弱、市场机制不成熟、法律体系不健全的背景下开始的，这就决定了中西改革的重点、难点、路径和方法等方面的不同。

在改革的技术条件上，西方国家的公共管理改革是与信息技术的高度发展相适应的政府管理方式的变革，公共管理中的日常工作趋向电子化，信息收集与传递更加快捷，信息技术中的具体应用技术被广泛运用到政府的公共管理中来，从而导致分权型行政组织逐步取代等级严密的行政组织，提升了政府工作的效率，增强了政府工作的开放性和透明度。在我国，信息技术的发展与应用虽然取得了一定的成效，但仍处于初级水平，因此公共管理改革不具有完全的信息化基础，这就在一定程度上影响了政府工作效率以及政府工作的开放性和透明度，从而也在一定程度上制约了政府改革的进程。

在改革的驱动力上，西方国家的公共管理改革是为了适应经济全球化和信息化的快速发展对政府管理提出的新要求，是为了摆脱政府管理危机、财政危机和信任危机的困扰，是为了提高国际竞争力和政府办公效率而进行的改革。我国的公共管理改革则主要来源于体制性变迁的要求，是为了解决如何转变计划经济体制，使政府管理与市场经济体制相适应而进行的改革。

在改革内容上，西方国家的"新公共管理"采取政府改造运动以及多视角方法，对传统公共行政模式造成巨大的冲击，几乎从公共行政的每个重要方面都对传统行政理论特别是韦伯的理性官僚制理论发起了挑战。这种改革主要集中在：调整政府与社会、市场的关系，优化政府职能；利用社会力量，实现公共服务社会化；改革政府部门内部的管理体制，提高服务质量和改善政府公共机构形象。我国改革开放以来进行的四次大的政府机构改革，则主要集中在政府机构设置、政府职能的调整和人员精简等方面，并取得了一定效果。

三　对我国新一轮政府改革的启示

进入 21 世纪的中国，要开展新一轮的政府改革，既不能对西方国家的"新公共管理"照抄照搬，也不能视而不见，唯我独尊；既要看到新公共管理模式在西方国家运作的成效和问题，又要分析这种创新模式对我国新一轮政府改革带来的影响和启示。

（一）必须坚持全方位改革

以随着我国改革开放的深化和市场经济的不断发展，应高度重视政府改革的配套工程，将组织变革、职能转变和管理方式的更新有机结合起来，系统地、全方位地推进新一轮的改革，使政府通过改革真正做到"强身"，以实现改革的最终目标。

（二）努力改善市场与政府的关系

在我国，完全的市场规则在当前并不完全适用于公共管理领域，但政府与市场也并不是彼此隔离的。由计划经济体制向市场经济体制转轨，不仅体现在政府对市场的作用，而且要充分利用市场对政府的反作用，遵循市场经济规律，发挥市场机制的功能，提高政府工作效率。在职能转变中，政府要适当分权和授权，使政府成为一个"服务员"和"裁判员"

的多种角色。

（三）提高政府公共管理的工作绩效

在政府工作中可以引入一些企业管理的方法、原则、经验，特别是绩效管理、成本核算等，并全面建立一套行之有效的政府绩效评估体系。这种做法对于规范政府行为，实现自我评价，建立一个廉洁、高效的政府具有重大而深远的意义。

（四）增强公共服务意识，在服务中适当引入竞争机制

毫无疑问，我国公共管理的主体仍然是政府，但是政府必须认识到自己所掌握的公共权力是由公民委任的，要对公民负责，为公民服务，受公民监督和制约。这就要求政府必须关心和保证弱势群体的基本生活，努力提高公共物品和公共服务的质量，营造对公民有利的政治、经济和文化环境，在政府与社会之间，在公共管理部门与公众之间形成交流与沟通的和谐氛围。同时，政府部门还应当在内部适当引入竞争机制，通过竞争，增强政府部门和公共管理人员的公共服务意识，这对于提高政府行政水平，改进政府工作方法也是十分有效的。

（五）加强法制建设，提高政府和公民的法律观念

在公共管理中加强法制建设，既能对权力实行监督与制约，规范和约束行政人员的行为，又能够为政府组织公共服务提供法律依据，做到政府依法行政，公民依法参与。

（六）提升政府公共管理的信息化水平

不同的科技时代要求不同的政府管理方式。目前，我国的信息化水平较低且不均衡，因此在公共管理改革中要不断加强基础信息设施建设，逐步提高信息化水平，并把信息技术合理应用到公共管理的日常工作之中，以加强政府公共管理运作的透明化，即信息渠道的畅通，扩大公民参与的广度和深度。

第九章　建设知识管理型政府的对策选择

第一节　知识管理型政府的知识管理链

知识经济的突起，加快了经济全球化的进程，加大了国际竞争的激烈程度。世界市场上原来单一的企业利益竞争更加突出地表现为国家利益竞争，国家利益竞争又集中表现在各国政府之间的竞争。这样背景下与中国市场经济体系相适应的政府管理体系应调整为服务型和知识型。在知识经济时代，政府的知识资源是政府极其重要的财富和发展的推动力量。知识政府发展战略及其三人实践：政府知识管理、学习型政府和政府创新研发，创建知识管理型政府成为知识经济时代政府发展的必然趋势。随着知识经济时代的到来，社会利益结构发生了重大变化。因此，如何协调各方利益，成为知识经济时代政府的主要功能。知识资源以多种形式在政府中存在着，而许多政府部门却使其无效沉淀或白白流失，难以发挥作用。面对激烈的市场竞争，政府只有加强管理创新，提高知识管理水平，增强政府的学习能力，促进知识共享，才能使政府的知识资源得到有效开发和充分利用，创建知识管理型政府成为知识经济时代政府发展的必然趋势。在知识经济时代，世界市场上原来单一的企业竞争更加突出地表现为国家之间的竞争，国家之间的利益竞争又集中表现为各国政府执政能力的竞争。传统政府管理模式面临着重大挑战。创建知识管理型政府成为知识经济时代政府发展的必然选择。如前所述，知识管理型政府的功能可以分为：以信息和知识为对象，对知识进行生产和加工的知识生产型功能；对知识进行规范、传播，加速知识的流通和扩大知识使用范围的知识传播型功能；信息转变为知识后对知识的执行，并通过对知识的执行来协调各个不同利益主体间矛盾的知识应用型三种功能，上述三种功能在政府的知识运行中构成了完整的政府知识管理链。

对知识获取的管理是政府实现知识管理的第一步，政府管理职能和服务职能的实现都要求政府能够从系统论理念出发，立足全局和长远，尽可能多地获取各种有用知识。知识分为显性知识和隐性知识两种，对于显性知识，需要采用适当的方式在计算机中表示出来；对于隐性知识，则要利用知识挖掘、知识显化和知识提炼等方法进行表示。政府中的知识管理既要着眼于显性知识，更要着眼于隐性知识，因为显性知识更多地表现为静态的知识实体，它易于整理、编码和利用计算机存储、处理和交流，而隐性知识则更多地表现为动态的知识过程，它往往存储在组织成员的脑海里，是组织成员所取得经验和他们之间的默契的体现。知识管理的创造性就是体现在使隐性知识发挥巨大潜力的过程中。对于获取的新知识，还需要采取适当的形式将其表示出来，以便存储于计算机。在政府中，获取知识的途径有内部渠道和外部渠道两种。所谓内部渠道就是指通过政府机关内部的工作人员通过交流和知识挖掘得到新的知识；外部渠道是指从政府机关外部获得的知识，主要包括专门的政府智囊团、各类咨询公司以及公众。政府对知识获取的管理主要表现在三个方面：第一，加强政府部门内部的交流，通过会议、讲座等形式获得内部公务员掌握的经验知识；第二，充分利用政府智囊团和咨询公司等外部资源，通过合理的合作方式，有效获取它们掌握的知识；第三，通过定量或定性的信息处理方法，从已经掌握的丰富的政务信息资源中挖掘出有用的隐性知识，这种方式应该成为政府获取新知识的主要途径。对于知识的这种挖掘，需要有相关的基础数据库的支撑，因为只有对大量的电子化的信息才能利用计算机进行有效处理，才能从中挖掘出有用的知识；对于大量的存储于纸上的信息，是很难应用科学的方法获取知识的。

政府对知识共享的管理包含两个方面内容：第一，建立一个统一的知识共享硬件平台，使得政府的不同职能部门之间或相同部门的上下级之间的知识共享具有实现的基础；第二，营造知识共享的"软"环境，通过有关法律法规和激励政策的制定，指导、鼓励政府的知识共享。在我国，一些政府部门或者一些公务员为了保护自己的利益有意封锁自己掌握的信息，不愿意将信息共享。为了避免这种现象，政府应该制定相关的法律法规，并建立一种鼓励公务员参与集体知识传播、共享和创新的机制，采用有利于公务员合作交流的工作方式，引导他们共享所拥有的知识。对于积极参与和推动知识共享的公务员给予精神和物质两个方面的奖励，使得知识共享在政府内部成为一种风气。

知识的获取和共享都是为知识应用做准备的，离开应用，知识就失去了本身价值。政府中对知识的应用主要是为了实现政府的管理和服务这两种职能。政府管理职能的实现离不开各种政策法规的制定，离不开各种决策行为。在政府中，知识应用的主要目的之一就是更好地为领导的决策提供支持功能，使得决策更科学化。在知识经济时代，政府对企业和公众的服务职能日益凸显，社会公众对政府部门的办事效率、服务水平也提出了越来越高的要求。如何满足社会公众对政府服务职能的需求，提高政务事务的处理效率，提供满足公众的需求的服务项目，是当前政府面临的问题和挑战。这些问题的解决需要政府有针对性地获取有用的知识，并合理地应用这些知识；离开了知识的应用，政府的服务职能也难以很好地实现。

政府对知识应用的管理主要表现在三个方面：第一，对知识进行分类管理。在应用知识之前，必须首先识别知识的作用。一般来说，可以把知识分为知道是什么、知道怎么样、知道在哪里、知道是谁、知道什么时候和知道为什么六种。政府中使用较多的知识主要包括，知道是什么的事实性知识、知道怎么样的技能性知识、知道是谁的人际性知识，知道为什么的原理性知识。有了这些知识，就可以认清问题、解决问题；如果遇到困难，也知道应该向哪些人求助。第二，建立应用知识进行科学决策的平台，鼓励各级领导在进行决策时应用各种相关知识，包括领导自己的经验知识，也包括通过知识获取手段得到的其他隐性知识。第三，对各职能部门在知识获取、共享和应用方面的管理情况进行评估，并作为衡量其成绩的指标之一。

第二节　建设知识管理型政府的制约因素

一　思想观念的约束

在政府行政组织内部，知识和信息往往成为一种权力的象征。在日常管理活动中，管理者对员工进行严格控制，制定规则作为成功和失败的标准，避免员工挑战他们的思想和权威，而且政府行政组织在知识共享和知识创新方面的激励作用是微乎其微的。员工的知识和思想得不到重视，在集体内部缺乏自愿的合作，无法有效地实现知识共享与创新。此外，知识管理作为一个新生的事物，人们在思想上接受它还需要一个过程。特别是现在没有一个成熟的、成功的实施政府知识管理的模式可以借鉴，人们要进行创新需要克服更多的困难。

二　实施知识管理的成本较大

知识管理的实施以信息化为基础。从目前情况看，我国政府信息化的基础结构是比较薄弱的，在硬件方面，政府信息资源开发、利用的相关技术不足，网络基础设施不够完备，尚没有完整的地方性政府的统一网络，更不用说通过互联网提供公共服务了。即使从现有的政府网来看，在技术上存在网络传输速度、可靠性程度和互动性差的问题。在软件方面，政府信息化对政府公务员提出了更高要求，特别是要求公务员掌握现代通信技术和网络技术，而现代通信和网络技术日新月异，很多公务员难以跟上知识和技术发展的步伐。

三　激励机制不健全

过去的制度或方式对现在的影响。人们一旦选择了某种制度，这种制度会在自身惯性作用下不断地得到强化。政府是为公众和企业服务的，因此不同时代的企业特征不同，政府的特征也不同。不同时代政府的特征如表9-1所示。

表9-1　　　　　　　　不同时代政府特征比较

特征	知识时代的政府	信息时代的政府	工业时代的政府
服务对象	知识型企业	信息型企业	常规企业
主要资源	知识资本	信息资源	土地、劳动力、资本
组织结构	扁平化、网络化、虚拟化	结构化	金字塔形的等级结构
员工主体	知识型职员	信息型职员	一般工作者
管理手段	知识的生产、分享	信息收集、存储和使用	以分工为基础，资本为纽带应用和创新

在社会结构的变迁过程中，政府的管理方式也会发生改变，新型的知识管理型政府的制度会受以前制度约束。特别是对隐性知识的管理，对于知识共享、知识创新缺少制度激励和保障。对于知识管理的测评到目前还没有成熟的工具和方法，使得知识型职员越来越把自己的知识封闭"保护"起来，不愿意与其他的职员一同分享，最终导致知识的不流通，这

样做不仅阻碍了政府创新的形成，还阻碍了政府知识管理的顺利实施。知识管理不仅仅是一项管理技术，也是政府管理的一次彻底革命，它是一个完整的体系、一项系统工程。

第三节 创建知识管理型政府的实施策略

一 加快创建学习型政府进程

（一）确定政府的知识管理战略

政府要进行知识管理，首先要制定能够反映政府总体战略目标要求的知识管理战略。政府的战略目标应该基于自身地位和自身所处环境的认识，着眼未来，把握未来发展趋势，明确面临的机会和威胁。政府知识管理战略为政府的发展方向和决策提供了依据，为公务员学习知识、交流知识、运用知识和创新知识奠定了基础，有助于增强政府内部凝聚力、团队精神和共同感的形成，使之成为组织的共同愿景。

当前，有些人对知识管理重要性和紧迫性认识不够，还存在着一定的片面性。有些人认为，在中国现阶段有关知识管理的研究只是一种学术"炒作"，知识管理距离中国还很遥远。有些人认为，知识管理重点是引进某种新的科学技术。有些人不愿意分享知识，认为知识共享会导致知识的贬值，自我价值的丧失。知识管理作为一种全新的管理思想，它是知识经济条件下，政府借鉴企业先进管理理论的一种新的实践模式。政府知识管理的推行，将是政府管理的一场新的理论创新和制度创新。因此，要从推进我国政府管理创新的高度，充分认识知识管理对于政府管理的重要性和积极影响，特别是要树立适应知识管理的政府信息资源开发的新理念，主动地支持政府信息资源开发由信息管理向知识管理跃迁。

（二）建立灵捷的政府组织结构

组织结构是组织的重要形式，设计能实现组织功能的组织结构是创建学习型政府的重要保障措施。在当前信息发达的政府环境下，组织结构既要体现其稳定态，又要体现其灵活性。传统政府"金字塔"式的组织结构已不能适应柔性化、虚拟化的要求，知识管理要求打破金字塔式的政府组织结构，建立起柔性、灵捷的知识管理型政府组织结构，从而实现从金字塔向倒金字塔、从线性关联到蛛网互联的转变，呈现出扁平化、弹性化的特点。

（三）培养公务员学习习惯

在知识经济条件下，公务员是学习型政府的主体，是终身的学习者。公务员自身水平及能力对政府的发展有着重要的影响，因此政府最高层领导要重视教育培训的意义与地位，把教育培训部门作为政府的核心部门。要设计和完善公务员培训体系和培训制度，保证公务员每年有充足的培训时间，充足的学习场所和设施，并为他们提供各种学习课程和学习服务。要充分利用各种教育资源形成公务员终身学习的局面，通过群体组织及其活动形成组织内良好的学习风气，以保证公务员养成有意识学习的习惯。

实施基于知识管理的政府信息资源开发，必须要求政府组织成员参与政府知识传播、共享和创新，把政府工作人员集体知识的共享和创新视为促进政府管理创新的支柱。但在实际工作中，一些工作人员往往为了维护自己利益而隐瞒信息，这不利于政府知识管理的推行。政府应鼓励他们把信息和他们的知识能力结合起来以创新知识；对于以知识参与知识链的成员要给予物质和精神上的奖励，并让更多的人参加研讨咨询会，让他们在会上发表意见，并在会上接受集体的熏陶和教育。

二 重视政府的电子政务建设

随着信息技术的不断发展，互联网技术的日渐成熟，公众上网人数成倍增加，上网意识逐渐加强。在这些因素的影响下，政府为了能更好地为社会提供服务，跟上时代潮流，在进行事务处理时，也需要考虑采用最新的信息技术手段。"电子政务"就是在这种情况下提出的一个概念。所谓电子政务，是指一种新的公共行政管理方法，它构建在体系完整、结构合理、高速宽带、互联互通、安全可靠的网络系统之上，利用信息和通信技术，有效地实现行政、服务及内部管理等功能，在政府、社会和公众之间建立起有机的服务系统。

电子政府最本质的内涵是运用计算机网络技术打破政府机关之间的组织界限，改变传统的经过层层关卡的书面审核的工作方式，使公众从不同渠道获得政府的信息服务，使政府机关之间、政府与社会各界之间通过网络进行沟通，同时向公众提供各种不同的服务选择。

电子政务是电子信息技术应用到政府管理的必然趋势，已经受到世界各国重视。我国也积极推进电子政务的建设，并且已经取得一定进展。电子政务的设施并不是简单地将政府已有的业务模式"电子化"，而将涉及政府组织结构层次的转变、政府管理职能的转变与创新、业务流程的重组、对公务员的业务技能培训等许多方面。电子政务对政府工作所产生的这些作用对在政府中实现知识管理具有重要的影响，可以说，电子政务的设施可以有效推动政府中知识管理的实现。

知识管理是管理知识财产的一种综合性方法，它是将组织内外的知识资源作为资产来管理使之共享，并作为集体智慧获取竞争优势，包括知识获取、知识传播和共享以及知识应用的管理过程。实现知识管理的主要过程如下：（1）尽可能有效地鉴别、收集、获取有用的知识；（2）对知识进行加工分类，并以合适的方式储存知识，以便于查找、检索与共享；（3）以多种方式共享和传播知识，包括电子邮件、共享数据库等方式；（4）应用掌握的知识解决遇到的问题，并根据应用情况对知识进行周期性评估，并保证有用的知识有效储存。在我国，政府掌握着近80%的社会信息资源，如何有效利用这些信息资源，从中挖掘获取有效的知识对政府来说是至关重要的。通过电子政务的推行和实施，可以利用信息技术改造政府业务流程，提高政府对信息资源的管理和开发能力，为在政府中实现知识管理奠定坚强的基础。

信息化是知识化的基础，电子政务建设是知识管理的保证。为规范电子政务建设需要，制定统一的指导标准，规定政府各部门在信息化工作中所应遵循的共同原则。出台有关安全的规则，要求各部门在进行电子政务建设时都应满足这些安全功能以及关于网站设计的导则，目的在于使政府用一致的方法在网上提供信息及服务，使政府网站能在管理和设计上达到最佳，为内部知识共享提供硬件支持。

首先，政府要根据对信息技术发展的预期确定电子政务长远发展目标。对电子政务的规划要有足够洞察力和想象力。在起步阶段要建立示范工程，重点突破，以容易实现的、效果明显的项目起步，以点带面，逐步发展。在已经取得经验和效益的基础上，加快系统扩张的步伐，充分享受信息化和信息技术带来的好处。

电子政务的发展离不开完整、统一的法律和制度框架。为了促进电子政务的发展，我国政府出台了一系列法律、法规和部门规章，但还不完善。现在应尽快建立一整套法规保障体系，用法律、法规来保证其网站信息资源发布的正常运转，保证政府有效地处理反馈信息，提供网上服务，减少网络风险。

其次，综合考虑经济效益、社会效益和政府自身能力的建设，以"三网一库"为基本构架，建立标准统一、功能完善、安全可靠的政府电子政务信息网络平台。政府要积极开展网上办公，不断增加电子政务的"政务"含量，充分整合资源，将政府的各种网络整合到全国政府专网上，使政府信息得以共享。

创建知识管理型政府既需要利用信息技术提供不同的软硬件设施和支持水平作为条件，还要在政府内部建立跨部门的互动制度。通过建立联络机构及时反馈管理中的知识欠缺，反馈所反映的问题，促进知识的交流与创新。在知识管理型政府内部推行自我管理，重视对公务员的教育培训，做好人力资源调控。同时，要不断创新共享信息的环境，营造一个要求平等、信任、充满协作精神的人际关系。建立知识管理型政府的系列配套制度。知识管理型政府中程序化、规范化的制度要求高，制度创新的问题表现更为突出。不同类型的政府都需要建设适宜自身特色的内部管理制度体系。在内部知识积累的基础上，加强知识管理，鼓励职员间的知识共享、知识创新进而实现政府的制度创新，满足社会不断变化的需求。这对于政府而言，不是好与坏，而是成与败的问题。因此，政府要从内部知识管理的角度认真思考制度建设创新的问题。建立一系列配套的制度，从制度的层面上推进知识管理型政府的建设。

政府诸要素协同一致为建立知识型政府的战略目标服务是知识管理充分发挥效能的前提，是管理模式选择和知识管理的基本原则。为此，应专门建立让管理者对知识管理目标一致性状况进行分析判断的模型。首先将组织的知识资源分成显性知识和隐性知识。把这些知识按照与战略目标一致性的原则进行分类。与目标一致的显性知识和隐性知识，直接进行管理和应用。与战略目标不一致的，则将它们按照存储的知识资源进行管理。

最后，电子政务建设不只是信息技术在政务领域的推广和应用，也不只是简单地将现有职能和业务流程电子化或网络化，而是实现政府职能转变和管理方式改进的重大创新，在本质上是政府改革的重要组成部分，因此建设电子政务与行政体制改革应同步进行。在进行电子政务建设的同时要继续深化行政管理体制改革，转变政府职能。这样做会使二者相互配合、相互促进，全面提高我国政府的管理水平，避免出现电子政务建设与行政体制改革脱节现象。

电子政务培训工作已经成为"国家信息化培训工作"的一个重要组

成部分。当电子政务发展到一定阶段后，相应的决策支持系统的建设将是不可避免的而决策支持系统的开发和建设离不开对知识的管理。在对公务员进行电子政务的培训过程中，相应地增加关于知识管理的理念和知识方面的培训，对电子政务的实施和在政府中推行知识管理都会产生推动作用。同时，还可以提高公务员认识问题的高度，使得他们在分析问题和解决问题的时候可以更多地考虑到社会公众的需求，提高他们对社会公众的管理和服务水平。

对公务员的电子政务培训是一项繁重的任务，需要耗费大量的人力、物力和财力，如果在培训过程中兼顾知识管理方面的内容，将可以避免在政府中推行知识管理时对公务员的再次大规模培训，从而节约政府的运作成本。

三 做好政府知识执行系统的建立与完善工作

信息的取得、反馈及知识的生产、传播等有助于政府对各利益体进行协调，而协调中最重要的是政府知识执行系统的建立与完善。执行系统是知识管理型政府管理结构体系中协调功能的最直观的表征。执行系统的建立与完善必须与电子政务、学习型政府的建设并行而不能分割。

执行系统的任务在于对协调过程进行敏捷的、全面的贯彻。所执行系统必须保障能够迅速启动预案，对于首次出现的情况能够迅速采取处理措施；即时反馈执行结果，并通过信息系统向决策系统进行执行反馈；对执行决策需要的资源进行细化和整合，保证在较少的投入下能够实现对突发事件的处理，对执行中的短缺资源进行评估，并及时反馈至决策系统，采取替代或加大投入的方法来保证执行的绩效。对执行系统而言，最为重要的方面是执行的敏捷化程度和执行力度，这就必须靠完备的信息系统、顺畅的信息渠道，通过系统分工，明确责任，确保在执行过程中实现预期的目的。

建设统一标准的政务资源整合技术平台。20 世纪 90 年代以来，政府就一直致力于政府信息化建设，在政府信息资源开发与共享的实践上取得了较好的成绩，但是，在现实生活中，政府信息资源受到行政分割的约束，仍然在一定范围内存在，以致各部门形成一个个"信息孤岛"，彼此分割、各自为政，不能实现公众和企业的有效利用和资源共享，造成了资源浪费和重复建设。特别是在网络环境下，要保持信息通畅、交流和共享，缓解闲置与短缺的矛盾，对政府信息资源建设的技术环境和法制规划提出了新的更高要求。因此，需要建立一个具有规划和协调功能的政府信息资源管理机构，负责对全国政府信息资源建设进行统筹规划。对各部门的信息资源建设进行分工协调，负责制定和完善信息资源建设中所需要的各项技术标准，如信息存储的记录格式、信息加工处理的数据格式、信息传递的方式方法等。还包括对各部门进行教育培训和技术培训、对各部门的信息资源建设情况进行评估等，建设统一标准的政务信息资源整合技术平台。

四　塑造一支高素质的政府知识管理人才队伍

运用知识管理开发政府信息资源，要求政府管理者具备更多的技能和专业知识。为此，政府管理者一方面要不断学习，掌握更多的专业知识，全面提高自身的素质和能力，并把它转化为自身工作的力量，让知识真正成为政府的重要资源得到开发和利用。另一方面要加强和组织各级管理、技术人员的培训，努力提高知识管理意识和实际操作能力。

创建知识管理型政府既要充分考虑到本国、本地区的实际情况和实施条件，也要考虑建立知识管理系统的技术基础和利用知识管理的主要特点。在创建知识管理型政府模式过程中，最重要的是政府知识管理链条的构建，具体措施是加强学习型政府的建设、电子政务的建设以及知识执行系统的建立与完善。

第十章 构建知识管理型政府的组织文化

第一节 政府组织文化的理论回顾

一 政府组织文化概述

（一）文化及特征

中英文的文化语义来源不同，英文 Culture，源自拉丁语 Cultura，可分解为"cult"和"ura"两部分，其"Cult"的本义为"耕种、培育；修饰、打扮；景仰、崇拜、祭祀"；其"ura"的本义为"结果的意思"。因此英语文化一词的本义为"人类活动的结果"。

中文用语的含义最早见于《易经》："观乎天文，以察时变；观乎人文，以化成天下。"意思是，观察天象以掌握节气时令的变化，而观察人的行为是为了教化天下的百姓。西汉刘向的《说苑》书中第一次明确使用了"文化"一词，是相对"武力"而言，其本义是文治教化。

一般认为，文化的经典定义是由英国人类学家爱德华·泰勒（Edward Burnett Tylor）给出的，他在《原始文化》（1871）一书中指出：文化是包涵人作为社会一员所获得的知识、信仰、艺术、道德、法律、风俗以及所有一切能力和习惯的复合体。按照《中国大百科全书》解释，文化是指人类在社会实践中所获得的能力和创造的成果。文化含义有狭义和广义之分。广义而言，文化包括人类在社会发展过程中所创造的物质和精神的生产能力以及物质和精神的全部产品，即人们常说的物质文化、制度文化和精神文化三个方面；狭义而言，文化指人类的精神生产能力和精神产品，包括知识、信仰、道德、价值观念、习俗、教育、科学、艺术、卫生、体育以及个人作为社会成员而获得的能力和习惯在内的复杂整体。物质文化代表的是"器"文化或"硬"文化，而制度文化和精神文化属于"软"文化。从文化生成和发展历史看，其内在特性有如下几点：

1. 习得性

文化是后天习得的，是通过与他人的相互作用学习到的，人类都是从自己的父母亲以及自己所在社区的其他人那里学到文化的。文化通过代代相传的社会化学习过程而得以传承。对于文化的学习不但使社会文化得以延续，而且通过提供学习的社会环境和人文环境，使个体在学习的过程中得以适应环境。

2. 共享性

文化是可以共享的。它不单单是一种个体特征，在某种意义上，它是为某些群体所共有。当人们将一种思想、一种行为或一件事情定义为文化现象时，它肯定是为群体中的人们所共同接受和分享的，是被这一群体倡导和实践的。

3. 约束性

文化通过一定的载体形成后，会不依赖某个人而独立存在，在特定社会情境中，直接影响甚至决定人的行为。一般来说，文化会提供相对宽松的环境，个体在其界限之内有发展的自由度，只有在超越这个界限时，才会感受到其约束力。但是，人类并不是被动地受到文化的制约，人在学习文化、适应文化的同时，还在积极地发展和创造文化。

4. 差异性

文化的差异性，也就是文化的个性。由于社会条件、自然环境、经济水平、社会制度等的差异，形成了世界上丰富多彩的文化种类。在生活中人们随时随地可以感受到与另一文化群体的文化差异，可以表现为宗教信仰、语言、家庭结构、教育模式等不同。这种文化的差异性不仅存在于不同的文化单元中，也存在于同一文化单元中，由于个体的教育水平、生活经历、人际关系的不同，个体所接受的文化的整合和强化程度也不尽相同，对文化的了解和理解就会不同，文化在每个人身上的表现和发展也不一样，因而同一文化单元内，会呈现出各种各样的性格和行为等。

5. 共性

文化的差异性并不否定文化的共性，文化既有个性也有共性，人类文化共性的基础建立在人类生存环境的有限及人类在生理构造的相似上。所有社会的人都有相同的最基本的生理需求和相近的社会需求，都以生存、繁衍为社会最基本的功能，人类在进化和发展过程中，都具有在不同的文化之间寻找文化普遍性的内驱力。

（二）组织文化

组织文化是指一个组织在长期生存发展中形成的，并被组织大多数成员共同遵循的基本信念、价值标准和行为规范。它能引导员工始终不渝地为实现企业目标而努力，促进员工使命感、自豪感和归属感的形成，从而使员工在潜意识中形成一种对企业强烈的向心力。

组织文化是组织研究的一个重要领域，为组织的复杂现象提供了一种解释手段，同时也成为一条新的激励和控制员工的途径，管理者期望利用价值观来鼓励员工做出承诺和提高劳动生产效率。组织文化是由组织内的特定群体在处理关于外部适应性和内部凝聚性问题的过程中发现、发明或发展出来的，被证明是行之有效的，并在组织内用来教育组织成员形成长远正确认识、思考和感觉上述问题的基本假定。组织文化可以理解为"一系列基本的、默许的假定（比如世界是怎样的，应该是怎样的），这些假定被一群人所共享，并且决定了他们的理解、思想和感受，甚至于他们的公开行为"，从某种程度说，有三种重要因素即民族文化、职业文化和组织文化，决定了在组织内工作的人们的各类行为。

组织文化是指组织在长期经营管理实践中形成的全体员工共同的精神、观念、风格、心理和习惯的总和，是组织核心竞争力的有机组成部分。

（三）政府组织文化

政府组织文化又称行政组织文化，是在组织层次上所讲的文化。"政府组织文化是政府组织在进行政府组织活动和处理政府关系时所保持的政府价值观念及行为准则"。政府组织文化包括政府组织物质文化和政府组织理念文化，它们相互影响、相互作用，其中政府组织理念文化是最核心的文化。政府组织文化具有整体性、个体性、软约束性和延续性的特点，还兼具目标导向功能、凝聚功能、激励功能和控制功能这四项突出的功能。

优秀的组织文化具有内聚功能，能够从各个方面把其成员聚合起来，产生一种巨大的向心力和凝聚力，最大限度地激发成员的积极性和首创精神。良好的政府文化可以在公务人员心中形成共同的目标，把公务人员拧成一股绳，共同向目标进发；良好的政府文化还可以强化公务员的自律精神和公共责任感，保证国家与社会公共事务管理在高标准、高效率的基点上运行。政府体制改革要求政府机关坚持"开拓、务实、高效、廉洁"的要求，不断增强政府机构和公务员的创新意识，不断提高领导人员的管理能力，打造良好的政府形象。显而易见，政府组织文化在这其中可以发挥重要的作用。

政府组织文化作为全体成员的共同价值观，是一种软性的理智约束。它通过将共同价值观不断向个人价值观渗透与同化，将法律、制度和道德方面的良好要求内化为政府主体的内在素质。通常说，法律、制度和道德是外在于政府行为主体的要素，如果这些要素不被内化为政府主体的内在素质，那么它们的规范作用是有限的。同时，法律和制度建设常常落后于现实需求，也常常是有漏洞的，而一个开放的组织文化恰恰是对严谨制度的最好平衡和补充。也就是说，法律、制度和道德需要在政府文化那里获得补充和支持。因此，良好的政府组织文化作为一种理性力量能有利于推进廉政建设、遏制腐败，塑造良好的政府形象。

政府组织文化通过明确政府行为的价值取向和行动目标来推动整个社会的文化形成，特别是对培育和谐精神，形成追求高尚、激励先进的良好社会风气具有很强导向功能。因此，政府组织文化建设是整个社会文化建设的中坚力量，是精神文明建设的迫切需要，也是构建社会主义和谐社会的必然要求。

二 政府知识管理与组织文化间的关系

组织文化是决定政府知识管理成功与否的重要因素。成功的政府知识管理需要组织尊重知识的文化，高度认识学习的价值，并且重视经验、专业技术和创新。组织政府工作人员通过知识共享和交流而达到相互信任，每个员工都通过学习为组织的知识库做贡献，都有义务推进组织知识库机制的良好运转，享受传播、获取和创造、应用新知识得到的快乐。组织要发挥知识的作用，就必须培育适合其要求的新型组织文化。实施政府知识管理实际上就是要求组织培养一种文化，包括相互信任，开放式交流，学习、共享与开发知识管理的过程。

三 当前我国政府组织文化建设的障碍

（一）传统的压力型政府和官员晋升机制的负面影响

压力型政府体制在我国很多地区依然存在。上下级政府间的关系比较僵化，下级政府对于上级政府层层下达的任务没有任何商议权，只能按时完成，否则便会面临"一票否决"的困境。此外，上级官员的主观评价是下级官员升迁的重要依据。在这种晋升机制下，下级官员为了自身利益，不得不催生出一个又一个的"形象工程"、"政绩工程"，作为"软实力"的政府组织文化自然不会受到官员的重视。

（二）一味强调公平，忽视行政效率的负面影响

对于政府机构来说，公平问题比效率问题更容易判断。也就是说，结果是事先难以预料且事后难以评价的，而程序不仅是硬性的，而且遵守程序的过程和程度是显而易见的。为保证政府行为的公正性，政府机构领导人和管理者倾向于要求政府工作人员不折不扣地按既定程序操作，因为正确的程序往往被认为是遵循公平的原则制定出来的，并且还是实现公平政府的有效且易于监测的途径。实践中，政府工作人员对制约因素的担心胜过对目标任务完成情况的关注，即重视办事程序而不是事情的办理结果，这也是当前政府部门工作效率低下的重要原因。

（三）权力高度集中，激励手段匮乏的负面影响

一方面，政府机构领导者总是抱怨上级主管部门管得太多，自己没有足够的自主权；另一方面，由于权力资源匮乏和领导者担心自己会因为下属的行为承担责任。因此，他们自己也抓权不放，这就直接导致中低层管理者和操作人员缺乏自主权，进而工作缺少主动性和责任感。在对激励手段的运用上，政府机构的领导者不如企业经理灵活自主。他们不能任意地录用、提升、降职、开除一名公务人员，也不能真正按工作人员的功绩来分配工资和奖金。特别是各地公务员收入和津贴进一步规范以来，领导人采用金钱和物质奖励来激励下属的办法因涉嫌违规而基本绝迹。

第二节　知识管理型政府的文化特征

一　以人为本的组织文化

以人为本是组织文化的主旨和主旋律。必须认识到人是组织资源中最活跃、最具有创造力和最具能动性的部分，是组织一切力量和创造力的源泉。政府的知识管理是一个系统工程，政府要有效地推行知识管理，就要高度重视拥有和培育大量新型的知识人才。人才是政府组织的核心竞争力所在。因此，政府要加强各级管理、技术成员的培训，努力提高他们的知识管理意识和实际操作能力，同时，加大教育投入的力度，培育大批新型

的知识人才并把他们尽快充实到各级政府机关里，保证政府知识管理具有足够的人才支撑。这是当前政府推行知识管理的具有基础性的现实问题，不认真予以解决，知识管理无从谈起。反过来，政府工作人员通过不断学习，掌握更多的技能和知识，并把它转化为自身工作的力量，让知识真正成为政府的重要资源得到开发和利用，最终使政府成为一个学习型的组织。这是知识管理作为学习型组织特征的内在要求。

组织价值观是组织文化的核心与灵魂，选择正确的组织价值观是塑造政府组织文化的首要问题。选择组织文化价值标准首先要立足政府组织是公权力拥有者这一特点，其次要把握好选取的价值标准与政府组织其他要素之间的关系。当前，我国政府组织的首要价值标准就是按照民主法治、公平正义、诚信友爱、充满活力、安定有序和人与自然和谐相处的总要求，以解决人民群众最关心、最直接、最现实的利益问题为重点，着力发展社会事业、促进社会公平正义、建设和谐文化、完善社会管理和增强社会创造活力，走共同富裕道路，推动社会建设与经济建设、政治建设和文化建设协调发展。

政府实施知识管理要突出高层管理者和公务人员的能动性、积极性和创造性，利用先进的科学技术和管理工具、管理机制提高管理者的管理水平，以人为本、以管理为本实现综合效益。人是知识最重要的载体。虽然现代社会对于政府来讲已经拥有许多知识载体，但人作为知识最重要的载体的地位依然无法动摇——人不仅可以通过学习来掌握各种显性知识，而且是隐性知识的唯一载体，后者决定了人在知识管理过程中的不可替代性。因此必须建立与之相适应的以人文本的组织文化。

选择和确立了组织价值观之后，就应该把组织价值观和组织文化模式通过一定方式使其深入人心。一是加大宣传充分利用一切宣传工具和手段，大张旗鼓地宣传政府组织文化的内容和要求，营造出浓厚的环境氛围。使公务员和群众都认同政府组织文化的目的。二是加强学习，提高公务员素质。开展有针对性的教育和培训，使公务员认同和接受组织所倡导的组织精神和组织文化。在对政府公务人员进行思想教育的同时，还应对其业务素质加强培训，杜绝官僚主义作风，政府组织文化再造的最大障碍就是官僚体制的束缚。因此，一方面，要打破原有的官僚体制，变高度集权、金字塔式的组织为分权、弹性化的组织，创建一种以社会公众为导向，以竞争为导向，以后果为导向的新型的公共部门组织，为组织文化再造扫清体制上的障碍，满足顾客更高层次的无缝隙的需要和需求。另一方面，应该有一个进行变革的宽松的制度环境，在确保政治使命和公共利益不被扭曲的前提下，提供足够的变革自由。这样才能真正实现组织目标，实现组织文化，切实提高政府形象。

二　知识共享的组织文化

政府知识管理强调知识交流和共享，强调合作与共享。在信息化、网络化环境下，知识的共享除了可以在人和人之间进行之外，还可以在人和计算机、计算机和计算机之间实现。知识传播与共享系统为政府的不同职能部门之间或相同部门的上下级之间的知识共享提供便利，把孤立的信息和经验转换成政府可以利用的知识。通过不同职能部门之间的"横向"知识共享，可以有效弥补部门之间的信息鸿沟，有利于从更全面、更高的角度来看待和解决遇到的社会和经济等方面的问题，促进整个社会的可持续发展。而通过相同政府职能部门的不同等级之间的"纵向"知识共享，可以使得部门内部有效的经验知识得到广泛传播，为整个部门所共有，推动整个部门的发展。

共享和合作的文化能够使政府突破有限活动范围，实现优势互补的资源重组，做到"双赢"甚至是"多赢"。只有拥有共享文化的政府才能在激烈的市场竞争中得到人民的认可。提升政府的公信力。组织成员知识的分享可创造乘数的效果。如果政府能够建立起知识交流与共享文化，实际也在鼓励员工学习、分享他人的知识。成功的政府知识管理就是要通过政府文化的建设，以转移员工的心智模式，培养知识交流与共享的文化，将知识交流与共享融合在整个政府流程中。

培育知识共享的政府文化。仍然存在一些政府部门或者一些公务员为了保护自己的利益有意封锁自己掌握的信息，不愿意将信息共享。为了避免这种现象，就要求培育知识导向型的政府文化，鼓励和支持多种形式的交流与合作。通过建立一个统一的知识共享硬件平台，使得政府间的知识共享具有实现的基础，同时营造知识共享的"软"环境，建立一种鼓励公务员参与集体知识传播、共享和创新的机制，引导他们共享所拥有的知识。另外，采用有利于公务员合作交流的工作方式，如及时提取知识交流成果并将其文档化，以利于隐性知识显性化；所写知识文档时，多采用图片、图表甚至音视频多媒体格式和互动的形式，并去除冗余信息，尽量易于相关人员阅读和理解，保证知识交流和知识共享的质量。

三　高度信任的组织文化

在知识经济下，没有高度信任的文化，没有高度信任的组织文化，政府便不能成为真正服务型政府。能否建立一种信任和合作的文化，是政府知识管理的顺利实施的关键。如果政府内部成员相互信任，政府内部上、下级之间，员工与员工之间才能毫无保留地交换意见，消除偏见，则比较容易将知识转化为行动。相反，如果太过强调内部竞争，则会混淆了激励和竞争，造成负面的影响。在一个相互信任与合作的组织文化中，员工能够与其他部门的人自由交流，知识能自由地分享和流动，员工和组织将因此受益无穷。知识的分享来源于高度信任的组织文化，如果人们把知识视为一种私有的资源和财富，人们认为只有占有了知识，才能在竞争中处于优势地位，才能获取和保持自己的利益。尤其在政府部门，人们把知识作为一种权力和地位的象征，担心一旦自己的知识被分享，相应的优势地位就会随之丧失，自身的利益就会受到损害。正是基于这样不信任互相猜疑的观念，知识共享很难实现。因此，要建立一种高度信任的组织文化。

人们习惯于以投入项目的多少、经济总量增长速度的快慢和建设规模的大小等指标来评价政府表现，这就使政府官员普遍存在追求所谓"政绩"和好大喜功的思想观念。另外，如同卢·温尼克所说："在政府中，一切激励因素是以不犯错误为定向。你取得了九十九个成功也没有人注意，但只要犯一个错误你就完蛋了。"这就使政府工作人员形成了"不求有功，但求无过"的消极态度。要使政府改变这种状况，引入充满活力的企业家精神，就必须首先改变行为的动因——绩效评估标准，以公众是否满意的"市场检验"方法激励政府公务员去努力提供优质的公共服务。

营造良好的组织文化是实现知识型政府的必然要求，因而要克服公务员的官僚习性和僵化的政府文化，营造积极创新的思维和态度，服务于公众的行政管理文化氛围。政府文化具有共享型、创新型、学习型和服务型等特性。服务型文化要求知识型政府首先必须是服务型政府，必须不断增强其公共精神和服务意识；学习型文化要求加强政府公务员专业化技能的培养，利用系统进行内部和外部的信息沟通、学习，建立起学习型的人力资源管理文化。领导层思想要开放，敢于向自己传统的习惯提出挑战，敢于突破固有的思维模式，把管理模式由控制转为支持，由监督转为激励，由命令转为指导，自上而下形成一种共享学习的宽松环境。共享型文化要求培育政府公务员贡献知识以及与人共享的自觉行为，与政府内外的人员形成知识网络团队，通过建立可以公开交流知识的政府内部网络和有利于组织成员彼此合作交流的工作方式，引导他们共同分享他们拥有的知识。

为调动公务人员积极性，增强彼此信任感和组织的团队意识，强化对组织的认同感，经常组织集体活动，尤其在文体活动时，要求各部门必须有集体性节目等；营造了良好的环境氛围，净化了工作风气，提高了员工的信任度。

四　创新的组织文化

创新是一个组织生生不息的力量之源。人类的知识总量正在以爆炸式的速度急剧增长，知识的老化速度也非常快。知识频繁地更新换代，给政府的工作带来巨大的压力，如果只顾眼前的利益而不注意员工的培训和知识的更新，那么政府将会很快落伍和淘汰，工作效率也会降低。强调创新的政府鼓励公务人员学习新知识、敢于尝试新事物、鼓励新知识的应用，这必然会推动政府追求知识的深入度、新颖性，从而提高政府的生命与活力。强调创新的政府机关重视公务人员的培训和发展。知识的普及性、多元性也随之提高，而它们又是知识深入度和知识创造力的基础。实施政府知识管理，要理解在激烈的市场竞争中"穷则变，变则通，通则久"的竞争规则，要萌发出一种创新的冲动。

政府推行知识管理的首要要求就是要使政府组织成员参与政府知识传播、共享和创新，且政府的领导层要把政府工作人员集体知识的共享和创新视为促进政府管理创新的支柱。但在实际工作中，有些工作人员往往为了保持自己利益而隐瞒信息，这不利于政府知识管理的推行。政府应建立一种鼓励组织成员参与集体知识传播、共享和创新的机制，如设立知识主管，其职责在于培育集体创造力和推动知识创新；通过建立可以公开交流知识的政府内部网络和有利于组织成员彼此合作交流的工作方式，引导他们共同分享他们拥有的知识。与此同时，建立一套相关的能体现公开、公平、公正原则的评估制度，并把其和干部职工的选拔任用、职位升降关联起来。除此之外，知识管理尤其要注重精神的激励，领导的作用并不在于后面推动，更重要的是在于前面引导，通过赋予政府组织成员更大的权力和责任，给予他们更多的机会放手发挥，就能最大限度地激发他们的主人翁意识并长久地保持参与集体知识创新的积极性，最终通过集体的智慧实现政府的管理创新。

建立政府知识库，加强知识储备。政府可以通过内外部渠道获取的知识，一方面，通过加强政府部门内部的交流，通过会议、讲座等形式获得内部公务员掌握的经验知识；另一方面，可充分利用政府智囊团和咨询公司等外部资源，并通过定量或定性的信息处理方法，从掌握的丰富的政务信息资源中挖掘出有用的隐性知识。政府在此基础上可以从解决实际工作问题的需求出发建立相应的知识库，保障两者在合作过程中具备获取知识的平台。

绘制政府知识地图，消除政府间知识传递的障碍。知识地图是在建立知识库的基础上，对政府知识资源进行处理、浏览和形象化的，是一种利用现代化信息技术制作的知识资源的总目录及各知识之间关系的综合体，体现了政府的知识存储位置和方式，能够显示出在何处能够找到组织知识的重要资源。政府知识活动的管理者可以通过知识地图来了解政府知识资源的分布，政府职员正在做些什么以及需要他们提供哪些知识资源，使现有的政府知识透明化，确保知识的收集和传递能够顺利进行，消除政府部门间知识传递的障碍，来突破行政区划管辖对经济一体化的约束，进而促进资源优化配置。

政府组织文化的载体是政府成员，"公共企业家"是新型政府组织文化的缔造者。在打造政府"企业家文化"时，公共企业家应向卓越的企业家学习，并将其与公共管理的特点与任务进行整合。因此，他们须具备三项主要职能。（1）必须敏锐发现未予满足的公共需求，迅速选择适当的方法加以处理；（2）在此过程中，他们必须乐于承担风险；（3）必须具备激励并协调其他人或团体共同完成工作的能力。只有具备了这样的公共管理者，才能使政府在公共管理过程中自觉运用企业经营中诸如追求顾客满意、注重成本和质量等理念和策略，使具备企业家精神的新型政府组织文化得以真正实现。

组织文化突出表现为鼓励创新的精神。提倡员工勇于革新，公务人员发明新事物时，不会受到上级领导的任何干预。同时，允许有失败，鼓励员工坚持到底，绝不可扼杀任何有关新事物的设想。

政府要实行知识管理，从客观上就要求政府必须打破以往传统的组织结构，传统的政府组织结构缺乏灵活性，信息传递速度慢，信息失真多，难以适应知识经济快速变化的需要，因此要求其组织结构与之相适应，建立具有扁平化、弹性化、虚拟化、网络化和柔性化特点的知识型政府的组织结构。在知识型政府的组织结构中，员工间知识的交流与共享得到鼓励并有切实的条件保证，团队式的小组使得任何一位公务员的想法、建议或意见都能得到广泛的交流，学习成为一件日常的、自觉的事情。基于创新的知识的生产与传播速度、知识资源的积累与扩大速度以及最终政府技术创新和管理创新的速度在这样的组织结构中都将大大加快。所以，如果没有一个知识型政府的组织结构作为平台，要成功实施知识管理几乎是不可能的。

第三节　塑造知识型政府组织文化的举措

一　推行人本管理

人本型文化是知识型政府的组织文化要件，结合我国政府组织内部管理发展现状，构建人本型文化的关键是在政府组织内部推行人本管理。所谓人本管理就是以"以人为本"为根本指导思想的管理方式。为塑造人本型的组织文化，应该推行以下管理方式。

（一）民主管理方式

传统政府模式下政府组织中人本文化的缺失源于多种因素，但行政领导者的专制管理方式在一定程度上难辞其咎。美国著名学者勒温将管理方式划分为三种类型：专制式管理方式，即团队的权力定位于领导者自己，团队的各项工作都由领导者单独决定，领导者处于绝对的主体地位，被领导者处于无权参与的从属地位；民主管理方式，即团队的权力定位于全体成员，团队的各项工作在征求团队成员意见的基础上共同决定，领导者只起到一个指导者或委员会主持人的作用，被领导者处于参与者的地位；放任式管理方式，即团队的权力定位于每一个成员，领导者置身于团队工作之外，只起到一种被动服务的作用，其扮演的角色像情报传递员和后勤服务员。一般认为，民主管理方式是更为有效的管理方式。随着我国行政管理民主化进程的不断加快，政府对社会公共事务的管理正日益走上民主化的轨道，或者说，政府的外部民主化程度正在不断提高。但是，在政府组织内部，传统的官僚制政府与生俱来的专制式管理方式并没有根本改变。在这种管理方式下，上级与下级之间存在较大的社会心理距离与隔阂，领导者对被领导者缺乏敏感性，被领导者对领导者存有戒心和敌意，下级只是被动、盲目、消极地遵守制度，执行指令。团队中缺乏创新与合作精神，而且易于产生成员之间的攻击性行为。显然，这种专制管理方式是与"以人为本"的内涵背道而驰的。因此，要想构建人本型组织文化，行政领导者必须以身作则，积极推进民主管理方式。首先，行政领导者应该不断更新观念，在思想上充分认识民主管理的重要意义。其次，行政领导者应该努力培养并保持民主作风，不独断专行，能虚心听取各方面的建议和意见，保证决策的正确性。再次，行政领导者应确保各项机关管理工作过程的公开性和透明度，确保每一名公务员的知情权和参与权，充分尊重每一位公务员的基本权利。最后，行政领导者应该积极开拓机关民主管理的有效渠道，可以通过设立领导信箱，开展合理化建议活动，召开座谈会、茶话会等多种形式，实现行政领导者与一般公务员的广泛沟通与交流，为一般公务员提供一个心情舒畅的工作环境。

（二）情感管理方式

传统政府模式下政府组织中人本文化的缺失，与政府制度至上的管理方式有关。在效率中心主义的驱使下，官僚制政府忽视了政府工作人员作为一个"人"所具有的各种心理和情感需要，在日常管理工作中将人视为和机器、设备、厂房无异的工具，造成了各级政府工作人员机器情结的形成，进而导致了整个组织人本文化的缺失。官僚制组织模式是建立在科学管理理论的基础之上的，这种组织模式的一些弊病早在20世纪30年代就被行为管理理论所批判。霍桑试验生动地向社会揭示了人的社会性需求的存在。对政府而言，可以通过情感管理方式来重塑政府组织的人本文化。所谓情感管理是指管理者以真挚的情感，通过与被管理者之间的情感沟通，满足被管理者心理需要，进而形成和谐融洽的组织氛围的一种管理方式。与传统的管理方式不同，情感管理注重被管理者的内心世界，其核心是激发被管理者内心深处的正向情感，消除其低沉情绪，通过感情的双向交流和沟通来激发被管理者的积极性、主动性、创造性，进而实现有效的管理。情感管理体现了人与人之间的相互尊重、相互关心的人际关系。它以情感的疏导，达到尊重和信任；以亲如家人的关心体贴，达到情感上的共鸣。在政府组织中推行这种管理方式必将有助于增强公务员的归属感、责任感和荣誉感，进而逐步消除其机器情结。推行情感管理方式，首先，掌握情感特征，包括情感的可塑性、倾向性和稳定性等特征，只有针对这些特征进行管理，才能得心应手。其次，要掌握情感管理的技巧，管理者应该善于洞察人的内心世界，善于打开下属的心扉，善于得到下属的理解、信任与支持。再次，从内心关爱下属，时时处处关心下属的疾苦，尽可能解决下属工作和生活上的实际困难，努力为下属办好事、办实事，只有这样，才能增进与下属的情感。最后，把握情感与制度的尺度，情感管理绝不是对制度管理的彻底否定，而是对制度管理的有益补充，因此不能为了博得下属的信任与支持而做出有违组织规章制度的事情。

二　建立创新机制

创新型文化是知识型政府构成的文化要件之一，而创新型文化是一个包含创新理念、创新精神、创新制度、创新行为等多个层次内容的综合概念，因此，创新型文化的构建也需要从多角度入手。就当前我国实际情况而言，塑造创新型文化的关键是要建立有效的创新机制。具体而言，主要应该建立以下两种机制。

（一）学习推进机制

学习是创新的前提和基础，创新型文化本身就蕴含着崇尚学习的特征。崇尚学习是由个体组织成员的学习理念汇聚而成的一种积极向上的组织风气，这种组织风气的形成固然离不开组织的宣传教育工作，但更为有效的办法则是通过制度的形式来加以推进。所谓学习推进机制，就是通过一系列的制度而构成的旨在推进组织成员学习的经常化、普遍化和制度化的运行机制，这种机制主要包括如下内容：

第一，学习互动机制。通过建立相关制度确保政府层级之间、政府部门之间以及公务员之间的知识交流与互动，比如可以建立关于人员借调、人才交流等活动的制度来实现不同层级、部门间的知识交流的经常化，可以建立关于经验交流、知识竞赛等活动的制度来确保政府机关内部知识交流的广泛性。

第二，学习约束机制。通过建立一系列关于学习的规章制度，规范组织和公务员的行为，将外在的压力变成内在的学习动力，使学习者处于一种不断超越自我的可持续发展状态之中，营造一个"人人皆学、时时皆学、处处皆学"的良好氛围。

第三，学习投入机制。政府应该多方筹措资金，提高对公务员学习相关事项的投入力度。政府财政要安排必要的经费，用于公务员学习所必需的硬件和软件建设、表彰奖励和教育培训工作。同时还要积极运用市场机制引导社会投资，例如，可以通过拍卖公共文化设施的使用权，鼓励建立学习网站、文化超市，开展讲座论坛、新书推介会等活动。

第四，学习保障机制。政府要把公务员学习作为一项长期的事关全局的战略性任务，纳入议事日程，为公务员学习提供组织保障。政府知识管理机构应该制定相关的学习政策，以便为公务员学习提供必要的制度保障。

第五，学习考评机制。将机关、个人的学习情况作为对机关、个人考评的一项重要指标，建立科学灵活的动态考核机制，形成一级抓一级、一级考一级、一级带一级的分层次、立体式的考核体系。考核可采取听汇报、查学习记录、开座谈会、抽样调查等方法，坚持年终综合考评与平常检查相结合。通过考评，提高参评对象学习的自觉性，真正做到"生命不息、学习不止"，推进公务员学习的有序开展。

（二）创新失败宽容机制

知识型政府所面临的行政环境复杂多变，这种环境在给行政领导者和一般公务员带来创新机会的同时，也带来了更多的不确定性。因此，知识型政府的创新型文化必然要以对创新失败的宽容为基础。在知识型政府中，行政领导者应该能够容忍一般公务员的创新失败，这就需要建立创新失败宽容机制。宽容失败只是对由于客观原因造成的失败的适度包容，绝不是对由于当事人主观原因造成的失败的过度纵容。失败宽容机制的建立需要综合考虑我国政府现有的管理体制和运行机制的实际情况，尤其需要协调好这种机制和行政首长负责制、行政问责制之间的关系。

三　培养合作理念

政府组织的合作型文化也是一个包含了合作的理念、精神、制度、行为等的综合概念，就目前我国政府组织文化发展的现状而言，培养公务员的合作理念显然是培养合作型文化的重中之重。公务员合作理念的培养，关键是帮助公务员树立平等观念、诚信原则和团队精神。

（一）平等观念

平等是合作的前提，合作型文化的构建必然要求公务员树立平等观念。平等观念发端于基督教教义和自然法，据英国法律史学家梅因的分析，"人类根本平等的学理，毫无疑问是来自自然法的一种推定。"统治型政府中充满着"特权"和"奴性"思想，管理型政府中弥漫着"官本位"、"权力本位"气息，都没有平等概念。知识型政府的平等观念包含两个方面：（1）人格平等，即行政领导者和一般公务员在人格上应该是平等的。行政领导者和一般公务员不仅具有主体的资格，还具有独立的人格，他们并不依附于行政机关而存在，是独立的人格主体，其尊严、自由和意愿理应受到尊重。当前，"尊重生而自由和尊严平等的义务不再是特殊的自由政策或政体的特权，它已成为当今世界无可置疑的普遍政治的准则"。（2）地位平等，即行政领导者和一般公务员地位上应该是平等的。地位平等又称社会平等，是一种非分配性的平等，它并不规定要把任何特定类型的利益平等地分配给人们。它只不过确定了一种生活形式，在这种生活形式中，人们在一个非常重要的方面相互把对方当作平等的人来对待。尽管行政领导者和一般公务员角色不同，但二者并没有高低贵贱之分，应该平等相处。要使公务员树立平等观念，就必须积极开展多种形式的宣传教育活动，坚决批判官本位思想，坚决摈弃等级观念，尤其需要行政领导者以身作则，在日常的行政管理过程中平等对待每一位一般公务员。

（二）诚信原则

诚信是合作顺利开展的保障，合作型文化的构建必然要求公务员恪守诚信原则。诚信是内在于人类本性中的一种固有的品质，是社会存在和个人立世的基础，它根源于人类的群居本性和社会合作的需要。就其本义而言，"诚"是指无妄、不欺，是真与善的统一。"信"是诚实、不欺、讲信用。诚信是合作的前提，也是合作的保障。恪守诚信原则就是要求公务员在日常的行政管理工作中做到以下几点：第一，诚实行政，也就是公务员在行政管理工作中以客观事实为依据，如实表达和传递各种行政信息和知识，坦诚相待，不违背良知，不欺诈蒙骗、不弄虚作假、不伪装矫饰。第二，守信行政，也就是公务员在行政管理工作中遵循基本的行政道德规范，信守承诺，不失信于人，不违背约定。第三，信任行政，也就是公务员在行政管理工作中对领导、对同事、对下属给予足够的信任，不枉自怀疑、不胡乱猜忌、不阳奉阴违。

（三）团队精神

团队精神是合作的内在动力。"团队就是由少数有互补技能、愿意为了共同的目的、业绩目标而相互承担责任的人们组成的群体"。所谓团队精神，就是团队成员为了团队的共同利益与共同目标而相互协作、无私奉献的心理状态和精神风貌，是团队成员共同价值观和理想信念的体现，是推动组织合作顺利进行的精神动力。培养公务员的团队精神，应该从以下方面入手：首先，培养集体观念。团队精神的核心内容就是集体主义精神，因此，应该用各种方式不断地向公务员灌输集体主义的观念，使公务员在思想上跳出个人主义的圈子，切实将群众利益、组织利益、团队利益置于个人利益之上，心甘情愿地为组织贡献自己的力量。其次，营造公平氛围。任何类型组织的成员都有公平的需要，组织成员公平需要的满足是形成团队精神的前提。应该通过不断完善制度建设，确保在考核、晋升、奖惩等环节公平地对待每一位公务员，这样，才能确保每一位公务员对组织的认同感和归属感，进而充分发挥其积极性、主动性和创造性。最后，加强内部沟通。组织成员间的密切联系是团队精神形成的重要保障，因此应该加强部门内部公务员之间的沟通，这就需要通过各种方式不断畅通公务员之间的沟通渠道，加强公务员之间的信息交流、工作交流、感情交流，比如设立意见信箱、组织座谈会、开展文艺活动等。

政府知识管理的良好运行，必然要求政府组织的每一个成员都要参与到政府知识传播、共享和创新中，把政府工作人员集体知识的共享、创新视为促进政府管理创新的支柱。充分调动每个成员的工作积极性，政府应建立一种鼓励组织成员参与集体知识传播、共享和创新的机制，尤其要建立适应知识经济时代的多种激励机制，对有创新贡献的员工给予表彰、奖励，建立浓厚的情感管理氛围，并让更多的人参加政府一些决策的研讨咨询会，让他们发表意见，展现自我，发挥个人与集体的智慧，增强员工的归属感，鼓励他们把信息和他们的知识能力结合起来以创新知识，给员工提供更多的继续学习机会，掌握更多的专业知识，全面提高自身的素质和能力，把它转化为自身工作的力量，让知识真正成为政府的重要资源得到开发和利用。政府实施知识管理与政府内部良好的组织文化有内在的联系，两者的互动协同关系十分明显。知识管理的演化实践过程丰富充实了组织文化的内容，对组织文化发展提出新要求，而组织文化又促进了政府知识管理的顺利实施，成功实施了政府知识管理又将促进组织文化的再建设，从而形成了一个良性的循环过程。组织文化是提高政府工作效率的重要源泉。在知识经济时代，积极培养、塑造适合环境变化的组织文化是政府面临的重要课题，政府管理者只有重视组织文化的建设才能真正实现知识管理。

知识型政府的组织文化包含了人本型文化、创新型文化和合作型文化多项内容，因此知识型政府组织文化的塑造是一项复杂的系统工程，需要从组织的制度、结构、机制等多个方面入手。

第十一章 知识管理型政府隐性知识转化的实证研究

第一节 隐性知识与知识管理型政府

一 隐性知识

隐性知识是波兰尼（Polanyi）在 1958 年从哲学领域提出的概念。他在对人类知识的什么方面依赖信仰的考察中，偶然发现这样一个事实，即这种信仰的因素是知识的隐性部分固有的。波兰尼认为，人类的知识有两种。通常被描述为知识的，即以书面文字、图表和数学公式加以表述的，只是一种类型的知识。而未被表述的知识，像人们做某事的行动中所拥有的知识，是另一种类型的知识。他把前者称为显性知识，而将后者称为隐性知识，按照波兰尼的理解，显性知识是能够被人类以一定符码系统（最典型的是语言，也包括数学公式、各类图表、盲文、手势语、旗语等符号形式）加以完整表述的知识。隐性知识和显性知识相对，是指那种人们知道但难以言述的知识。

隐性知识的特征：

（1）默会性。不能通过语言、文字、图表或符号明确表述：隐性知识一般很难进行明确表述与逻辑说明，它是人类非语言智力活动的成果。这是隐性知识最本质的特性。

（2）个体性。隐性知识存在于个人头脑中，主要载体是个人，它不能通过正规的形式（例如，学校教育、大众媒体等形式）进行传递，因为隐性知识的拥有者和使用者都很难清晰表达。但是隐性知识并不是不能传递的，只不过它的传递方式特殊，例如，通过"师传徒授"的方式进行。另外，这里需要区别"个体性"与"主观性"。波兰尼认为，和主观心理状态之局限于一己的、私人的感受不同，个体知识是认识者以高度的责任心，带着普遍的意图，在接触外部实在的基础上获得的认识成果。可见，个体的不同于主观的，关键在于前者包含了一个普遍的、外在的维度。

（3）非理性。显性知识是通过人们的"逻辑推理"过程获得的，因此它能够理性地进行反思；而隐性知识是通过人们的身体的感官或者直觉、领悟获得的，因此不是经过逻辑推理获得的。由于隐性知识的非理性特征，所以人们不能对它进行理性的批判。

（4）情境性。隐性知识总是与特定的情境紧密相连的，总是依托特定情境存在，是对特定的任务和情境的整体把握。这也是隐性知识的很重要的特征。

（5）文化性。隐性知识比显性知识更具有强烈的文化特征，与一定文化传统中人们所分析的概念、符号、知识体系分不开，或者说，处于不同文化传统中的人们往往分享了不同的隐性知识"体系"，包括隐性的自然知识"体系"，也包括隐性的社会和人文知识"体系"。

（6）偶然性与随意性。隐性知识比较偶然、比较随意，很难捕捉，获取的时候就比显性知识要困难。

（7）相对性。这里的相对性有两层含义：一是隐性知识在一定条件下可以转化为显性知识。二是相对于一个人来说是隐性知识，对另一个人来说可能已经是显性知识；反之亦然。

（8）稳定性。与显性知识相比，隐性知识与观念、信仰等一样，不易受环境的影响改变；它较少受年龄影响，不易消退遗忘，也就是说，个体一旦拥有某种隐性知识就难以对其进行改造。这意味着隐性知识的建构需要在潜移默化中进行。

（9）整体性。尽管隐性知识往往显得缺乏逻辑结构，然而，它是个体内部认知整合的结果，是完整、和谐、统一的主体人格的有机组成部分，对个体在环境中的行为起着主要的决定作用，其本身也是整体统一，不可分割的。

二　知识型政府

知识型政府是指在知识经济时代，运用知识管理的理论、方法和管理工具，通过对知识的发现、挖掘、运用和整合，实现政府内部的知识共享和知识创新，进而提高政府办事效率和服务水平的政府管理新模式。

三 知识型政府与隐性知识的关系

在知识型政府中，一方面，通过电子政务等自动化办公系统实现对知识的搜集、挖掘、运用和创新，实现显性知识的交流与共享，不断提高知识应用水平和办公效率。另一方面，隐性知识对于政府效能的提高和知识型政府的建立具有较大推动作用。这里所说的隐性知识主要包括办公人员中隐含的领导能力、分析问题能力和丰富的工作经验等。

人们在平时的工作中主要靠经验来处理政府的事务，而存在公务员头脑中的经验是难以清晰表达出来的，因此政府各单位中经验丰富的人的地位越来越重要。这些人所拥有的隐性知识是对以往工作的积累和提炼，是政府中个人或组织解决各种结构化的程序性事情和非结构化的突发事件所需要的重要资源。

隐性知识不像显性知识能够简单地被人们分享和运用，它需要更为有效地交流与挖掘。并且拥有较强隐性知识的人往往是某一方面的精英，其对自己的这一优势具有保护意识，很难流露出来。因此，隐性知识包含于政府知识管理之中，对于知识型政府的构建和发展具有较强的促进作用。

为了能更好地管理隐性知识，可行的办法是将其转化为易为人们接受理解的形式，即隐性知识显性化，并把它变成人们共享的经验性知识。为此，我们选取了辽宁省五个市各级政府机构作为调查对象，开展了有关政府隐性知识转化现状的调查研究工作，对调查获取的数据和资料进行了科学分析，在此基础上提出了政府隐性知识转化的结论和途径。

随着知识社会的进一步发展和成熟，各种组织越来越感受到知识作为重要的资源是构筑组织核心竞争力必不可少的要素。同样，政府的知识创新以及知识管理也已经提上了日程。政府知识管理的主要工作之一是对显性知识和隐性知识进行的管理，其中对隐性知识实施有效的管理意义重大，因为隐性知识所蕴含的价值更为重要。

第二节 政府隐性知识转化调查的设计与分析

一 政府隐性知识转化调查的设计

政府隐性知识转化的调查，主要采用问卷调查方法收集关于政府隐性知识转化的资料。

（一）设计调查问卷

调查问卷设计的一级指标是：政府人员对隐性知识的认识情况调查，政府工作人员之间隐性知识转化情况调查，政府部门间隐性知识转化情况调查，政府组织对隐性知识的重视情况调查。调查设计围绕如上四个一级指标展开了问卷的具体设计。

（二）确定调查对象

调查对象主要包括调查单位和调查个体。我们选择了沈阳市、大连市、盘锦市、营口市和铁岭市五个城市作为调查地点，并选取市委、国税局、水力局、城建局、区委和镇政府等16个不同级别的政府单位作为调查的样本单位。根据随机抽样的原则，通过任意抽样在样本调查单位共计选择了115名个体样本，但问卷收回后，有8个个体样本的问卷不符合要求，因此最终有效个体样本为107个。

（三）开展问卷调查

本次调查采用面访式调查，即调查员和被调查者在同一时间、同一地点完成问卷调查。调查员定好被调查者情况进入调查现场，接近被调查者，讲明调查意图和要求，以排除被调查者的理解障碍；然后被调查者不记名填写调查问卷，被调查者完成问卷后收回问卷；最后表达对被调查者的感谢，结束调查。

二　政府隐性知识转化的调查分析

（一）政府人员对隐性知识的认知情况

1. 政府人员对自己的隐性知识比较了解

政府机构要有效实现隐性知识转化，首先要了解自己的隐性知识。从调查结果来看，有60.94%的政府工作人员对自己的隐性知识比较了解，有23.43%的政府工作人员对自己的隐性知识不了解，有6.25%的政府工作人员对自己的隐性知识非常了解。图11-1具体表明了这一情况。

可以看出，总体上政府人员对自己具备的内在知识和能力有比较清楚的了解，为政府调动其工作人员有的放矢地转化隐性知识提供了基础条件。

2. 对同事和部门隐性知识的了解，政府工作人员缺乏主动性

在"您对同事的隐性知识是否了解"这个问题中，对本部门同事的隐性知识有41.54%的政府工作人员回答"多数了解"，但同样有41.54%的政府工作人员回答对本部门同事的隐性知识"少数了解"。而对"其他

部门同事的隐性知识"有 63.49% 政府工作人员认为"少数了解"。

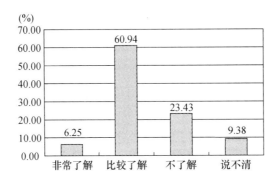

图 11 - 1　政府工作人员对自己隐性知识了解程度

对于政府工作人员对组织各部门隐性知识的了解情况也是"近亲远疏"。57.58% 的政府工作人员对本部门的隐性知识"比较了解",25.76% 的政府工作人员认为对本部门的隐性知识"不太了解"。而对其他部门的隐性知识,57.81% 的政府工作人员认为"不太了解",25% 的政府工作人员则认为"不了解",如图 11 - 2 所示。

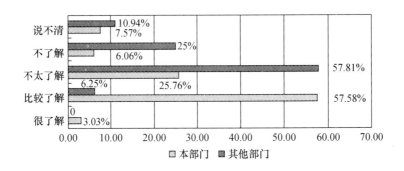

图 11 - 2　政府工作人员对所在单位各部门隐性知识了解程度

上述情况说明,在政府管理中条块分割问题严重,各部门的成员之间,部门与部门之间的沟通、交流甚少,对本部门外的其他人或组织的工作能力、工作职责和组织文化等了解不多。这是政府工作效率不高的一个问题所在。这就说明政府要以知识为导向提高工作效率和服务满意度,需要注重不同部门的协作、交流,促进个人和部门间隐性知识的转化和共享。

3. 政府工作人员对隐性知识的利用倾向于经验

在政府工作中，利用经验工作的人员占 79.69%，对于借助诀窍、专长来解决工作中问题的，有 40.01% 和 45.45% 的政府工作人员分别是较多利用和少量利用。图11-3 显示了政府工作人员在工作中利用隐性知识的情况。

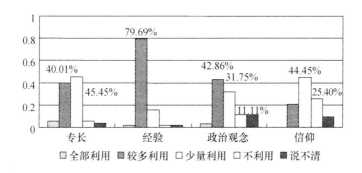

图 11-3　政府工作人员在工作中各种隐性知识利用情况

可见，政府工作人员还是经常利用经验来解决问题的，但随着公务员队伍的年轻化，如果不能有效地向新生力量转化经验丰富的工作人员的隐性知识，就会影响政府的效率。

（二）政府工作人员之间隐性知识转化情况

1. 多数政府工作人员因为工作需要经常与同事交流

在调查中发现，有 52.31% 的政府工作人员在工作过程中经常与同事交流个人看法，有 43.08% 的政府工作人员偶尔与他人交流，仅有 4.62% 的工作人员从不与其他同事交流。提到交流隐性知识的动机，有 38.46% 的政府工作人员认为是"工作需要"，但仍有 32.31% 的工作人员是出于"想换取他人经验"这一动机，"想得到认可和尊敬"及"想帮助别人"的政府工作人员分别为 20% 和 18.46%（见图 11-4）。

以上说明了政府工作人员之间的知识交流并非完全自愿或者是在积极的文化氛围下进行的，此种交流也不是为了实现更高程度的自我价值或社会价值，而仅仅是为了完成工作。这样的环境不利于政府工作人员整体素质的提高，更不利于政府工作的进一步开展。

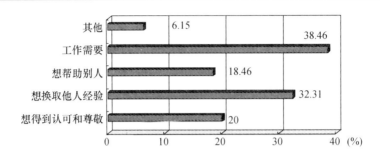

图 11 - 4　政府工作人员向同事介绍经验时的动因

2. 环境造成政府工作人员隐性知识交流的障碍

在隐性知识交流过程中，有 49.23% 和 46.15% 的政府工作人员认为最常遇到的障碍是"缺乏交流条件"和同事之间"缺乏交流机会"。认为交流障碍主要是同事为保持优势而"不愿显露"及"不知道如何表达"的分别占 15.38% 和 10.77%。图 11 - 5 显示了隐性知识交流过程中常遇到的障碍情况。

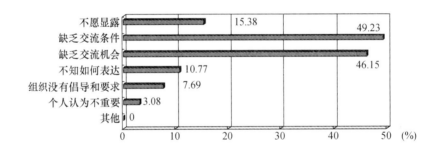

图 11 - 5　隐性知识交流过程中常遇到的障碍

通过调查可以有针对性地设计隐性知识转化的途径，也就是通过解决政府工作人员交流的软、硬件技术条件，网络条件和空间、时间等问题，实现隐性知识的转化。

3. 政府工作人员在工作中遇到问题时经验丰富的人最受欢迎

在工作中遇到问题时，向"部门经验丰富的人"寻求帮助次数最多的工作人员有 61.54%，向"部门业务主管"寻求帮助次数最多的工作人员占 38.46%（见图 11 - 6）。

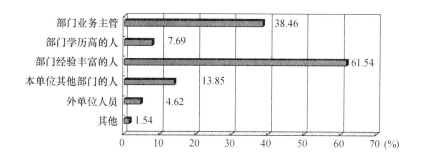

图 11-6　遇到问题时向谁寻求帮助

这个结果与问卷第 5 题相呼应，再一次证明了政府工作中很多人凭借经验去做，也说明经验丰富的人将在隐性知识转化中扮演重要角色。

（三）政府部门间隐性知识的转化情况

1. 政府部门处理问题时可借鉴的工作案例形式不统一

有 69.84% 的政府部门都有可借鉴的工作案例（如针对特定问题的解决方案、处理方法、成功经验或失败教训等），但工作案例的形式有 36.51% 是总结报告，有 23.57% 是同事交流，有 19.05% 是详细文档，有 15.87% 是领导讲座。从以上比例可以看出，各部门对以往工作经验的积累并未形成统一规范，各有各的形式，即现在与过去的对话、本部门与其他部门的联系都没有形成统一的路径和更便捷的通用方法（见图 11-7）。

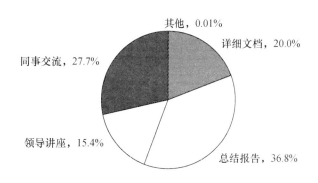

图 11-7　政府部门借鉴工作案例形式

2. 政府部门在完成一项任务后的总结工作并不完善

调查发现，政府部门完成一项工作任务后，有 65.08% 的工作人员是在私下交流工作的心得，个人向领导单独汇报工作的有 39.68%，而在会议上做报告的仅有 26.98%；领导之间私下交流的有 20.63%，在会议上做报告的有 38.10%（见图 11-8）。

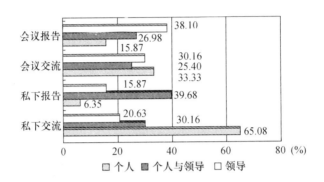

图 11-8 政府部门完成任务后的总结工作情况

从这组数据可以推测出政府在结束一项任务后，总结工作中领导是主角，其他工作人员很少有机会或场合详细介绍自己在工作中遇到的问题及解决方法，而这是一部分很重要的一线实践经验，却往往被忽视了。

（四）政府组织对隐性知识的重视情况

1. 政府工作人员接受的业务培训偏少

在问卷调查中，仅有 27.12% 的人接受部门内的培训在 3 次以上，有 14.55% 的工作人员接受本单位其他部门的培训 3 次以上，有 14.29% 的政府工作人员接受其他单位的培训 3 次以上（见图 11-9）。

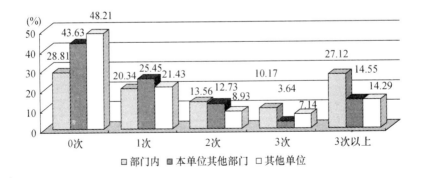

图 11-9 政府工作人员接受业务培训情况

由此可见，政府工作人员接受业务培训偏少，隐性知识的积累在一段时间内很难实现飞跃。从政府角度来说，工作难以实现创新或效率的提高。

2. 采用培训方式推动成员参与隐性知识的交流

有41.27%的政府工作人员认为部门采用了开展培训的方式推动成员参与隐性知识的交流，另外，有38.1%的工作人员认为部门通过局域网促进交流，仅有23.81%的工作人员认为开展专家讲座推动成员参与隐性知识的交流（见图11-10）。

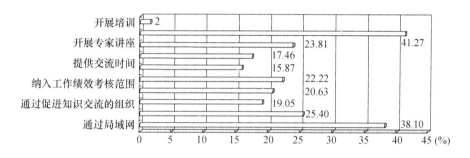

图 11 - 10 采取培训方式推动成员参与隐性知识的交流

与政府工作人员接受培训偏少相比较，并结合前三个一级指标综合分析可以看出，各政府部门并未采取有效措施推动成员交流隐性知识。

3. 政府工作人员关于隐性知识交流对工作帮助的认识不全面

认为"与个人交流"获得帮助程度"非常大"的政府工作人员有39.06%，"比较大"的占35.94%，而觉得"与组织交流"获得帮助程度"比较大"和"一般"的都是34.92%（见图11-11）。

可见，政府工作人员对与个人交流隐性知识的作用还是有足够认识的，但没有意识到与组织交流隐性知识的益处，说明政府各级、各部门还没有足够意识到隐性知识在政府工作的开展和发展中举足轻重的地位。同时由于政府组织的意识不到位和宣传不够，政府工作人员也没有意识到在组织整体中交流隐性知识对个人、对组织均是有巨大促进作用的。

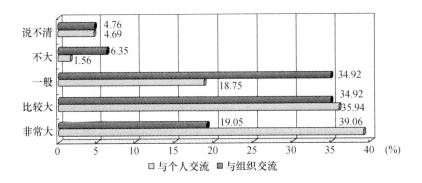

图 11-11　政府工作人员关于隐性知识交流对工作帮助的认识

第三节　政府隐性知识转化的调查结论及启示

一　政府隐性知识转化的调查结论

（一）隐性知识的重要性

知识管理既着眼于显性知识，更着眼于隐性知识，隐性知识比显性知识更完善、更能创造价值，隐性知识的挖掘和利用能力，将成为个人和组织成功的关键。显性知识易于整理、编码和利用计算机存储、处理和交流；隐性知识往往存储在政府组织成员的脑海里，难以用文字表述，更多地表现为动态的知识过程，要实现知识共享就需将隐性知识向显性知识转化，知识管理的创造性就是体现在使隐性知识发挥巨大潜力的过程中。

（二）政府环境的障碍性

政府工作人员对其他部门及其他部门同事的隐性知识了解甚少，缺乏主动性，即使与同事交流经验也只是出于工作需要。可见，现今的政府环境不利于政府工作人员的团结协作，会阻碍政府开放地、大踏步地向前发展。

（三）知识转化的必然性

政府进行隐性知识转化是一个必然过程，具有一定的现实意义。国内国外已有许多专家学者比较广泛地开展了知识管理的理论研究和实践探索，现今大家都意识到了隐性知识对提高组织核心竞争力的重要作用。政府作为保障国家安全、促进社会发展的重要机构，在已具备一定的理论知识和实践经验的基础上，进行隐性知识转化是必然的趋势和正确的选择。

（四）知识转化的迫切性

通过以个人为主体和以组织为主体的隐性知识转化，可以使政府整体知识存量和知识结构得到改善，从而实现创新，提高政府服务效率和人民的满意度，提升政府的核心竞争力。因此，进行有效的政府改革，进而实现隐性知识的转化，成为政府管理工作的当务之急。

二　政府隐性知识转化调查的启示

从对辽宁省各级政府隐性知识转化情况的调查中了解到，政府组织和工作人员对隐性知识的认识还不够深刻、不够全面，对隐性知识的转化工作做得不系统。同时，企业组织应用隐性知识管理及进行隐性知识转化获得的成功经验告诉人们，政府必须要重视隐性知识，并且需要尽快做隐性知识转化的相关工作。

隐性知识管理的核心是隐性知识显性化，隐性知识的价值必须通过与显性知识的转化来实现，政府的知识正是通过这种循环转化而形成了一个螺旋上升的知识创新过程。

（一）隐性知识与显性知识转化历经四个循环阶段

1. 社会化阶段

社会化阶段是指从一个体的隐性知识到另一个体隐性知识的传播过程。这是人类知识传播最古老也是最有效的方式。在知识管理过程中，人们不遗余力地将隐性知识通过信息技术显性化，但总有部分有价值的隐性知识难以实现转化，通过隐性知识的社会化阶段将隐性知识进行传递、共享及创新，增强组织的竞争能力，已成为知识管理中非常重要的环节。这一过程中，参与者不使用语言也可以从别人那里获得隐性知识，如徒弟仅凭经验、模仿和实践就可以学会手艺。

2. 外化阶段

外化阶段是通过类比、隐喻、假设、倾听和深度谈话等方式将隐性知识转化为容易理解和接受的形式。将隐性知识转化为显性知识是典型的知识创新过程。人们将自己的经验、知识转化为语言可以描述的内容，是从感性知识提升为理性知识，将经验转变为概念的过程。知识显性化的目的在于知识的共享，通常情况下，只有那些具体的、可操作性强的或常规的知识才可以进行传播，深层次的知识则不易为他人获得。因此，实施知识管理首先要采集和加工可以显性化的隐性知识。

3. 组合阶段

该阶段是隐性知识到显性知识的转化，是一个建立重复利用知识体系的过程，重点强调的是信息采集、组织、管理、分析和传播。在这一过程中，信息是在不断聚合过程中产生新的理念。隐性知识并不能直接共享，可以进行传递的仅仅是知识中的有关观点和信息。他人在接受信息后，要对其进行深入的感知、理解和内化，然后才能形成自己的新知识。政府将从个体员工收集到的显性知识通过加工整理，形成一般的显性知识，最终浓缩为政府的核心知识，员工可以方便地吸收和使用，以实现组织的正常运营。

4. 内化阶段

内化意味着新创造的显性知识又转化为组织中其他成员的隐性知识。显性知识隐性化的目的在于实现知识的应用与创新。知识的创新与应用是知识管理的终极目标，组织能否在竞争中占有优势取决于组织能否充分利用组织的知识，能否不断创造出新的知识，进行知识更新。经过内化阶段，组织竞争力得到提高，知识管理完成一个基本循环。在上述四种转化过程中，隐性知识向显性知识的转化是核心，是知识生产的最直接和最有效的途径。员工个人的隐性知识，是企业新知识生产的核心。如何有效地激发个体的隐性知识，避免转化过程中的障碍，增加四种转化方式的互动作用，将影响公司的新知识产生水平。

（二）几点启示

针对以上调查结果，可以得到以下启示：

1. 政府要努力构建一个知识共享的文化氛围，促进隐性知识转化

调查结果显示，38.46%的政府工作人员介绍经验时是出于工作需要，相比于其他的动机，这是比率最高的。既然是工作需要，就会有人不把最有价值的东西拿出来，让其他同事"吃免费午餐"。可见，有些组织结构和组织文化不利于工作人员之间的交流，特别是隐性知识的交流。只有创造一种知识共享的组织文化才有利于隐性知识转化。知识共享的组织文化是让大家觉得把自己的隐性知识分享给大家是一种责任，是政府工作人员为了实现共同的目标而采取的一种有效可行的办法。知识共享的组织文化是让政府工作人员意识到彼此是息息相关的，我进步了别人也会进步，别人进步了我也能进步，大家团结互助，共同提高服务效率。

知识创新具有高成本性、高风险性以及收益和分配的不确定性，使得

创新成功后知识的拥有者为了回收，会对所拥有的知识有意地垄断。而传统的激励机制的运作只能加剧个体的这种垄断。因此，组织需要建立恰当的激励机制，合理满足隐性知识拥有者的利益要求，激发他们分享知识的愿望。一方面，应该承认员工个人隐性知识的独创性和专有性，建立恰当的评价指标和以知识贡献率为衡量标准的评价体系，使组织成员得到知识共享的实惠；另一方面，要为员工提供成长机会，引导员工进行隐性知识的交流与共享，促使员工获得不断创新和发展的动力，这对推动员工隐性知识的交流与共享十分重要。

为了克服由于人才外流所造成的隐性知识的流失，除了可以将个人的隐性知识显性化以外，还可以通过组建促进隐性知识共享的组织学习机制来充分挖掘知识主体头脑中的隐性知识，将知识主体的隐性知识通过组织内各种渠道的传播和共享，成为组织的隐性知识。在这个过程中依靠人员之间隐性知识层面上的沟通，这就要求组织内的知识主体对如何协调组织的工作有一种全面理解，而组织应创造出一种鼓励知识主体发挥合作精神的环境，以达成成员之间的默契与协调，实现个人隐性知识的归纳、总结，完成向组织隐性知识的转化。同时要不断增加企业核心知识，尤其是隐性知识的数量和质量。通过不断地创造新的隐性知识，保持组织的长期竞争力，由于技术类的隐性知识归根结底是以单个主体为基础的，所以应从人本角度出发，由组织的内部文化来驱动知识的产生，激励员工主动寻找、共享、创造知识，在组织内部形成自下而上的知识拉动型流动机制。

整合组织资源，体现人力资源的竞争力，是人力资源管理的一个重要问题。通过企业知识库的建设，有效地将员工知识进行规范管理，可以促进知识在组织内部的有序流通，提高知识的利用率。同时，将组织的人力资源登记入册，建立技能清单数据库，既可以按图索骥寻找组织需要的人力，也可以制订人力资源持续计划，促使企业员工形成长远发展计划。

2. 政府要促进个人的隐性知识向个人和团队转化

调查结果显示，经验丰富的人在政府中的地位很重要。因此，政府要有效实现隐性知识转化必须重视这群人。通过信息技术、网络技术、通信技术等建设一个平台，使这个平台有友好的操作环境，能够清晰地表达隐性知识的主体及关键人物等，并提供方便快捷的查找路径，使得需要隐性知识的人容易寻找到答案，同时使得有丰富隐性知识的人方便向个人转化隐性知识。同时政府也要注意个人隐性知识向团队的转化，以避免因人员流失而造成经验流失的损失。比如汶川地震救援活动结束之后，可以有意识地组织交流活动，彼此介绍救援中产生的新想法、新发现或者改进的新思路等，组织将这些经验留存，以后再遇到类似事件时，即使没有这些有经验的人在场，仍可以借鉴留存的经验来解决问题。当然，这种将个人隐性知识转化升华为团队隐性知识的活动要经常举行，这样再遇到公共事件或突发事件时才能从容面对，快速有效地处理问题。

提高隐性知识显性化所需的技术水平及知识主体知识显性化所需的专业知识，以提高隐性知识显性化的准确程度。在组织内部，知识主体要建立和维持必要的知识转化能力和技术使用能力，以及对隐性知识的理解和消化能力。同时，由于知识主体具有较强的责任感和自我管理能力，因而可以适当授予其处理和利用组织知识的权力，以提高个人的知识水平。同时，知识转化技术要随着业务技术的不断进步而作相应的重组和适应性的变化。

3. 政府要促使团队的隐性知识向个人和其他团队转化

学习型组织是通过培养组织的学习气氛，充分发挥员工的创造性思维能力而建立起来的能持续发展的组织。隐性知识始终贯穿于知识积累的整个过程，如果缺乏相关的隐性知识，无论是个人还是企业，就无法获得和吸收其他知识。因此，组织应开展定期和不定期培训，增强组织内部的学习气氛，开展员工之间的知识交流和共享会议，实现组织内部知识的持续创新。

由于隐性知识难以表达、观察和描述，其相互转化就不能延续常规的思路。政府应该建立全新的组织结构模式，以将有利于隐性知识转化，隐性知识的学习往往可以从人与人接触的潜移默化中达成。因此组织应适时为实现某一项目，将不同工作领域、具有不同技能的员工集合于一个特定团队，在完成项目过程中，有效实现知识的传播、整合、共享以及创新。

政府各组织转化之间隐性知识是很必要的。可以采用现场观察、会议讨论、咨询等有效方式借鉴、吸收其他政府部门或组织的经验，实现隐性知识的转化。这样的转化，政府应纳入日常工作，使其成为一项持续性的改进工作的措施。

在知识经济时代，面对激烈的市场竞争，政府只有加强管理创新，提高知识管理水平，增强政府学习能力，促进知识共享，才能使政府的知识资源得到有效开发和充分利用。创建知识管理型政府既要充分考虑本国、本地区的实际情况和实施条件，也要考虑建立知识管理系统的技术基础和利用知识管理的主要特点。在创建知识管理型政府模式过程中，最重要的是政府知识管理链条的构建，其具体措施是加强学习型政府的建设、电子政务的建设，建立与完善知识执行系统。

参考文献

[1] 保罗·S. 麦耶斯：《知识管理与组织设计》，珠海出版社 1998 年版。

[2] 储节旺、周绍森等：《知识管理概论》，清华大学出版社 2006 年版。

[3] 顾基发、张玲玲：《知识管理》，科学出版社 2009 年版。

[4] 侯贵松：《知识管理与创新》，中国纺织出版社 2002 年版。

[5] 廖开际：《知识管理（原理与应用）》，清华大学出版社 2010 年版。

[6] 林榕航：《知识管理原理》，厦门大学出版社 2005 年版。

[7] 李志刚：《知识管理原理、技术与应用》，电子工业出版社 2010 年版。

[8] 马金平：《论我国政府实施知识管理的问题与对策》，硕士学位论文，华中师范大学，2004 年。

[9] 米克·柯普：《了解你的价值——管好自己的知识并从中获利》，高运根译，电子工业出版社 2003 年版。

[10] 钱军、周海炜：《知识管理实例》，东南大学出版社 2003 年版。

[11] 王广宇：《知识管理——冲击与改进战略研究》，清华大学出版社 2004 年版。

[12] 王众托：《知识管理》，科学出版社 2009 年版。

[13] 伍忠贤、王建彬：《知识管理策略与实务》，中国纺织出版社 2005 年版。

[14] 徐积明：《政府知识管理初探——一个从管理信息系统角度的基本理论分析兼个案研究》，硕士学位论文，苏州大学，2004 年。

[15] 易凌峰、朱景琪：《知识管理》，复旦大学出版社 2008 年版。

[16] 郁义鸿：《知识管理与组织创新》，复旦大学出版社 2001 年版。

[17] 中国大百科全书总编辑委员会：《中国大百科全书教育》，中国大百科全书出版社 1987 年版。

[18] 张润彤、曹宗媛、朱晓敏：《知识管理概论》，首都经济贸易大学出

版社 2005 年版。

[19] 储节旺:《国内外知识管理理论发展与流派》,《研究图书情报工作》2007 年第 4 期。

[20] 曹巍:《知识资源、经济组织与决策权的分配》,《生产力研究》2003 年第 6 期。

[21] 郭彩芬:《知识管理的发展历程》,《苏州职业大学学报》2011 年第 1 期。

[22] 蒋日富、霍国庆、郭传杰:《现代知识管理流派研究》,《管理评论》2006 年第 10 期。

[23] 柯平:《知识管理学》,科学出版社 2007 年版。

[24] 罗龙艳、沈治宏:《论知识管理的新发展》,《四川大学学报》(哲学社会科学版) 2003 年第 3 期。

[25] 李荣素、方翠、姜美玉:《第一代知识管理和第二代知识管理的比较研究》,《农业图书情报学刊》2004 年第 4 期。

[26] 刘湘丽:《知识管理的发展及其理论》,《首都经济贸易大学学报》2002 年第 3 期。

[27] 王德禄:《知识管理的 IT 实现——朴素的知识管理》,电子工业出版社 2003 年版。

[28] 王众托:《知识系统工程》,科学出版社 2004 年版。

[29] 肖菲、罗艳玲:《浅谈知识管理发展的两个阶段》,《江西图书馆学刊》2002 年第 1 期。

[30] 杨淑琼、沈治宏:《政府知识管理探微》,《现代情报》2006 年第 7 期。

[31] 左美云:《国内外知识管理研究综述》,《科学决策》2000 年第 3 期。

[32] 赵苹、陈守龙、郭爽:《企业信息战略管理》,清华大学出版社 2006 年版。

[33] 仲秋雁、曲刚、宋娟、闵庆飞:《知识管理流派特征分析及内涵界定》,《研究与发展管理》2010 年第 2 期。

[34] 陈锐:《公司知识管理》,山西经济出版社 2000 年版。

[35] 丁蔚:《从信息管理到知识管理》,《情报学报》2000 年第 2 期。

[36] 胡明晖:《基于知识源的专家系统知识获取技术》,《成组技术与生

产现代化》2005 年第 2 期。

[37] 鲁由明：《建立知识共享系统促进行政效能提高》，《人民日报》2007 年 4 月 27 日第 15 版。

[38] 李志能：《智力资本经营》，复旦大学出版社 2001 年版。

[39] Broadbent，M.，*The Phenomenon of Knowledge Management：What Does it Mean to the Information Profession?* . Information Outlook，1998（5）.

[40] Huber，G. P.，*Organizational Learning：The Contributing Process and the Literature.* Organization Science，1991，2（1）：88 –115.

[41] Rogers，E. M.，*Diffusion of Innovations*（5thed），New York ：Free Press，2003.

[42] Szulansk，I. G.，Exploring Internal Stickiness：Impediments to the Transfer of Best Practice within the Firm*. Strategic Management Journal*，1996，17：27 –4.

[43] ［英］安妮·布鲁金：《第三资源：治理资本及其管理》，东北财经大学出版社 1998 年版。

[44] 陈菊红：《论组织结构的变革：以团队为核心的水平总线式结构》，《西北纺织工学院学报》1999 年第 13 期。

[45] 孔繁胜：《知识库系统原理》，浙江大学出版社 2003 年版。

[46] 刘冬梅、董丽波：《企业隐性知识管理的思考》，《商场现代化》2006 年第 5 期。

[47] 刘宏君、邓羊格：《掘金"隐性知识"》，《中外管理》2004 年第 1 期。

[48] 王方华：《知识管理论》，山西经济出版社 1999 年版。

[49] 王家斌、张绪：《政府隐性知识转化的实证研究》，《中国行政管理》2009 年第 7 期。

[50] 肖希明：《文献资源共享的理论与实践研究》，广西教育出版社 1997 年版。

[51] 刘霞、王云芳：《"学习型政府"模式的障碍因素分析》，《学术探索》2004 年第 11 期。

[52] 孟继民：《资源型政府——公共管理的新模式》，中国人民大学出版社 2008 年版。

[53] 钱军、周海炜：《知识管理实例》，东南大学出版社 2003 年版。

[54] 王广宇：《知识管理——冲击与改进战略研究》，清华大学出版社 2004 年版。

[55] 伍忠贤、王建彬：《知识管理策略与实务》，中国纺织出版社 2005 年版。

[56] 徐广玉、喻登科：《知识型政府的组织模式研究》，http：//zyh. hr-beu. edu. cn/Research/show News. jsp？newsId = 171。

[57] 易凌峰、朱景琪：《知识管理》，复旦大学出版社 2008 年版。

[58] 于鹏：《政府部门间知识转移研究：社会资本的观点》，《中国行政管理》2010 年第 6 期。

[59] 张莉、齐中英、田也壮：《知识转移的影响因素及转移过程研究、情报科学》2005 年第 11 期。

[60] 顾基发、张玲玲：《知识管理》，科学出版社 2009 年版。

[61] 廖开际：《知识管理（原理与应用）》，清华大学出版社 2010 年版。

[62] 王岩：《构建学习型政府的几点建议》，《商业文化》2010 年第 5 期。

[63] 易凌峰、朱景琪：《知识管理》，复旦大学出版社 2008 年版。

[64] 白清礼：《政府知识管理实现体系研究》，硕士学位论文，郑州大学，2004 年。

[65] 程刚：《关于构建现代知识型政府的思考》，《理论界》2005 年第 9 期。

[66] 樊治平等：《知识管理研究》，东北大学出版社 2003 年版。

[67] 高洪深、丁娟娟编：《企业知识管理》，清华大学出版社 2003 年版。

[68] 黄波：《政府知识型公务员能力模型的构建与能力评价研究》，硕士学位论文，哈尔滨工业大学，2006 年。

[69] 何进：《知识共享的激励因素及其模型研究》，硕士学位论文，重庆大学，2005 年。

[70] 贺佐成：《电子政务协同管理研究》，硕士学位论文，湘潭大学，2007 年。

[71] 孔繁胜编著：《知识库系统原理》，浙江大学出版社 2000 年版。

[72] ［美］林德布洛姆（Lindblom Charles Edward）：《政治与市场》，王逸舟译，上海三联书店 1992 年版。

[73] 梁海光：《知识共享的企业文化研究》，硕士学位论文，北京交通大

学，2008 年。

[74] 赛明明：《适应政府知识管理的行政文化重塑及途径》，《石家庄学院学报》2007 年第 1 期。

[75] ［美］维纳·艾莉：《知识的进化》，刘民慧等译，珠海出版社 1998 年版。

[76] 吴鹏、苏新宁：《面向政府决策的知识挖掘》，《情报杂志》2006 年第 9 期。

[77] 夏敬华、金昕：《知识管理》，机械工业出版社 2003 年版。

[78] 余敏江、祥利：《知识型政府的建设要件分析》，《图书情报知识》2006 年第 4 期。

[79] 杨淑、沈治宏：《政府知识管理探微》，《现代情报》2006 年第 7 期。

[80] 张国芳：《建构知识型政府的障碍因素分析》，《图书情报知识》2006 年第 4 期。

[81] 周贺来：《知识型政府的运行机制研究》，《情报杂志》2007 年第 2 期。

[82] 张红霞：《政府知识管理研究》，硕士学位论文，辽宁工程技术大学，2006 年。

[83] 赵丽洁：《地方政府管理创新研究》，硕士学位论文，郑州大学，2007 年。

[84] Beers, Mike, *Improving Knowledge Work Processes*, 1996.

[85] *Building a Knowledge – Sharing Culture*, March 2004.

[86] Davenport, Tom DeLong, Dave, *Building Successful Knowledge Management Projects*, 1997.

[87] David Coleman, *Collaboration and Knowledge Sharing*, May 2002.

[88] Ikujiro Nonaka, Ryoko Toyama, Noboru Konno：*Leadership – A Unified Model of Dynamic Knowledge Creation*, March 2002.

[89] *Report of the Ad Hoc Expert Group Meeting on Knowledge Systems for Development Expanding Public Space for the Development of the Knowledge Society*, September 2006.

[90] Senthilkumar, *Knowledge Management for Small Sized and Medium Enterprises*, September 2005.

［91］安小米：《知识管理技术研究》，《情报科学》2004 年第 7 期。

［92］蔡伟：《群件技术及其在课堂教学中的应用研究》，《科技资讯》2007 年第 15 期。

［93］陈远南、宋玲、郭家义：《知识管理技术体系研究》，《图书馆理论与实践》2007 年第 2 期。

［94］杜呈伟、吴国新、李建飞：《群件体系结构及其关键技术研究》，《数据通信》2005 年第 4 期。

［95］韩燕：《数据挖掘方法和知识发现》，《电脑知识与技术》2007 年第 9 期。

［96］柯平：《知识管理学》，科学出版社 2007 年版。

［97］吕安民、林宗坚、李成名：《数据挖掘和知识发现的技术方法》，《测绘科学》2000 年第 4 期。

［98］李丹、张会平：《知识地图理论研究》，《科技情报开发与经济》2008 年第 33 期。

［99］楼靖华：《知识网格及其在知识管理中的应用》，《现代情报》2007 年第 3 期。

［100］李亮：《知识地图——知识管理的有效工具》，《理论与探索》2005 年第 3 期。

［101］林素絮、曾颖：《电子政务知识库建设》，《情报探索》2005 年第 3 期。

［102］刘晓英、叶文青、文庭孝：《构建知识地图——论现代目录学理论的发展与创新》，《情报理论与实践》2009 年第 11 期。

［103］李颖、姚艺：《国内外知识管理系统研究：回顾与展望》，《图书情报知识》2011 年第 5 期。

［104］李志义：《谈电子政务中知识管理系统的构建》，《现代图书情报技术》2003 年第 6 期。

［105］马东升：《政府知识管理系统的设计原则及功能需求》，《档案学研究》2008 年第 1 期。

［106］马文峰、杜小勇：《知识网格研究》，《图书情报工作》2007 年第 10 期。

［107］马文静：《政府实施知识管理的关键要素及其实现途径》，《改革与战略》2010 年第 3 期。

［108］索柏民、王家斌、王伟光：《知识管理应用技术及实施中的问题》，《中国科技论坛》2005 年第 3 期。

［109］盛小平、何立阳：《知识管理系统研究综述》，《图书馆》2003 年第 1 期。

［110］袁红清：《基于 Notes 群件技术的知识管理系统》，《宁波大学学报》（理工版）2000 年第 1 期。

［111］杨淑琼、沈治宏：《政府知识管理探微》，《现代情报》2006 年第 7 期。

［112］杨曦宇：《知识地图研究综述》，《图书馆学刊》2007 年第 3 期。

［113］张震、白学清：《网格技术剖析及其在电子政务平台中的应用》，《电子政务》2005 年第 9 期。

［114］程刚：《关于构建现代知识型政府的思考》，《理论界》2005 年第 9 期。

［115］陈荣富：《公共管理学前沿问题研究》，黑龙江人民出版社 2002 年版。

［116］陈照东：《论行政改革中地方政府的行为模式创新》，硕士学位论文，苏州大学，2004 年。

［117］公磊：《新公共管理与我国的行政改革》，硕士学位论文，上海师范大学，2004 年。

［118］韩磊、孙昱丹、张璐、殷江：《我国服务型政府构建研究综述》，《云南行政学院学报》2010 年第 5 期。

［119］郝亚光、李军超：《服务型政府的意涵》，《太原城市职业技术学院学报》2004 年第 4 期。

［120］［美］尼古拉斯·亨利：《公共行政与公共事务》，张昕等译，中国人民大学出版社 2002 年版。

［121］［美］乔治·弗雷德里克森（H. George Frederickson）：《公共行政的精神》，张成福等译，中国人民大学出版社 2003 年版。

［122］唐晓阳、梁仁：《对建立"服务型政府"的几点思考》，《广东技术师范学院学报》2005 年第 2 期。

［123］王家斌、佟玲：《论知识管理型政府的内涵、特征和功能》，《社会主义研究》2007 年第 1 期。

［124］文庭孝、刘晓英：《知识型政府评价体系研究》，《图书情报知识》

2006 年第 4 期。

[125] 吴玉宗:《服务型政府:概念、内涵与特点》,《西南民族大学学报》(人文社会科学版)2004 年第 2 期。

[126] 吴玉宗:《当前我国服务型政府建设必须突破三大瓶颈》,《宁波大学学报》(人文科学版)2010 年第 2 期。

[127] 郗永勤、张其春:《知识型政府:一种新型的政府治理模式的构建》,《中国行政管理》2006 年第 10 期。

[128] 杨登述:《试论建设服务型政府的理论借鉴》,《达州新论》2010 年第 1 期。

[129] 余敏江、孔祥利:《知识型政府的建设要件分析》,《图书情报知识》2006 年第 4 期。

[130] 杨敦明:《当代中国行政改革问题研究》,硕士学位论文,华中师范大学,2003 年。

[131] 张德信等:《中国政府改革的方向》,人民出版社 2003 年版。

[132] 周贺来:《知识型政府的运行机制研究》,《情报杂志》2007 年第 2 期。

[133] 张华民:《论我国服务型政府建设的根本动力、价值追求和基本理念》,《领导科学》2010 年第 9 期。

[134] 张其春、郗永勤:《知识型政府的组织创新研究》,《现代管理科学》2005 年第 4 期。

[135] 赵炜:《论我国行政改革中的几个问题》,硕士学位论文,郑州大学,2002 年。

[136] 陈振明主编:《公共管理学》,中国人民大学出版社 2003 年版。

[137] [美]戴维·H. 罗森布鲁姆等:《公共行政学:管理、政治和法律的途径》,中国人民大学出版社 2002 年版。

[138] 傅明贤:《行政组织学》,高等教育出版社 1994 年版。

[139] 黄达强、刘怡昌主编:《行政学》,中国人民大学出版社 1988 年版。

[140] 马丁·李普塞:《政治人:政治的社会基础》,上海人民出版社 1997 年版。

[141] 马克斯·韦伯:《经济与社会》,商务印书馆 1997 年版。

[142] [美]尼古拉斯·亨利:《公共行政学》,华夏出版社 2002 年版。

［143］［美］尼古拉斯·亨利：《公共行政与公共事务》第八版，中国人民大学出版社 2002 年版。

［144］［澳］欧文·E. 休斯：《公共管理导论》第二版，彭和平等译，中国人民大学出版社 2001 年版。

［145］孙关宏：《政治学概论》，复旦大学出版社 2003 年版。

［146］孙学玉：《公共行政学论稿》，人民出版社 1998 年版。

［147］唐兴霖：《公共行政学：历史与思想》，中山大学出版社 2000 年版。

［148］薛冰、柴生秦、梁仲明编著：《公共行政学概论》，陕西人民出版社 2003 年版。

［149］夏书章主编：《行政管理学》，中山大学出版社 1999 年版。

［150］许文蕙等：《行政管理学》，人民出版社 1997 年版。

［151］阎洪琴、翁毅：《公共行政组织》，团结出版社 2000 年版。

［152］张成福、党秀云：《公共管理学》，中国人民大学出版社 2001 年版。

［153］张国庆主编：《行政管理学概论》，北京大学出版社 2000 年版。

［154］竺乾威主编：《公共行政学》，复旦大学出版社 2000 年版。

［155］陈英群：《知识服务的主要特征及其发展趋势》，《图书馆学刊》2002 年第 6 期。

［156］董晓弟：《政府知识管理的可行性与必要性研究》，《金卡工程》（经济与法）2010 年第 5 期。

［157］郭毅辉、张立厚：《浅论基于知识管理的政府管理创新》，《南方经济》2002 年第 11 期。

［158］胡岩梅、胡润忠：《知识型政府构建要件探析》，《第五届中国管理学年会——公共管理分会场论文集》，2010 年。

［159］蒋萍、胡树林、李廷翰：《论知识管理与服务型政府建设》，《现代情报》2010 年第 3 期。

［160］姜永常：《知识创新与知识服务》，《图书与情报》2001 年第 1 期。

［161］李家清：《知识服务的特征及模式研究》，《情报资料工作》2004 年第 2 期。

［162］刘雪华：《论公共管理的公共性——一种公共权力的视角》，博士学位论文，吉林大学，2004 年。

［163］刘艳、高宏：《基于知识管理的建设监理信息系统模式》，《第五届

（2010）中国管理学年会——信息管理分会场论文集》，2010 年。

［164］马文静：《政府实施知识管理的关键要素及其实现途径》，《改革与战略》2010 年第 3 期。

［165］佟岩：《浅淡呼叫中心知识库系统的建设》，《低碳经济与科学发展——吉林省第六届科学技术学术年会论文集》，2010 年。

［166］吴理财：《治理转型中的乡镇政府》，博士学位论文，华中师范大学，2006 年。

［167］谢庆奎：《服务型政府建设的基本途径：政府创新》，《北京大学学报》（哲学社会科学版）2005 年第 1 期。

［168］袁方成：《使服务运转起来：基层治理转型中的农村公共服务》，博士学位论文，华中师范大学，2006 年。

［169］张开凤、杜也力：《知识服务的网络化模式构建及实施》，《科技情报开发与经济》2005 年第 12 期。

［170］麦耶斯：《知识管理与组织设计》，珠海出版社 1998 年版。

［171］李国忠：《公共部门组织文化建设探析》，《盐城师范学院学报》2010 年第 4 期。

［172］李荣华、朱旺力：《创建现代政府管理新模式：学习型政府》，《行政与法》（吉林省行政学院学报）2004 年第 12 期。

［173］彭文民、王春城：《论具备企业家精神的新型政府组织文化》，《经济论坛》2006 年第 12 期。

［174］田卫华：《政府组织文化建设初探》，《科技信息》2010 年第 11 期。

［175］唐兴霖：《公共行政组织原理》，中山大学出版社 2002 年版。

［176］王成荣：《企业文化理论与实践》，中国社会科学出版社 1991 年版。

［177］卓越、刘永良：《政府管理的创新机制——从组织文化到绩效文化》，《行政论坛》2010 年第 4 期。

［178］［美］彼得·圣吉：《变革之舞——学习型组织持续发展面临的挑战》，东方出版社 2001 年版。

［179］［英］保罗·格里斯利：《管理价值观——企业经营理念的变革》，经济管理出版社 2002 年版。

［180］陈迅：《论行政部门的知识管理》，《同济大学学报》（社会科学

版）2000 年第 12 期。

[181] 郭毅辉、张立厚：《浅论基于知识管理的政府管理创新》，《南方经济》2002 年第 11 期。

[182] 何树果、张昕光、樊治平：《一种基于知识管理的政府知识构架》，《东北大学学报》（社会科学版）2004 年第 1 期。

[183] 乐飞红、陈锐：《企业知识管理实现流程中知识地图的几个问题》，《图书情报知识》2000 年第 3 期。

[184] 李思经：《从信息管理到知识管理的发展》，《情报学报》2001 年第 6 期。

[185] 李素琴、丁蔚：《企业知识构架的建立》，《统计与决策》2001 年第 9 期。

[186] 李英：《电子政务与政府的知识管理》，《华东理工大学学报》（社会科学版）2005 年第 1 期。

[187] 齐振海：《管理哲学》，中国社会科学出版社 1988 年版。

[188] ［美］斯蒂芬·罗宾斯：《组织行为学》第七版，中国人民大学出版社 1997 年版。

[189] 孙键：《隐性知识在管理中的作用》，《甘肃理论学刊》2003 年第 4 期。

[190] ［美］汤姆·莫里斯：《重思管理的艺术》，海南出版社 2002 年版。

[191] 天舒：《资本的革命：透视知识经济》，中国物资出版社 1998 年版。

[192] 田卫华：《政府组织文化建设初探》，《科技信息》2010 年第 11 期。

[193] 唐兴霖：《公共行政组织原理：体系与范围》，中山大学出版社 2002 年版。

[194] 王浣尘：《信息技术与电子政务（实用版）——用信息技术提高政府工作效率》，北方交通大学出版社 2003 年版。

[195] 吴季松：《21 世纪社会的新趋势——知识经济》，科学技术出版社 1998 年版。

[196] 维娜艾莉：《知识的进化》，珠海出版社 1998 年版。

[197] 王强、陈易难：《学习型政府——政府管理创新读本》，中国人民大学出版社 2003 年版。

[198] 王志玮、陈劲：《知识管理——电子政府成功的利器》，《科技进步与对策》2003 年第 3 期。

[199] 许平：《重视档案信息资源的开发与利用》，《中国行政管理》1999 年第 4 期。

[200] 约翰·奈斯比特：《大趋势——改变我们生活的十个方向》，中国社会科学出版社 1984 年版。

[201] 颜佳华、盛明科：《基于知识管理的政府信息资源开发研究》，《档案学通讯》2005 年第 1 期。

[202] ［英］尼兰·调：《理性思维》，机械工业出版社 2002 年版。

[203] 杨淑琼、沈治宏：《政府知识管理探微》，《理论探索》2006 年第 7 期。

[204] 张爱国、章立民：《从需求出发搞好国家公务员人任职培训》，《中国行政管理》1999 年第 1 期。

[205] 曾繁正、赵向标：《行政组织管理学》，红旗出版社 1998 年版。

[206] 张劲松：《政府知识管理：行政管理理论与实践的创新》，《中共福建省委党校学报》2002 年第 7 期。

[207] 张立厚：《知识管理——以知识为基础的管理模式与管理系统》，广东省系统工程学会 2001 年年会论文。

[208] 张立厚：《未来图书馆与知识发现》，《图书馆论坛》2002 年第 2 期。

[209] 左美云：《知识管理的激励系统》，《科学决策》2001 年第 3 期。

[210] 张蒲生：《基于电子政务的知识管理》，《管理论坛》2001 年第 12 期。

[211] 张其春、郗永勤：《知识型政府的组织创新研究》，《现代管理科学》2005 年第 4 期。

[212] 周三多：《管理学——原理与方法》，复旦大学出版社 1999 年版。

[213] ［瑞士］苏珊·C. 施奈德：《跨文化管理》，经济管理出版社 2002 年版。

[214] 张晓星：《基于知识管理的网络资源管理》，《国家图书馆学刊》2003 年第 1 期。

[215] 钟英姿：《浅析政府知识管理在闽台合作中的意义及实现模式》，《产业与科技论坛》2007 年第 6 卷第 5 期。

[216] Arthur Csetenyi, Information technology forredesigning government/API, KM, agents, and avatars [C] . 12th International Workshop on Database and Expert Systems Applications. MUNICH, GERMANY, SEP03 – 07, 2001.

[217] http: //baike. baidu. com/view/68045. htm.

[218] Rajesh, B. , Tirana, A. , Supporting collabo – rative process knowledge management in new product development trans. *Decision Support Systems*, Vol. 27, No. 3, 1999.

后　记

　　本书是笔者长期学术研究基础上最终积累而成。作为一本介绍政府知识管理的基础教材，也可以作为参考用书。在书中用到的参考资料，笔者尽可能在参考文献中列出，在此向这些文献的作者表示由衷的感谢。正是由于这种知识的共享，让笔者在思绪交困时，获得方向。

　　一本书的诞生是一个漫长、艰苦的过程，如同凤凰涅槃——在烈火中重生。在这期间，除了笔者本人书写、查阅、修改之外，笔者的亲人在日常生活中也非常体谅笔者的这种忙碌，并在生活上给予无微不至的照顾；同事、朋友在日常工作和生活中也时时提供帮助。正是由于他们在背后的默默支持，才使得笔者能够全身心地撰写书卷，才使得笔者能够坚定信念地完成这部书。对于他们，在此，一并由衷地感谢！此外，李东泽同志参与了本书第七章的撰写工作，对他的协助表示衷心感谢！

　　非常感谢中国社会科学出版社能够给予这本书最后的出版机会！

　　由于时间仓促和知识局限，书中难免有遗漏和错误，请大家谅解及批评指正！

2014 年 5 月 11 日